La batalla de Sagunt 1983–1984

*Lluita social i
fotoperiodisme*

Comissariat / *Comisariado*
Provi Morillas Jurado
José Manuel Rambla
José Aleixandre

Coordinació / *Coordinación*
Miguel Ángel Martín
Carles Xavier López Benedí

Fotografies / *Fotografías*
José Aleixandre · Antonio Tiedra · Ana Torralva · Pepe Encinas · Enrique Tort
Tomás Bueno · Jordi Vicent · Manuel Molines · Jesús Císcar · José Vicente Rodríguez
Juan José Monzó · Luis Vidal · Vic Pereiró

Coordinació del catàleg / *Coordinación del catálogo*
José Manuel Rambla

Textos / *Textos*
José Manuel Rambla · Manuel Muñoz · Miguel Ángel García Calavia
Miguel Ángel Martín · Carles Xavier López Benedí · Ana Torralva · José Aleixandre
Pepe Baeza · Provi Morillas Jurado

Traducció del castellà/ *Traducción del castellano*
Oriol Valls

Disseny de l'exposició / *Diseño de la exposición*
Daniel Nebot

Disseny del catàleg i maquetació / *Diseño del catálogo y maquetación*
Daniel Nebot
MªJosé Bono Ara

Impressió / *Impresión*
IMAG Impressions

ISBN 978-84-9133-713-3
D.L. V-3099-2024

L'exposició *La batalla de Sagunt 1983-1984. Lluita social i fotoperiodisme* és una coproducció del Col·legi Major Rector Peset i del Vicerectorat de Cultura i Societat de la Universitat de València, amb la Regidoria de Memòria Històrica i Democràtica de l'Ajuntament de Sagunt en el marc de la commemoració del 40è aniversari del tancament d'AHM.

*La exposición **La batalla de Sagunt 1983-1984. Lucha social y fotoperiodismo** es una coproducción del Col·legi Major Rector Peset y el Vicerectorat de Cultura i Societat de la Universitat de València, con la Regidoria de Memòria Històrica i Democràtica de l'Ajuntament de Sagunt en el marco de la conmemoración del 40 aniversario del cierre de AHM.*

Col·labora / *Colabora:*

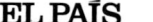 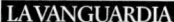 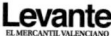 LAS PROVINCIAS rtve

Índex / *Índice*

La Batalla de Sagunt, 1983-1984.
Conflicte social i fotoperiodisme

__Mavi Mestre Escrivá
__Rectora de la Universitat de València

__Dario Moreno Lerga
__Alcalde de Sagunt

Enguany es commemora el 40è aniversari del cessament de l'activitat, el 5 d'octubre de 1984, d'Altos Hornos del Mediterráneo (AHM), de Sagunt. Aquell tancament, i el posterior desmantellament de les instal·lacions siderúrgiques, va posar colofó a més d'un any d'intens conflicte social protagonitzat pels treballadors d'AHM i tot el poble saguntí en la seua resistència per a mantindre una empresa i els seus llocs de treballs que, en el cas del nucli del Port de Sagunt, simbolitzava una cultura del treball i una forma d'entendre les relacions socials i els llaços identitaris de la col·lectivitat. L'exposició *La Batalla de Sagunt, 1983-1984. Conflicte social i fotoperiodisme*, que es presenta al Col·legi Major Rector Peset de la Universitat de València i a l'Ajuntament de Sagunt, ens aproxima a aquells llargs mesos de resistència a partir del treball dels periodistes gràfics que van recollir testimoni visual dels fets. Aquesta nova aproximació ha sigut possible gràcies a la recuperació de negatius, en la majoria inèdits, pertanyents als fons de la Universitat de València i als arxius personals de fotoperiodistes que van cobrir aquell conflicte.

Aquest projecte, l'exposició i el catàleg que es publica són fruit de l'esforç conjunt que la Universitat de València i l'Ajuntament de Sagunt realitzen des de fa anys, juntament amb l'impuls decisiu de la societat civil, per a activar i difondre el patrimoni industrial i la memòria obrera de Sagunt. Aquesta col·laboració institucional s'ha plasmat en mostres com *Reconversión y revolución, industrialización y patrimonio en el Puerto de Sagunto* (1999) o *Jóvenes obreros en el paraíso: fotografía e industria en el Puerto de Sagunto, 1940-1975* (2012). Amb aquesta nova exposició, les dues institucions es reafirmen en el seu compromís amb la conservació, recuperació i divulgació d'un patrimoni industrial i una memòria obrera que són clau no solament per a entendre la història saguntina del segle XX, sinó també per a comprendre la realitat valenciana i espanyola del segle XXI.

La Batalla de Sagunt, 1983-1984.
Conflicto social y fotoperiodismo

__Mavi Mestre Escrivá
__Rectora de la Universitat de València

__Dario Moreno Lerga
__Alcalde de Sagunt

Este año se conmemora el 40° aniversario del cese de la actividad, el 5 de octubre de 1984, de Altos Hornos del Mediterráneo (AHM), de Sagunt. Aquel cierre, y el posterior desmantelamiento de las instalaciones siderúrgicas, puso colofón a más de un año de intenso conflicto social protagonizado por los trabajadores de AHM y todo el pueblo saguntino en su resistencia para mantener una empresa y sus puestos de trabajo que, en el caso del núcleo del Port de Sagunt, simbolizaba una cultura del trabajo y una forma de entender las relaciones sociales y los lazos identitarios de la colectividad. La exposición *La Batalla de Sagunto, 1983-1984. Conflicto social y fotoperiodismo*, en el Colegio Mayor Rector Peset de la Universitat de València y en el Ayuntamiento de Sagunto, nos aproxima a aquellos largos meses de resistencia a partir del trabajo de los periodistas gráficos que recogieron testigo visual de los hechos. Esta nueva aproximación ha sido posible gracias a la recuperación de negativos, la mayoría inéditos, pertenecientes a los fondos de la Universitat de València y a los archivos personales de fotoperiodistas que cubrieron aquel conflicto.

Este proyecto, la exposición y el catálogo que se publica son fruto del esfuerzo conjunto que la Universitat de València y el Ayuntamiento de Sagunto realizan desde hace años, junto con el impulso decisivo de la sociedad civil, para activar y difundir el patrimonio industrial y la memoria obrera de Sagunto. Esta colaboración institucional se ha plasmado en muestras como *Reconversión y revolución, industrialización y patrimonio en el Puerto de Sagunto* (1999) o *Jóvenes obreros en el paraíso: fotografía e industria en el Puerto de Sagunto, 1940-1975* (2012). Con esta nueva exposición, las dos instituciones se reafirman en su compromiso con la conservación, recuperación y divulgación de un patrimonio industrial y una memoria obrera que son clave no solo para entender la historia saguntina del siglo XX, sino también para comprender la realidad valenciana y española del siglo XXI.

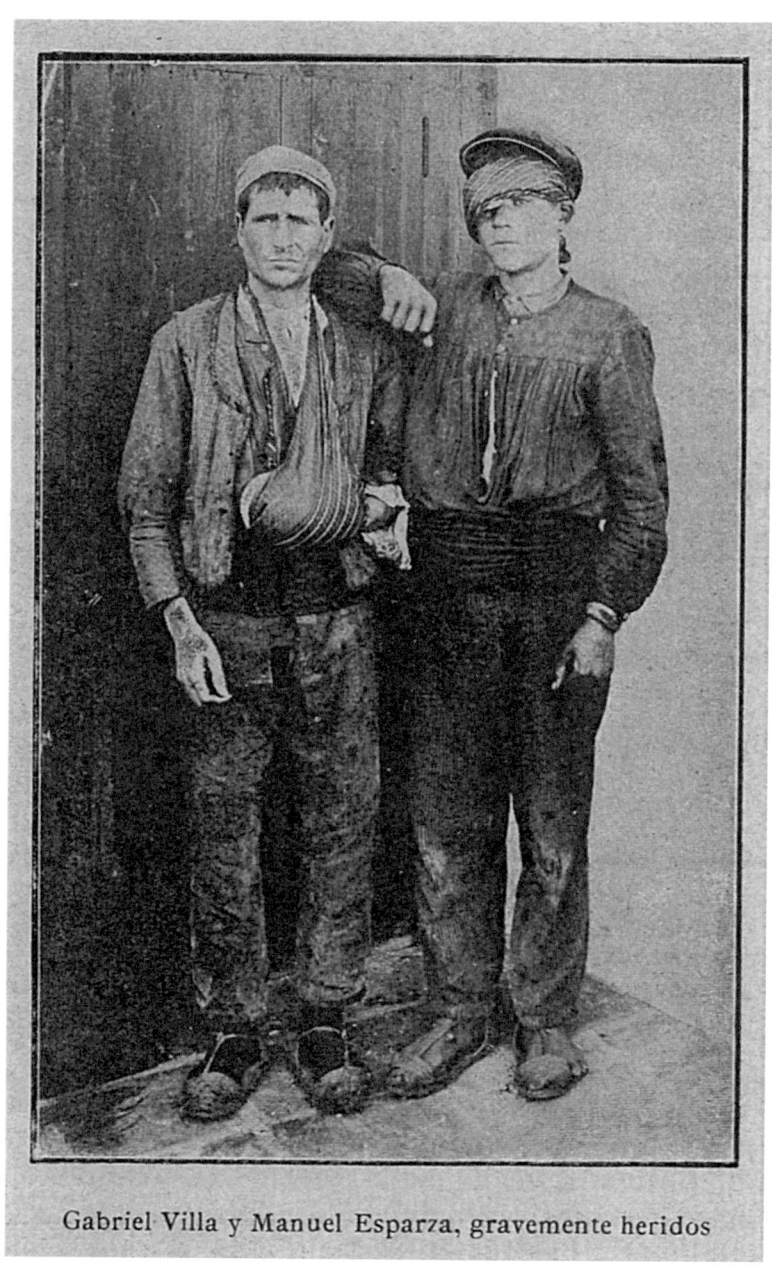

Gabriel Villa y Manuel Esparza, gravemente heridos

Imatge 1. Primera fotografia en premsa de treballadors vinculats al Port de Sagunt. "La Actualidad", 22 de març de 1907.

Introducció: La batalla de Sagunt. Identitat, testimoni i memòria

__José Manuel Rambla
__Periodista cultural i comissari de l'exposició

Fa quaranta anys, fotoperiodistes de tots els mitjans van dirigir els seus objectius cap a Sagunt. Van recollir amb les seues càmeres la resistència dels treballadors, i de tot el poble, al tancament d'Altos Hornos del Mediterráneo (AHM) decretat pel primer govern socialista després de la dictadura. Fou la batalla d'AHM, el conflicte social més llarg viscut a Espanya després de la recuperada democràcia i el primer episodi d'un traumàtic procés de reestructuració industrial que més tard s'estendrà per tot Espanya. Aquella lluita, que es prolongà entre febrer de 1983 i abril de 1984, va atraure l'interès mediàtic de tota la premsa, des de la local i la nacional fins a capçaleres internacionals com *Le Monde* o *The New York Times*. Avui, quaranta anys després, els milers d'imatges captades per aquells fotògrafs, així com les que es reuneixen en l'exposició *La batalla de Sagunt 1983-1984. Lluita social i fotoperiodisme*, ens continuen interpel·lant sobre tres conceptes que marquen la història de la fotografia: la identitat, el testimoni i la memòria.

La imatge negada, la identitat suprimida

És difícil explicar l'èxit de la fotografia sense la seua funció en l'autorepresentació d'una classe en ascens: la burgesia. Aquesta classe trobà en l'invent patentat per Daguerre –com va assenyalar Gisèle Freund– el seu mitjà de projecció identitària. Amb tot, l'expansió de la fotografia va comportar una democratització de la imatge. La fotografia no solament retratava la petita i gran burgesia; també ens acostà a altres realitats: sota l'influx de l'exotisme colonial, ens mostrà altres cultures i pobles; sota la mirada del reformisme social, ens confrontà amb la misèria. D'aquesta manera, la classe treballadora ingressava per primera vegada en l'univers simbòlic, com ho evidencien les fotografies de Lewis W. Hine, Walker Evans, Dorothea Lange o Sebastião Salgado. No obstant això, la representació obrera no sorgeix d'una autorepresentació, sinó que és construïda per la mirada burgesa, en el millor dels casos, humanista. Potser per això Bertolt Brecht, com va destacar Walter Benjamin, era escèptic davant la fotografia en assegurar que la foto d'una fàbrica a penes ens diu res sobre la realitat que s'hi oculta (Benjamin, 1989: 81).

Enfront de l'absència d'aquesta imatge de classe, la revista d'esquerres alemanya *Abeiter Illustrierte Zeitung (AIZ)* va impulsar en 1926 una crida per a consolidar un moviment fotogràfic obrer. Aquesta iniciativa connectava amb d'altres promogudes a la Unió Soviètica per revistes com *Oganëk* o *Sovetske Foto*, que buscaven crear un cos de fotoperiodistes obrers a partir també de fotògrafs aficionats. L'objectiu era generar una imatge obrera des del punt de vista de la classe treballadora, abraçant la seua vida quotidiana, la seua relació amb el treball i les seues lluites. Aquests moviments fotogràfics es veurien truncats pel nazisme i per l'estalinisme.

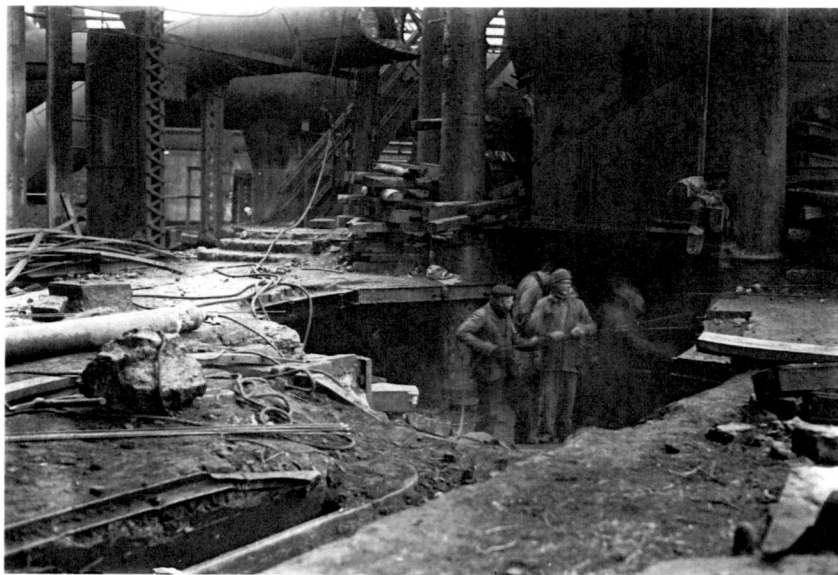

Imatge 2. Reparació del forn alt núm. 2. **Foto:** Manuel Rodríguez Velo, 1949. Fundació de la Comunitat Valenciana de Patrimoni Industrial i Memòria Obrera del Port de Sagunt.

Aquelles experiències coincidiren amb les primeres passes de la Compañía Siderúrgica del Mediterráneo (CSM), empresa matriu d'AHM, creada a Sagunt en 1917. No obstant això, a Espanya la seua influència fou limitada i tardana. De fet, no va arribar fins que –ja en vigílies de la Guerra Civil– Josep Renau va trobar en una llibreria de València un exemplar d'*AIZ*. No seria fins a la mateixa reconversió quan un treballador saguntí, Tomás Bueno, que després de l'acomiadament d'AHM es va convertir en fotògraf professional, realitzaria una petita sèrie de retrats dels seus companys, amb els quals va elaborar alguns fotomuntatges [Imatge 9], significativament el mateix gènere que John Heartfield desenvolupava a *AIZ* i que Renau continuaria en la seua obra.

Així, la imatge dels treballadors saguntins fou capturada per la mirada d'altres. Si en l'àmbit privat va dependre durant molt de temps de fotògrafs de carrer o d'estudi, en l'esfera pública i laboral la seua representació fou monopolitzada per l'empresa. És a dir, fou suprimida. En observar l'arxiu fotogràfic d'AHM veiem com la "fàbrica" és la protagonista absoluta. En aquestes imatges, els treballadors apareixen empetitits, desdibuixats o invisibilitzats pel gris de la seua roba de treball, que camufla la seua presència en l'espai fabril [Imatge 2]. Solament són impersonal força de treball. Quan el fotògraf retrata algun grup aïllat o el comiat d'algun treballador que es jubila, aquestes fotos s'entreguen per als àlbums familiars, però no s'incorporen en l'arxiu, a diferència del que succeeix amb les imatges de la vida social de la burgesia, composta per directius i enginyers de la siderúrgia.

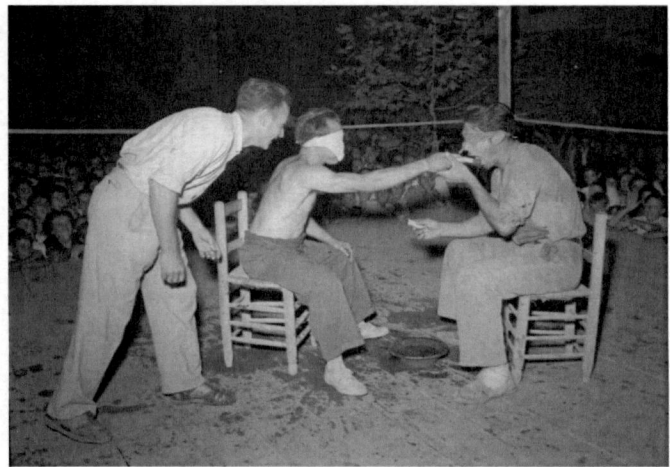

Imatge 3. Jocs en les festes patronals (c. 1953).
Foto: Fundació de la Comunitat Valenciana de Patrimoni Industrial i Memòria Obrera del Port de Sagunt.

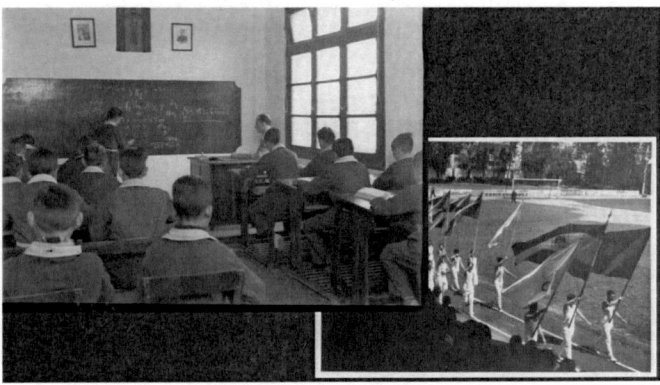

Imatge 4. Fotograma de "Micrópolis" (2024), de l'artista visual Vic Pereiró.

Aquesta absència d'imatges obreres tindrà una excepció: l'àmbit lúdic. L'arxiu d'AHM ens n'ofereix un variat inventari: obrers jugant a futbol, disputant curses, participant en espectacles taurins o realitzant proves puerils en les festes patronals [Imatge 3]. Són obrers sense conflictes que es diverteixen com xiquets. Així, el treballador és infantilitzat per la mirada paternalista de l'empresa que el protegeix. No és estrany trobar sèries de retrats de filles i fills de treballadors que assisteixen als col·legis de l'empresa, o d'adolescents a la seua escola d'aprenents [Imatge 4]. L'empresa reforça així la seua funció rectora, perquè és l'única capaç d'encarrilar la immaduresa dels treballadors i inclús de salvar-los l'ànima: els treballadors no són fotografiats mentre protesten, però sí quan participen en processons. Fins i tot, a partir dels anys 60, quan els militants clandestins de les Comissions Obreres van conquistant hegemonia en el jurat d'empresa, les poques fotos que conserva l'arxiu d'aquest òrgan centren el focus visual en el seu president, imposat per la direcció.

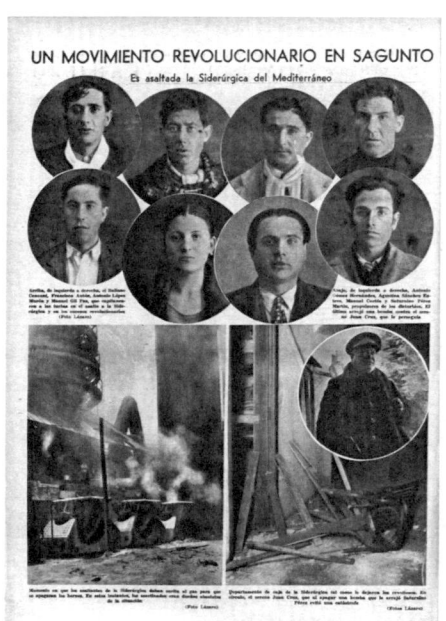

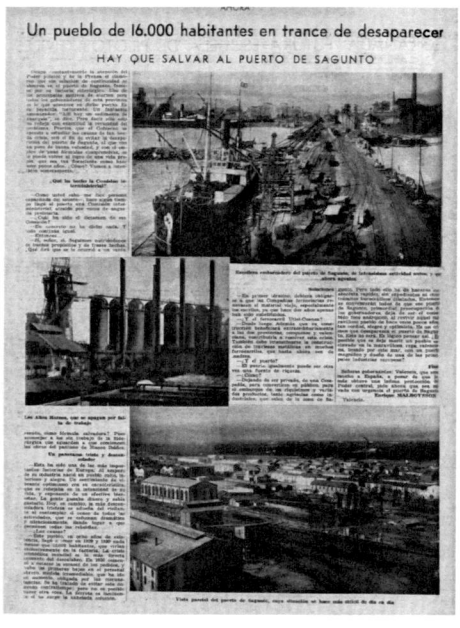

Imatge 5. Muntatge fotogràfic sobre la insurrecció anarquista al Port de Sagunt. "Ahora", 21 de gener de 1932.

Imatge 6. Reportatge sobre la crisi que amenaçava el Port de Sagunt. "Ahora", 10 de juliol de 1932.

Però no solament l'empresa configura l'imaginari obrer. També ho farà, i molt prompte, la premsa. El 22 de març de 1907, la revista barcelonina *La Actualidad* publica la imatge de dos obrers, Gabriel Villa i Manuel Esparza, ferits en un accident del tren que portava el seu carregament des de les mines d'Ojos Negros a l'embarcador del Port de Sagunt, origen de la indústria siderúrgica [Imatge 1]. La seua imatge, així, apareix vinculada a la catàstrofe, a una desgràcia que no respon a causes socials, sinó a la fatalitat. L'obrer és víctima del seu destí, no el seu protagonista. Perquè si s'assumeix protagonista del seu destí és perillós: el 21 de gener de 1932 el diari *Ahora* dedica una pàgina a un muntatge fotogràfic sobre el moviment insurreccional anarquista al Port de Sagunt i l'assalt a la CSM [Imatge 5].

Aquesta tènue línia que separa la víctima del subjecte perillós farà desaparèixer la imatge del treballador saguntí. Ni tan sols als anys 30, quan la crisi de 1929 obligue a paralitzar la producció i gener un greu problema social i d'atur, els treballadors seran protagonistes. No veurem publicada cap imatge de les seus mobilitzacions, com les que captà el fotògraf local León San Bernardo Soler [Imatge 7]. Veurem, això sí, imatges de les "forces vives" i, sobretot, fotografies de la fàbrica [Imatge 6]. Perquè la fàbrica és la icona omniscient, el símbol del progrés industrial, i la veurem reproduïda en revistes, periòdics o targetes postals. Inclús aquell espai fabril atraurà el poder polític per a impregnar-se de la seua aura de progrés i modernitat: Alfons XIII, Primo de Rivera, ministres franquistes, el mateix Franco o Joan Carles de Borbó. Ells seran els protagonistes d'unes fotografies periodístiques que relegaven els treballadors, com a molt, al paper difús de teló de fons o de massa agraïda.

Tampoc la premsa obrera projectarà una imatge alternativa dels treballadors saguntins, encara que la seua tradició de lluita tinguera una forta repercussió en les seues pàgines. Hi preponderarà la cultura escrita, primer pel retard a integrar la fotografia en el discurs d'aquestes publicacions; després, per les limitacions de la clandestinitat durant el franquisme. Mostrar en aquell context imatges de treballadors, i especialment de treballadors en lluita, era un perill que el moviment obrer havia après des que en 1871 s'utilitzaren les fotografies fetes als participants en la Comuna de París per a identificar, reprimir i executar els revolucionaris. Ni tan sols la República, quan en 1938 va retre homenatge amb una sèrie filatèlica a la resistència dels obrers de Sagunt enfront dels bombardejos feixistes, projectarà la seua imatge i la substituirà per la silueta d'un treballador anònim vigilant l'incandescent funcionament de la màquina, o per l'al·legoria de l'escultor Agustín Querol sobre la immolació saguntina davant el setge d'Anníbal [Imatge 8]. Així, durant dècades els obrers saguntins, més enllà dels seus àlbums familiars, tingueren negada la seua imatge.

Testimoni d'un conflicte de relats

Tot canvià en 1983, el dia en què la direcció de la siderúrgia de Sagunt va emetre l'ordre d'apagar el forn alt número 2. Però sobretot, quan els treballadors decidiren desobeir aquella ordre. Aquella resistència va atraure al Port de Sagunt documentalistes i fotoperiodistes de tots els mitjans, com Ana Torralva, José Aleixandre, Manuel Molines, José Vicente Rodríguez, Pepe Encinas, Jesús Císcar, Juan José Monzó, Luis Vidal, Antonio Tiedra,

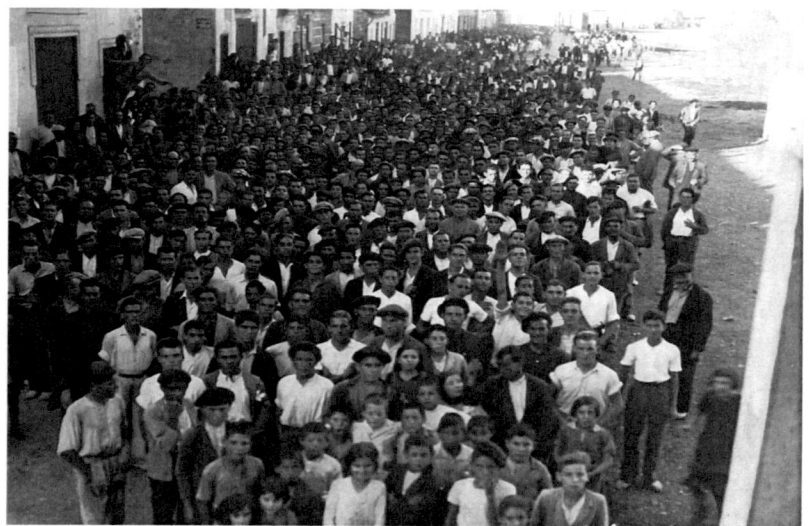

Imatge 7. Protesta dels treballadors del Port de Sagunt durant la crisi dels anys 30. **Foto:** León San Bernardo Soler.

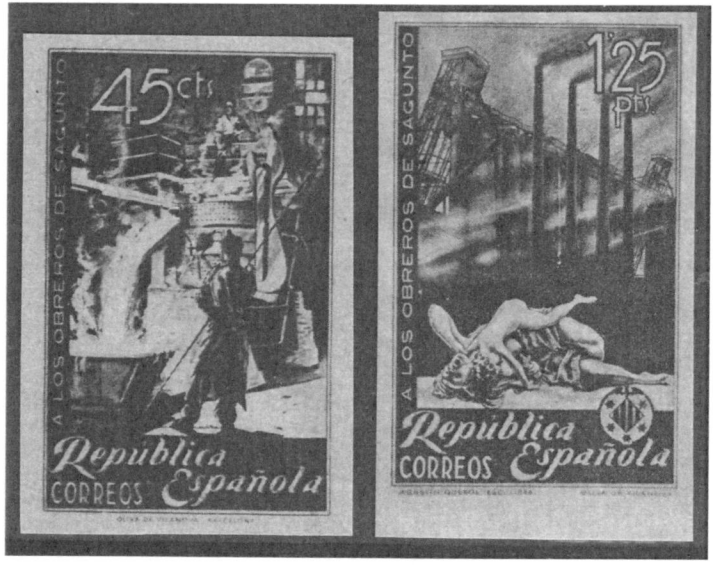

Imatge 8. Sèrie filatèlica emesa per la República en 1939 en homenatge a la resistència dels obrers saguntins.

Enrique Tort o Jordi Vicent. Tots ells van capturar amb les seues càmeres el testimoni d'una lluita que s'allargaria més d'un any. Però, què ens revelen aquests milers de fotografies, moltes de les quals no foren mai publicades? Aquesta pregunta ens porta al controvertit debat sobre els relats, ja que, com subratlla Antonio Ansón, "no hi ha hagut mai imatges sense paraules" (Ansón, 2023: 27). Inclús l'àlbum familiar requereix un relat oral que explique la genealogia i els avatars vitals de la saga perquè les seues imatges tinguen sentit. Això resulta encara més evident en el fotoperiodisme, on, segons ens adverteix Gisèle Freund, "l'objectivitat de la imatge no és més que una il·lusió" (Freund, 2011: 142), una mateixa fotografia és capaç d'il·lustrar una narració i la contrària. De fet, en aquests reportatges sobre la batalla d'AHM subjauen, com a mínim, tres narratives paral·leles i alhora en conflicte: el relat de la cultura obrera, el de la modernitat i el de la irrupció del nou paradigma neoliberal.

Les fotografies de la lluita dels siderúrgics saguntins omplen de sobte el buit de representació acumulat durant dècades, i ens acosten a la complexa realitat de la cultura obrera. Ens parlen de faenes dures, en condicions extremes i sovint perilloses, però que no són viscudes amb la resignació de la víctima, sinó amb l'orgull personal, molt masculinitzat, de qui se sent membre d'un col·lectiu que, amb el seu esforç i la seua història de lluita, compta amb un respecte dins de la classe treballadora. Ens permeten percebre una consciència de classe que emana de la quotidianitat, de les relacions cara a cara amb els companys de treball, i que s'aferma amb xarxes personals que abracen els milers de treballadors que componen la plantilla. Aquests llaços íntims també són a la base dels seus lideratges, forjats i respectats des dels difícils anys de la dictadura, amb una organització sindical sòlida, amb l'assemblea concebuda com a àgora democràtica, i amb una experiència acumulada de lluita que els permet adaptar amb agilitat les seues accions a cada circumstància. A banda, ens parlen de com aquesta cohesió col·lectiva flueix des de dins de la fàbrica cap als barris d'una ciutat industrial que, per sobre de tot, se sent una ciutat obrera. Per això, el paper de les dones serà clau en un conflicte al qual se sumaran tots els sectors del Port de Sagunt: infants, joves, comerciants.

El relat en els mitjans i en la política, amb tot, serà un altre. Aquí, el discurs hegemònic serà el de la modernitat. Aquest fou l'argument de Felipe González en la seua compareixença televisiva a la nació davant del caire dels esdeveniments. Espanya eixia de l'endarreriment de la dictadura i havia de modernitzar-se per a superar la crisi i la tan anhelada integració europea. La reconversió es presentava com una operació quirúrgica sobre un cos malalt. S'havien d'extirpar els tumors perquè el malalt sanara. I el tumor era AHM. El diagnòstic es justificava amb estadístiques, relacions de pèrdues i caigudes de producció. Els treballadors respongueren amb un diagnòstic alternatiu: l'*informe Kawasaki*, que defenia la viabilitat de la planta saguntina. Però la decisió del cirurgià estava presa: calia assumir el sacrifici d'AHM per a arribar a la modernitat, paraula clau d'aquells anys.

Aquest relat fou assumit pels mitjans, al mateix temps que recuperaven antics imaginaris de l'obrer coma víctima o perill. Ara, l'obrer era víctima indefensa d'una lògica econòmica que resultava tan implacable com la fatalitat. Per tant, es demanava una "compensació" per a aquells treballadors que sofrien les conseqüències d'una lògica inqüestionable. Amb tot, això no va impedir que alguns mitjans, com el conservador *ABC*, alertaren que darrere les mobilitzacions saguntines s'amagava una mà negra "comunista" dirigida des de Moscou. Aquesta teoria, que avui qualificaríem de conspiranoica, reflectia una preocupació que inclús afectava el govern: la capacitat de pressió política del moviment sindical i, especialment, d'unes Comissions Obreres que havien demostrat la seua forta implantació i una capacitat de mobilització crucial en l'oposició contra la dictadura.

El discurs de la "modernitat" va connectar molt prompte amb el dogma neoliberal que es gestava aquells anys. Si en 1973 Pinochet convertia Xile en un laboratori neoliberal, les victòries electorals de Margaret Thatcher al Regne Unit (1979) i de Ronald Reagan als Estats Units (1981) confirmaren la seua hegemonia. Aquesta hegemonia, que es projectà com la victòria total del capitalisme després de l'enfonsament de l'URSS, es va simbolitzar amb l'acrònim TINA (*There Is No Alternative*, 'No hi ha alternativa'), encunyat per Thatcher. Aquell capitalisme victoriós serà molt diferent del que va sorgir després de la II Guerra Mundial, quan la competència soviètica i un moviment obrer fort obligaren el capital a fer concessions en forma d'estat del benestar. Ara, enfortit per la globalització i les noves tecnologies que potencien el capital financer i faciliten la deslocalització d'empreses, el nou capitalisme estava preparat per a passar a la seua fase postindustrial. Les polítiques de reconversió, justificades per la superació de la crisi, es transformaren de facto en plans de desindustrialització que minaren la força del moviment obrer. Els espais industrials, que reunien grans poblacions obreres, foren desmantellats a Sagunt, Vigo, Cadis, Astúries o Bilbao, mentre Thatcher llançava aquells mateixos anys una guerra total contra els poderosos sindicats miners.

La cultura laboral basada en llocs de treball fixos es va substituir per la inestabilitat. Pocs mesos després del tancament d'AHM, el govern va promoure la primera reforma laboral i els *contractes escombraria* van entrar a l'agenda espanyola. La seguretat va donar pas a la precarietat. El pacte polític i social de la postguerra es va esquerdar, l'estat del benestar fou qüestionat obertament com a contrari a la lògica econòmica i els mecanismes de cohesió es van evaporar en societats cada volta més desvertebrades. Valors tradicionals del moviment obrer, com la solidaritat, foren arraconats per l'individualisme i per la riquesa material com a únic referent de l'èxit, mentre creixien la pobresa i la desigualtat. Les fotografies d'aquell conflicte d'AHM també són les primeres instantànies del nou món.

Fotografia i memòria

Aquesta diversitat de relats, que podria incloure'n altres, com la descontextualització esteticista o la moda *vintage* de les imatges antigues, ens remet a l'ambigüitat de la imatge i a la ja vella crisi de la fotografia com a espill de la realitat. De fet, fa temps que es prengué consciència de la capacitat de mentir i de manipular de les fotografies, així com de l'ús i abús que el capitalisme fa de la imatge en l'espectacularització de la realitat i en el modelatge de les nostres cosmovisions. A això s'hi afegeix la desvirtuació des de mitjan segle XX d'una fotografia documental que s'aparta del compromís social per a reivindicar un subjectivisme d'autor i buscar un forat en el mercat de l'art, així com d'una crisi general del periodisme que afectarà inevitablement el fotoperiodisme. I per si tot això fora poc, en els mateixos anys en què Espanya vivia la reconversió, els germans Thomas i John Knoll ultimaven la primera versió d'un programa informàtic que revolucionaria el món de la imatge: Photoshop. Mentre els canvis socioeconòmics desmaterialitzaven la nova societat postindustrial, la imatge trencava llaços amb la realitat per a convertir-se en una combinació numèrica de dades i endinsar-se a l'era postfotogràfica que avui, amb la intel·ligència artificial, pot generar els *deepfakes* més hiperrealistes.

Per tot això, observar avui les imatges de la batalla d'AHM és també una invitació a repensar els usos del fotoperiodisme i la fotografia documental en la configuració d'una consciència crítica i emancipadora. En aquest sentit, les reflexions de John Berger cobren més força que mai quan defenia que qualsevol modernitat alternativa de la fotografia s'ha d'"incorporar a la memòria social i política, en compte de servir de substitut que predisposa a l'atròfia d'aquesta memòria" (Berger, 2017: 78). Ara bé, qui és el receptor d'aquesta memòria que, com subratlla Joan Fontcuberta, ha de pensar-se com un "terreny de lluita entre dades i emocions" (Fontcuberta, 2024: 68-69)?

Toni Negri destacà com, des dels anys 70, el capitalisme es va proposar subvertir l'hegemonia que la classe treballadora havia conquistat a la fàbrica i que arribà a la màxima expressió en l'onada revolucionària del 68, amb les prolongades vagues a França o les ocupacions d'empreses a Itàlia, que evidenciaven que el moviment superava els límits de la revolta estudiantil. Per a recuperar el control, el capitalisme es reestructurà amb un projecte neoliberal que enfortí el capital financer, on tenia una hegemonia total, i destruí l'espai productiu on els obrers havien construït un autèntic contrapoder: la fàbrica. Basant-se en la computerització i l'ús productiu de la comunicació, el capital va deixar de necessitar l'espai fabril per a passar a desenvolupar el seu procés d'acumulació en l'àmbit social. Ara, l'apropiació de la plusvàlua ja no es limita al treball assalariat, sinó que impregna totes les nostres activitats quotidianes: des del nostre treball gratuït quan usem els autoserveis d'una benzinera, un banc o un supermercat, fins a la lucrativa especulació amb les nostres dades personals. D'aquesta manera, per a Negri, la vella fàbrica es desmaterialitza en la "fàbrica social", mentre l'antic obrer industrial es transforma en "obrer social" a qui han arrabassat els llaços de solidaritat i les estructures de resistència, per a alienar-lo i reduir-lo a mercaderia en estat pur, de la qual lucrar-se fins i tot amb l'iris dels ulls.

En aquest context, la memòria és un pont potencial entre l'antic obrer industrial i el nou obrer social. Un pont incert que ha d'evitar qualsevol temptació nostàlgica per a desenvolupar les seues potencialitats. No es tracta de recuperar passats perduts i idealitzats, sinó de construir noves cartografies col·lectives que ens enllacen amb els nostres orígens i orienten el nostre camí cap als destins a què aspirem. Recolzar-nos en aquesta melancolia que, segons Enzo Traverso, ens permet superar el dol de les batalles perdudes per a articular una identitat i un moviment compartit en el present. O en aquests fantasmes del passat, ens del present, sobre els quals Jacques Derrida va construir la seua idea d'hauntologia, el rastre de la qual ens continua interpel·lant, com destacava Mark Fisher sobre aquells futurs que no van ser mai.

En aquest ús crític de la memòria, la fotografia hi té un paper privilegiat, potser a causa del caràcter espectral que l'ha caracteritzat des del començament per la seua capacitat d'immortalitzar moments morts. Aquesta memòria es transforma en postmemòria en

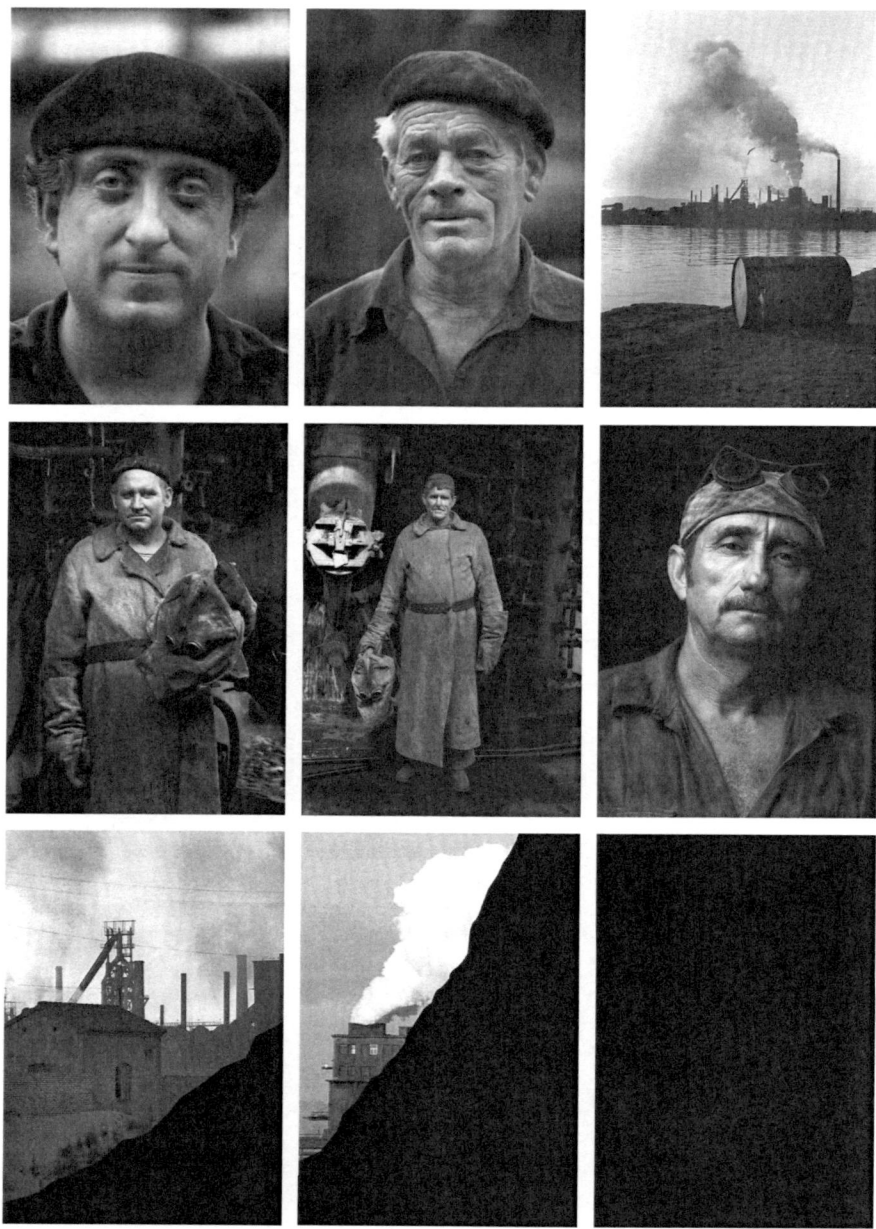

Imatge 9. "El negro avanza" (1983). Fotomuntatge de Tomás Bueno.

interpel·lar també les noves generacions d'"obrers socials" que no van viure aquells fets i aquell passat que, tanmateix, determinen el seu present. Per això, és poc important que les imatges, com que les que aplega aquesta exposició, adopten la forma testimonial del fotoperiodisme i la fotografia documental o siguen reflexions postfotogràfiques com l'obra de l'artista visual Vic Pereiró sobre el patrimoni industrial i la memòria obrera saguntina. El que és realment determinant, com defèn amb vehemència Fontcuberta, és que la fotografia "siga més que una imatge. Que siga un acte de memòria. De memòria bel·ligerant. De memòria dialèctica" (Fontcuberta, 2024: 69).

Identitat, testimoni i memòria són, doncs, tres qüestions que bateguen en les imatges d'aquesta exposició. I que també podem rastrejar en els textos d'aquest catàleg. Així, Manuel Muñoz ens aproxima als fets que marcaren el conflicte d'AHM i que ell va viure de primera mà com a periodista. Al seu torn, el sociòleg Miguel Ángel García Calavia analitza la fallida identitària, social i cultural que subjau en el tancament de la siderúrgica i que explica la dura resistència dels treballadors. Una crisi col·lectiva també present en l'article de Carles Xavier López Benedí i Miguel Ángel Martín, que rememoren les seues vivències del procés i reflexionen sobre el paper de la memòria industrial i obrera en la construcció de noves subjectivitats. Des d'una perspectiva fotogràfica, Ana Torralva reconstrueix en el seu text la història d'una de les imatges icòniques d'aquells llargs mesos: l'intent d'agressió a l'aleshores president de la Generalitat, Joan Lerma. En aquesta mateixa línia, José Aleixandre repassa el panorama del fotoperiodisme valencià d'aquells anys, en què una nova generació de professionals, alliberada de la censura franquista, va cobrir amb les seues càmeres el major conflicte social al País Valencià després de la recuperació de la democràcia. Des d'una perspectiva més general, Pepe Baeza aborda les dificultats que afronten avui dia el fotoperiodisme i la fotografia documental per a acostar-se de forma crítica als conflictes socials en un context marcat per la pèrdua d'independència que imposen els grans mitjans i un discurs postmodern que qüestiona la imatge mateixa com a testimoni. Per últim, la fotògrafa Provi Morillas evoca i fusiona els seus records d'aquell conflicte, que va viure com a xiqueta, i les imatges fotoperiodístiques que continuen mantenint viva aquella memòria.

En qualsevol cas, ni l'exposició ni aquest catàleg aspiren a fixar conclusions sobre aquestes tres qüestions. Solament busquen reivindicar la necessitat d'una reflexió entorn seu, un debat que ens interpel·la sobre la realitat social del nostre present i les seues formes de representació crítiques. El 40è aniversari de la batalla de Sagunt és, sens dubte, una bona oportunitat per a afrontar-lo.

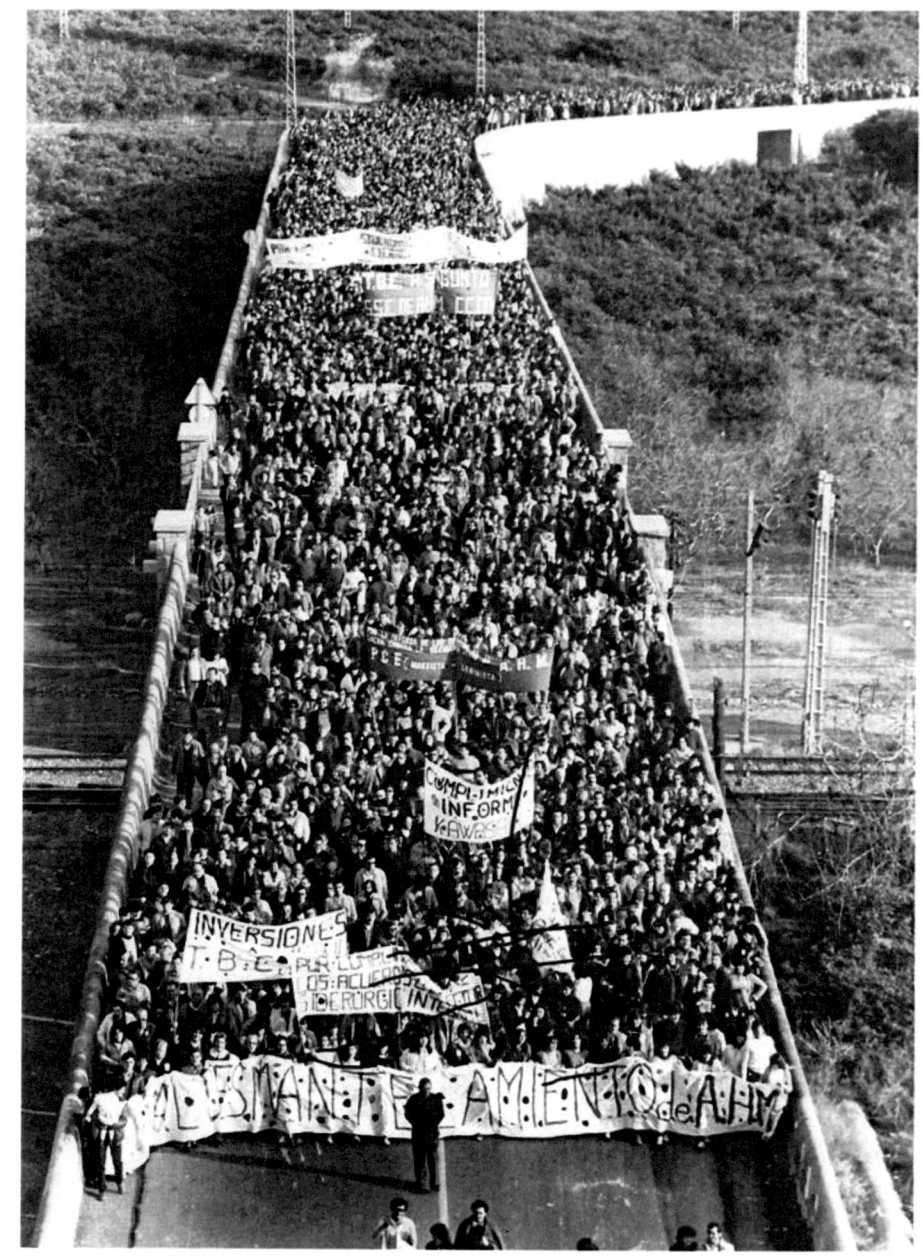

El 16 de febrer de 1983 es convocà la primera vaga general i més de 30.000 persones van marxar del Port de Sagunt en manifestació. **Foto:** Ana Torralva.

La llarga lluita de tot un poble

__Manuel Muñoz
__Delegat d'*El País* a València entre 1981 i 1988

Era la vigília de la nit de Nadal de 1985. Una explosió controlada enderrocava el forn alt número 3 de la factoria d'Altos Hornos del Mediterráneo, al Port de Sagunt. La voladura va ser efectuada amb set quilos de goma-2 per l'empresa Cercosa, encarregada del desguàs de la part d'alts forns, estufes i màquines de colades de la factoria. El forn alt número 3 fou l'últim a deixar de funcionar. El número 1, construït en 1922 i reconstruït en 1962, havia sigut demolit prèviament, i el número 2 fou restaurat posteriorment i avui ha quedat com a record de l'acereria i de la lluita dels treballadors per impedir-ne el tancament. Francisco Forés, director adjunt a la presidència d'AHM i durant deu anys director d'operacions, presencià l'explosió controlada i confessà que veure caure el front li havia posat "la pell de gallina". Hi era present l'aleshores president d'AHM, José Manuel Mateu de Ros, i la voladura fou enregistrada en imatges per les càmeres de TVE i del fotògraf del diari *El País* Jesús Císcar. Una imatge històrica d'un conflicte que va generar-ne moltes i variades, i de les quals aquesta exposició recull una àmplia mostra.

Havien passat dos anys, deu mesos i dinou dies des que l'ordre d'apagar el forn alt número 2 d'AHM iniciava un conflicte que canvià la vida dels habitants del Port de Sagunt. Durant més d'any i mig la lluita contra el tancament de la capçalera mantingué en permanent rebel·lia tota una població, l'existència de la qual havia estat vinculada a la factoria des que a mitjan segle XX Ramón de la Sota i Eduardo Aznar crearen la Compañía Minera Sierra Menera per a l'exportació de mineral de ferro, amb una línia de ferrocarril i un embarcador.

Hi hagué ordres i contraordres, manifestacions a València i a Madrid, ferits, fins i tot un de bala, i vagues generals. També fou apedregada la comissaria, i foren incendiats tres cotxes de policia. El president de la Generalitat d'aleshores, el socialista Joan Lerma, fou agredit quan intentava donar un míting al cinema Oma, i el president d'AHM, José María Lucía, va arribar a estar retingut un dia durant quasi deu hores a l'edifici de la gerència per una multitud que proferia amenaces contra ell. També va dimitir la majoria de la corporació municipal, presidida pel socialista José García Felipe, que fou substituïda per una comissió gestora. *Felipe, Guerra, Sagunto no se cierra* fou el crit més repetit en les manifestacions contra la decisió del Govern socialista que havia aconseguit majoria absoluta en les eleccions de 1982.

Finalment, i després d'intenses negociacions, moltes vegades trencades i represes, el 6 d'octubre de 1984 els treballadors acataren les ordres de la direcció i l'últim forn alt que quedava en funcionament, el número 3, fou apagat. Amb això concloïa un conflicte que va durar un any i vuit mesos. José María Lucía, que també era president de la siderúrgica asturiana Ensidesa, havia sigut destituït el 28 de març de 1984 i substituït per José Manuel Mateu de Ros, que va conduir el tram final del conflicte i la seua resolució. Desmantellada la capçalera, es modernitzaren les instal·lacions de laminació en fred i AHM passà a ser Siderurgia del Mediterráneo, inicialment dependent de l'Institut Nacional d'Indústria i avui propietat de la multinacional francesa ArcelorMittal.

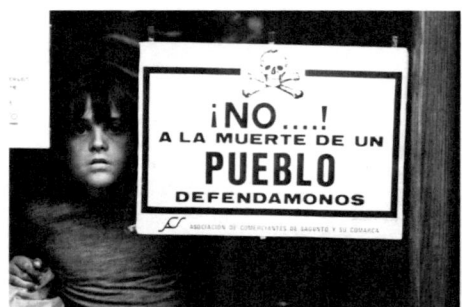

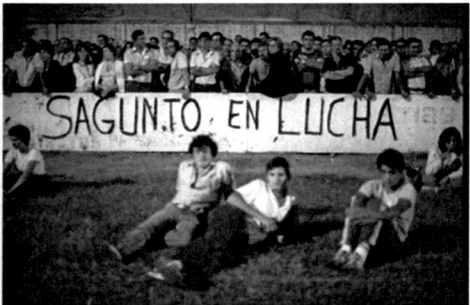

"No a la mort d'un poble" fou el lema de la resistència al tancament d'AHM.
Foto: Antonio Tiedra.

Les assemblees populars reunien totes les generacions al camp de futbol.
Foto: Jesús Císcar.

La lluita dels treballadors i les seues mesures de pressió i protesta van ocupar les primeres pàgines dels diaris i van obrir amb freqüència els informatius de televisió. Com a delegat d'*El País* a València, vaig seguir dia a dia els incidents i les interminables assemblees de treballadors, amb el comité d'empresa presidit per Miguel Campoy, de Comissions Obreres, el caràcter impassible del qual va fer que l'anomenaren l'Home de Gel. En aquella època no hi havia els mitjans informàtics de què disposem avui. Jo vaig passar molts dies al Port de Sagunt i acabava dictant de manera improvisada les cròniques per telèfon a última hora de la vesprada, fregant l'amenaça del tancament de l'edició.   stòria de la fotografia: la identitat, el testimoni i la memòria.

La "reconversió industrial"

El primer Govern socialista després de la dictadura, presidit per Felipe González, havia emprès el que es va anomenar "reconversió industrial". Recorde haver sentit l'aleshores ministre de Sanitat, Ernest Lluch, explicar que aquesta denominació no és la més adequada. Procedeix del que succeí en els països contendents en la Segona Guerra Mundial. La indústria que es convertí en bèl·lica fou reconvertida després en indústria de pau, de manera que va patir una "reconversió", en ser convertida dues voltes. La transformació de la indústria siderúrgica per la seua escassa competitivitat més aviat fou només una "conversió" o transformació, però sol ser inútil intentar esmenar les inèrcies lingüístiques.

Els problemes de la siderúrgia havien començat en 1975, amb la caiguda de la demanda generada per les crisis energètiques, i AHM havia sigut nacionalitzada en 1979. El Govern de la Unió de Centre Democràtic havia aconseguit en 1981 un acord amb empreses i sindicats per a una reconversió del sector, que incloïa la construcció d'un nou tren de bandes en calent, ja que els existents a Ensidesa i Altos Hornos de Vizcaya estaven antiquats. Inicialment es pensà a construir-lo a AHM, perquè era el pas intermedi que faltava entre les instal·lacions de capçalera i el modern tren de laminació en fred que ja tenia.

Es considerava que la millor ubicació era la d'AHM també pel seu emplaçament geogràfic, a la costa, al costat d'un port i ben comunicada amb les empreses automobilístiques d'Almussafes, Barcelona i Saragossa. En la mateixa direcció apuntava un informe extern, l'*Informe Kawasaki*.

No obstant això, el Govern socialista optà finalment per reformar les instal·lacions d'Ensidesa i d'AHV. Els motius no foren solament la forta resistència de les factories asturiana i biscaïna, sinó també el recel de l'aleshores anomenada Comunitat Econòmica Europea davant de la construcció d'un modern tren de bandes en calent per a Sagunt, perquè hauria suposat una competència amb les fàbriques europees de bobines en calent, que venien la major part del producte comprat per Espanya. El Govern pensava també que la imminent entrada a la CEE, que es produí en 1985, faria impossible la construcció del tren de bandes en calent a Sagunt, prevista per a 1989 segons l'*Informe Kawasaki*. Un estudi de la Universitat d'Alacant, de Morlán, Escudero i Sáez García, assegura que "des de la perspectiva econòmica i industrial, la política de reestructuració siderúrgica de 1984-1990 va constituir un complet despropòsit que solament va servir per a posposar l'elevat cost social que Astúries i el País Basc hagueren d'assumir finalment als anys noranta".

L'ordre inicial d'apagar el forn alt número 2, com a inici del tancament de les instal·lacions de capçalera, fou revocada després que intercedira el conseller d'Indústria i Comerç de la Generalitat Valenciana, Segundo Bru. Després d'una vaga general i una manifestació a Madrid davant el Ministeri d'Indústria, el 18 de març José María Lucía acudeix a Sagunt per a comunicar que si no s'acata l'ordre de reduir en un 20% la producció de lingot de primera fusió dels alts forns hi haurà sancions. Fou un dels episodis més tensos del conflicte. El president d'AHM arribà a les 11.45 a l'edifici de gerència i no el pogué abandonar fins a les 10.30 de la nit, acompanyat pels membres del comité d'empresa, quan s'havia dissolt una multitud que impedia que isquera i que arribà a superar les 20.000 persones, entre les quals n'hi havia algunes amb els vestits típics de la festa de les Falles. Havien sigut convocades per mitjà de cotxes amb megafonia. La concentració es dissolgué en la major part una volta dos membres del comité d'empresa comunicaren que la direcció havia renunciat, de moment, a reduir la producció. Un ninot que representava Lucía fou penjat d'un arbre i se situà un taüt per davall. Algunes de les consignes més corejades eren: *Lucía, dimite, Sagunto no te admite; Lucía, asturiano, en el Puerto te matamos; Lucía, embustero, se te ha visto el plumero; Lucía, baja, te espera la caja*, i *Lucía, marrano, si bajas te capamos*.

Un altre incident d'extrema tensió fou el que succeí el 27 d'abril del mateix any. Una multitud, que la policia va estimar entre 6.000 i 7.000 persones, concentrades entorn del cine Oma, va impedir que el president de la Generalitat Valenciana, Joan Lerma, pronunciara un míting previst per a les vuit del vespre. L'edifici fou rodejat per la multitud, mentre a dins es protegien Lerma i altres dirigents socialistes, que aconseguiren entrar amb dificultat. Alguns dels concentrats els van llançar pomes, taronges i pedres. A les deu del vespre, la policia, amb una operació durant la qual va carregar contra els concentrats i en la qual intervingueren 30 vehicles, va aconseguir traure Lerma del cine. Tant el president com les persones que l'acompanyaven arribaren a ser agredits, i un dels escortes del president llançà dos trets a l'aire amb la seua pistola.

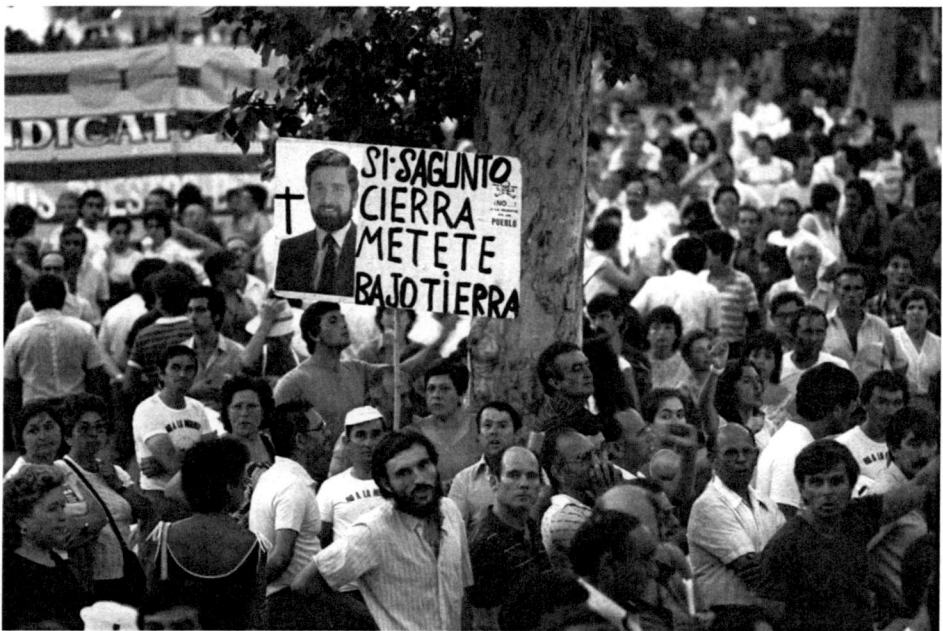

El govern autonòmic va centrar bona part de les crítiques durant les protestes.
Foto: Manuel Molines.

La "sovietització" del Port

Un any després de l'ordre incomplida de tancament del forn alt número 2, el Port de Sagunt havia experimentat una revolució particular. En un quart d'hora es convocaven assemblees multitudinàries, que constituïen una rutina perquè cada setmana n'hi havia almenys dues. Amb tres hores es preparaven manifestacions de milers de persones a València i amb un dia, a Madrid. Cal tindre en compte que aleshores quasi tota la població depenia econòmicament, de manera directa o indirecta, de la factoria d'AHM, amb més de 4.000 llocs de treball.

Aquest estat de permanent mobilització va consolidar col·lectius singularitzats que celebraven les seues pròpies assemblees per a programar accions diferenciades de les del conjunt del poble, però que donaven suport a la seua lluita. Eren els grups de dones, molt conegudes per les manifestacions que feren vestides amb camisoles negres en diversos punts d'Espanya, i l'anomenada Coordinadora de Joves, integrada quasi en la totalitat per estudiants de batxillerat. També sorgiren mitjans informatius propis per a informar del conflicte. Cada nit, a partir de les deu, es podia sintonitzar Radio Unidad, "l'única emissora que diu la veritat sobre Sagunt", segons el dir de molts habitants. Es va muntar en juny de

1983 amb 90.000 pessetes recollides al final d'una assemblea. En el camp de la premsa escrita, la revista *La Estaca*, confeccionada pels joves, era l'òrgan oficiós de la localitat.

La dinàmica de celebració contínua d'assemblees s'imposà entorn del comité d'empresa d'AHM, que es va convertir en una espècie de consell director del poble. Dirigit pel seu president, el sindicalista de CCOO Miguel Campoy, era l'òrgan coordinador de les mobilitzacions i de les accions que emprenia la població. I no solament això. El comité, com a receptor de la voluntat del conjunt dels treballadors de la fàbrica, a la pràctica desenvolupava les tasques de direcció, ja que durant molts mesos a AHM es feia, en relació amb la producció i el treball, el que deia el comité d'empresa i no el que demanava la direcció, amb seu a Madrid. Hi va haver, en el sentit clàssic, una *sovietització* de la vida de la fàbrica.

Campoy rebutjava el terme. "No s'ha intentat en absolut muntar un soviet, encara que puga fer la impressió que siga així", deia. Acceptava, amb tot, que el comité desenvolupava a la pràctica el paper de coordinador del poble i recorda que el primer que feu aquest òrgan quan es va donar la primera ordre de parada del forn alt número 2 "fou traslladar al poble, com a òrgan unitari, la situació de la fàbrica". A parer de Campoy, "aquell fou el germen que organitzà tot aquest conglomerat: que el poble fora receptor del conflicte d'AHM. Es crearen les condicions perquè la lluita no fora solament dels treballadors".

El tancament definitiu

La direcció d'Altos Hornos del Mediterráneo (AHM) ordenà a les 13.50 hores del 5 d'octubre de 1984 l'inici dels treballs per al tancament definitiu de les instal·lacions de capçalera de la siderúrgica de Sagunt. La decisió de l'empresa obeïa a la resolució de la Direcció General d'Ocupació favorable a l'expedient de regulació per als treballadors de la factoria que resulten excedents, encara que no hi hagué acord amb el comité. La suspensió de contractes afectà 1.794 operaris dels 3.613 de la plantilla, que van passar al fons de promoció d'ocupació. El tancament de les instal·lacions de capçalera va afectar el forn alt número 3, aleshores l'únic en funcionament, l'acereria, la fàbrica d'oxigen, les bateries de coc i les instal·lacions de colada contínua i sinterització. En conseqüència, els treballadors que continuaren en actiu en el tren de laminació en fred, única secció de la siderúrgica que continuà funcionant, foren 1.819, número superior en 64 als 1.755 que sol·licitava l'empresa. El forn alt número 3 feu la seua última colada a les 11.30 de la nit del 5 d'octubre. A partir d'aquesxt moment se li van introduir càrregues blanques (coc i calcàries) fins que el dia 6 s'hi feu entrar aigua per a refredar-lo i paralitzar la seua activitat.

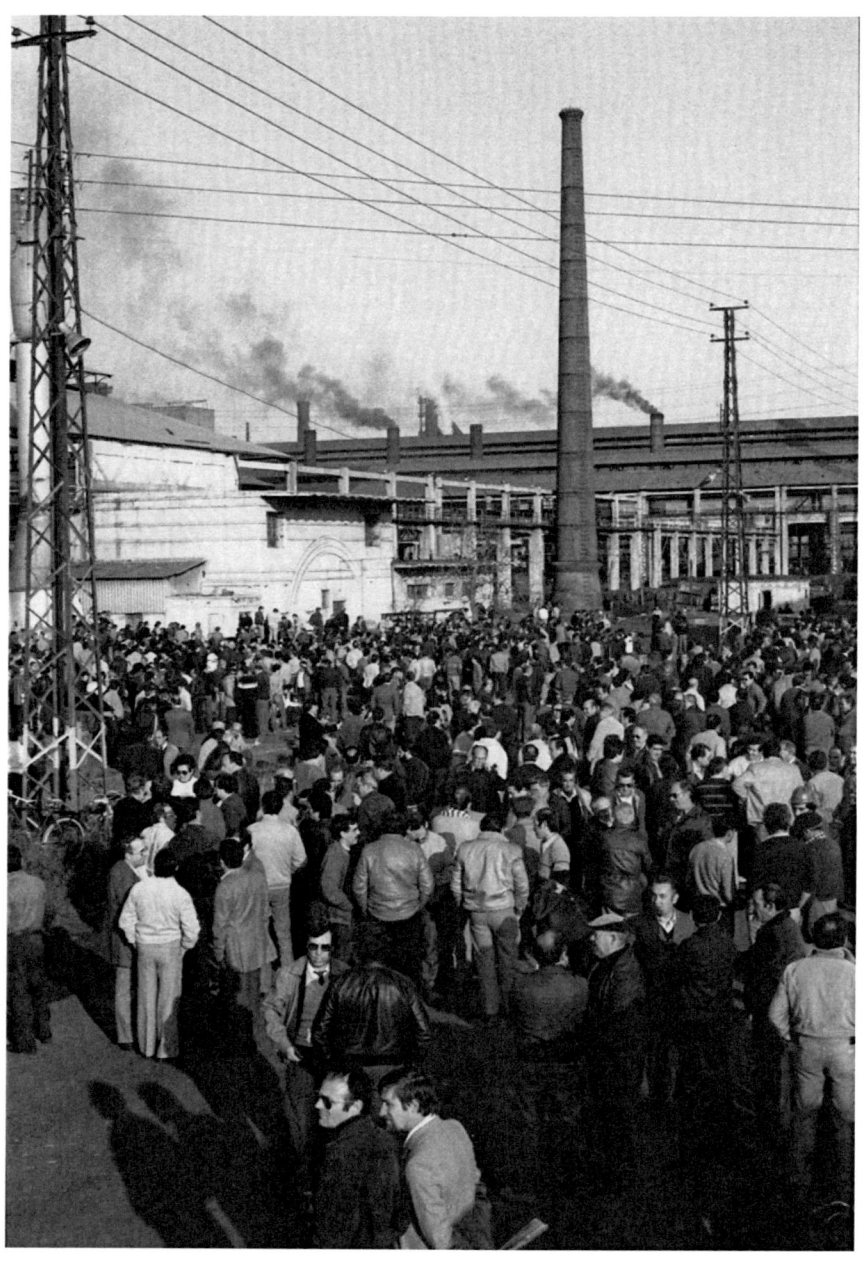

Assemblea de treballadors dintre de la factoria el 10 de març de 1984.
Foto: Manuel Molines.

Altos Hornos del Mediterráneo: un món perdut

__Miguel Ángel García Calavia
__Universitat de València

El 5 d'octubre de 1984 va eixir l'últim lingot de ferro de la capçalera d'Altos Hornos del Mediterráneo (AHM), fet que marcava la culminació del Reial Decret Llei 8-1983, de Reconversió i Reindustrialització, promulgat el 30 de novembre de 1983. La decisió de desmantellar els alts forns ja havia sigut aprovada pel Consell de Ministres el 4 de febrer de 1983, encara que s'optà per mantindre la planta de laminació.

Durant els vint-i-un mesos que van transcórrer entre el decret de desmantellament dels alts forns per part del govern i la seua execució, es dugueren a terme nombroses accions de rebuig i de protesta amb el fi d'evitar-lo. Sobretot fins que la falta d'aprovisionament de mineral i els centenars d'acomiadaments disciplinaris contribuïren al debilitament de la protesta col·lectiva, alhora que s'obrí pas a la recerca d'una solució negociada per als afectats pel desmantellament. Fins aleshores, es van registrar vagues generals, manifestacions i concentracions massives a Sagunt, València o Madrid, així com talls a la N-340 i a l'A-7 que van resultar en ferits i incidents violents, incloent-hi l'incendi de tres vehicles policials. També es dugueren a terme retencions del president de l'empresa i de les autoritats autonòmiques, així com actes de desobediència en relació amb la paralització de la producció del forn alt o del tren de laminació estructural.

Unes accions que no impediren finalment el desmantellament d'AHM, si bé posaren de manifest una extraordinària capacitat de mobilització per part dels més de tres mil set-cents treballadors i les seues famílies, així com de la població de Sagunt i els pobles propers. A més, van comptar amb un ampli suport social, que transcendí els seus límits geogràfics, en oposició a les decisions tant dels successius presidents de l'empresa com dels polítics involucrats en el desmantellament, a nivell autonòmic i nacional. Aquestes accions reflectien amb freqüència un profund ressentiment no solament cap als líders polítics d'aquell moment, sinó també cap a l'ordre social, a penes uns anys després de recuperar la democràcia.

Altos Hornos del Mediterráneo. La indústria de l'acer

AHM es pot considerar representativa d'una sèrie de grans empreses que han tancat des de la restauració de la democràcia, els treballadors de la qual han resistit fermament al seu tancament. L'activitat principal de l'empresa consistia en la transformació del ferro en acer, seguida de la seua laminació, utilitzant maquinària pesada que incloïa alts forns. El treball exigit i exercit consistia a carregar els materials, supervisar el procés de transformació i laminació, i realitzar tasques de manteniment en la maquinària. Encara que el treball no era altament qualificat, requeria responsabilitat. Es desenvolupava en ambients extremament calorosos, amb sorolls constants de metalls i vagons, i amb una olor persistent de diòxid de sofre. A més, els entorns de treball eren bruts i potencialment perillosos. Encara més,

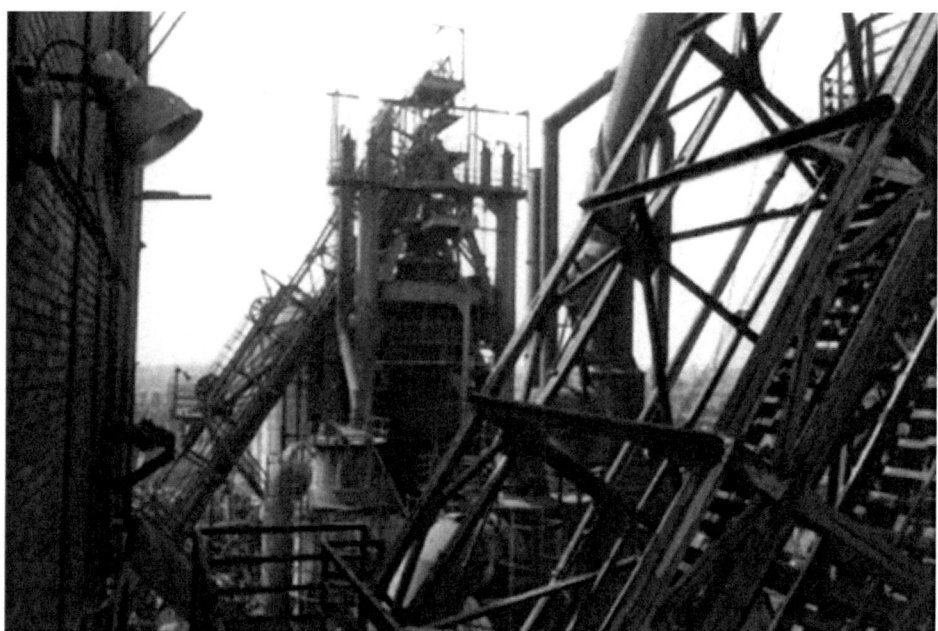

La fàbrica vertebrava tota la vida laboral, social i personal dels treballadors siderúrgics. **Foto:** Jesús Císcar.

tenien un horitzó estret de rutines i les oportunitats d'ascens eren quasi inexistents, si bé els salaris estaven per damunt de la mitjana nacional.

Els treballadors "siderúrgics" eren persones, bàsicament homes, capacitades específicament i provinents de generacions de famílies que vivien prop de la planta siderúrgica, encara que originàriament provenien del País Basc i de l'Aragó. La majoria havia començat a treballar molt jove, acabats d'eixir de l'escola primària. Havien rebut certa formació, si bé en molts casos no era transferible a altres activitats, i estaven capacitats bàsicament per l'experiència.

En aquest entorn, costa entendre la forta resistència que oposaren els treballadors al desmantellament d'una empresa que oferia condicions laborals penoses i poc envejables. A més, sorprèn la nostàlgia expressada per molts després del tancament. El descontent no només es devia a motius materials, com la pèrdua del salari que proporcionava un lloc de treball estable, sinó també a altres aspectes relacionats amb la ruptura d'una vida laboral, social i personal establida. Malgrat ser modesta, aquesta vida era considerada digna i oferia perspectives i garanties de futur.

Els treballadors d'AHM comptaven amb la seguretat d'un lloc de treball que els permetia organitzar la seua vida materialment i també servia com una garantia de reserva d'ocupació per als seus fills en cas que no trobaren oportunitats laborals millors. Des del moment en què ingressaven a l'empresa, sabien que s'enfrontarien a la duresa del treball, incloent-hi fatiga, calor, soroll i la jerarquia de comandament. Però, al mateix temps, tenien la certesa de comptar amb una ocupació estable, fet que els proporcionava seguretat contra la precarietat, la incertesa i la por al futur. A més, aquesta faena representava una protecció per a les seues famílies davant les vicissituds del mercat laboral. D'aquí que associaren el seu destí amb l'empresa a què pertanyien. Per altra banda, encara que les seues jornades laborals eren extenuants, tenien prou estabilitat per a programar la seua vida més enllà de la faena. Malgrat que havien d'adaptar-se a les limitacions imposades pels horaris diaris o setmanals, encara tenien un cert control sobre la seua vida privada i podien planificar-la.

El treball a la indústria de l'acer, i per tant a AHM, posseïa i encara posseeix una marcada dimensió col·lectiva derivada de l'organització i divisió del treball en grups supervisats per una jerarquia de comandaments. Això afavoria la formació de col·lectius que compartien un destí professional comú, tant en l'activitat laboral com en les oportunitats de promoció. Aquests col·lectius constituïen la base d'experiències compartides al llarg de les quals es desenvolupaven valors, normes i una cultura pròpia, que influïen en la forma com duien a terme el seu treball i utilitzaven la maquinària, d'acord amb una racionalitat pròpia, i en la seua valoració, justícia en la distribució de tasques, suport mutu, solidaritat davant la jerarquia. A més, aquestes experiències col·lectives es veien enriquides per les tradicions de la vida comunitària en barris com Churruca o Wichita, construïts a partir de blocs d'habitatges proporcionats per l'empresa, i fins i tot dotats d'escola. En aquests barris, la majoria dels treballadors siderúrgics creixien i treballaven junts durant la major part de les seues vides laborals.

Es tractava d'un procés de socialització en què es forjaven valors i plantejaments propis que singularitzaven les relacions laborals i que eren subjacents a una identitat col·lectiva singular. La cultura obrera genera diferia de la cultura de l'empresa i de la racionalitat organitzativa que l'inspirava. A més, aquest procés de socialització dels treballadors també portava a la formació d'un contrapoder, ja que estava modelat en la cultura sindical que facilitava. En aquest sentit, els grups establits, fermament arrelats en els seus plantejaments i valors, que fomentaven la formació d'identitats col·lectives, es confonien amb el mateix moviment sindical a l'empresa.

A AHM, el moviment sindical era molt ampli i actiu. Quasi tots els treballadors hi estaven afiliats, majoritàriament a CCOO, encara que també a UGT i a altres sindicats, i participaven en les eleccions dels seus representants en el Comitè d'Empresa. Encara que els sindicats tenien programes diferents, la seua presència reforçava el sentiment de dignitat i de poder del treballador, fet que donava un sentit a la jornada de treball molt diferent del de simple dependència i subordinació a l'empresa. A més, la vida sindical, al seu torn font de sociabilitat, representava un mitjà per a afirmar la perspectiva dels treballadors, contrarestar el poder empresarial i inscriure l'especificitat dels seus valors en la vida de l'empresa.

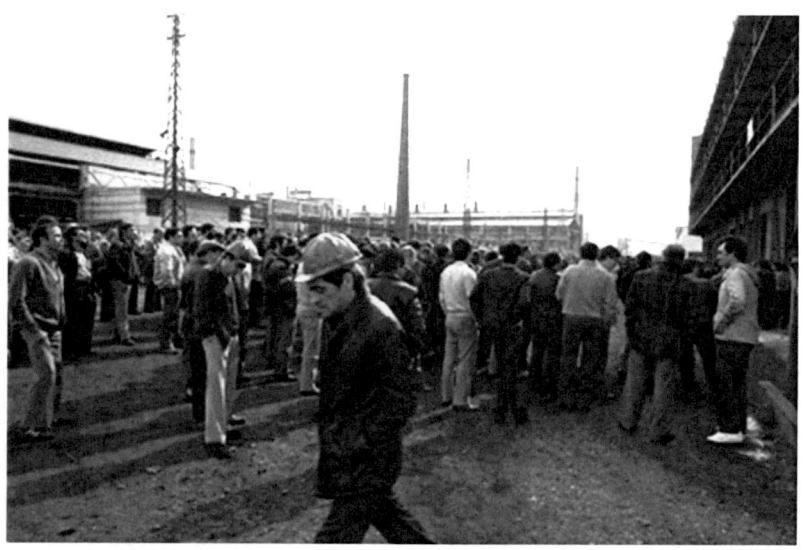

La majoria dels treballadors estaven afiliats a sindicats de classe.
Foto: Jesús Císcar.

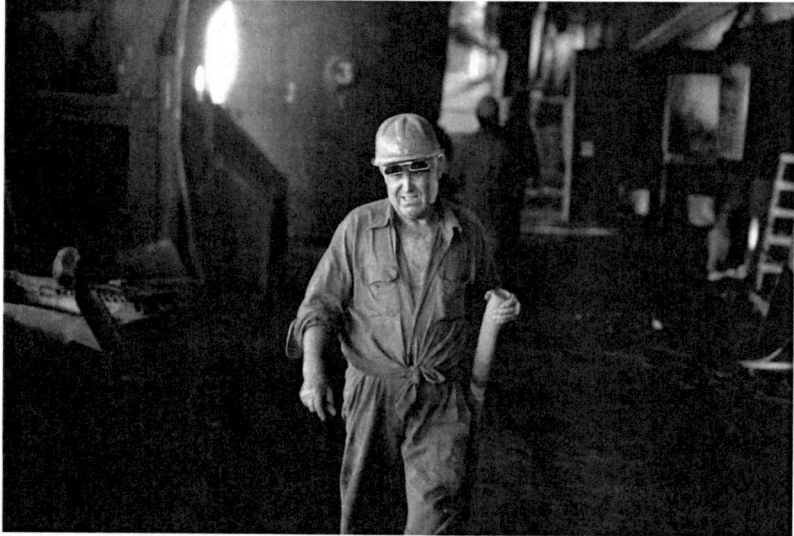

Els siderúrgics van construir una cultura del treball pròpia.
Foto: Antonio Tiedra.

A la construcció d'aquesta cultura obrera i al desenvolupament d'aquesta forma de sociabilitat hi contribuïen els líders sindicals, carismàtics i eficients. Estaven prop de la plantilla i formaven part de la comunitat extensa existent més enllà d'AHM. Respecte d'això, eren sensibles als problemes que afectaven quotidianament els treballadors, així com a la defensa i millora de drets relacionats amb la ciutadania social i política recentment adquirits i eren capaços de mobilitzar-los promovent accions de diferents tipus. Constituïen un dels elements bàsics del sindicalisme quotidià existent a l'empresa, però també foguejat durant la dictadura i la transició a la democràcia, de l'anomenat "sindicalisme de classe".

La batalla d'AHM

L'anunci del tancament d'AHM el 4 de febrer de 1983 va abocar els treballadors al buit, no només econòmic sinó vital. No solament corrien risc els salaris regulars i les garanties associades a una faena per a tota la vida, sinó també una forma de socialització, teixida a partir de la proximitat, la complicitat, el suport mutu, la producció de creences i valors propis. En suma, una forma de vida que els oferia vies per a una certa independència, així com una determinada identitat obrera i una forma de sociabilitat reforçada i instrumentalitzada per un sindicalisme singular.

La indústria siderúrgica espanyola estava iniciant aquells anys una profunda reestructuració empresarial que ja havia començat en altres parts del planeta, com els Estats Units o Europa. Aquest procés no era nou en la història de Sagunt ja que durant la crisi de 1929 alguns alts forns de la Siderúrgica del Mediterráneo, precedent d'AHM, deixaren de funcionar i hi hagué acomiadaments i amenaces d'acomiadaments. Aquesta nova reorganització presagiava milers d'acomiadats en un temps en què encara no s'havien superat els efectes de les successives crisis dels anys 70, entre altres en forma d'atur. Els sindicats intentaven paralitzar-los o com a mínim mitigar-los; també en la indústria siderúrgica. Pel que fa això, hi havia un acord, de maig de 1981, que buscava augmentar la productivitat reduint costos financers i laborals, millorant la qualitat dels productes i diversificant-los. Això requeria, per una banda, inversions per a renovar i millorar la tecnologia, i per l'altra, ajustaments de plantilla i moderació salarial. Això sí que es va dur a terme, però no succeí el mateix amb les inversions. D'aquesta manera, l'acord per a la reconversió industrial entrà en via morta.

L'extraordinària oposició al desmantellament d'AHM fou articulada pels sindicats entorn del comitè d'empresa, institució de representació col·lectiva compost per treballadors afiliats a CCOO i a UGT, encara que amb majoria del primer, i de la Coordinadora Sindical del Camp de Morvedre, una entitat creada per CCOO, UGT i CNT-AIT amb el fi de promoure la participació de nombrosos sectors de les poblacions de la comarca. Pel que fa al comitè d'empresa, els seus integrants van perseguir la cohesió interna amb la finalitat de donar una resposta unànime de rebuig al desmantellament entorn d'uns plantejaments de caràcter social, però també econòmic, a la redacció de la qual van contribuir dirigents de les respectives federacions estatals del metall; a més, van posar de manifest una voluntat d'actuar coordinadament en tots els àmbits implicats en la reestructuració.

Quant a la Coordinadora Sindical, els seus membres buscaren la solidaritat extrema. Així, no només es mobilitzaran massivament els treballadors afectats, sinó també les dones, els joves, estudiants o no, així com treballadors d'altres indústries locals, comerciants, treballadors de serveis. D'aquesta manera, els sindicats locals van evidenciar perspectiva i capacitat organitzativa per a impulsar una resposta col·lectiva, capitalitzant un sentiment d'injustícia i pèrdua social, així com una preocupació pels llocs de treball d'aleshores i del futur. Es corresponia amb les visions i perspectives dels sues líders, que apostaven per la mobilització massiva i comptaven amb l'assessorament i suport de dirigents estatals.

Les successives negatives dels treballadors a complir les ordres de la gerència, juntament amb les seues multitudinàries mobilitzacions i el suport d'altres sectors, impediren el tancament de la capçalera de la siderúrgia durant el primer any. També es va evitar que certes instal·lacions o trens deixaren de funcionar. Però a mesura que l'empresa promovia expedients d'acomiadament per desobediència, primer de forma reduïda i més endavant de manera massiva, els treballadors començaren a acatar les mesures a canvi de la suspensió dels acomiadaments. El temor i la impotència van donar pas al reconeixement que s'havia d'acceptar el tancament de la capçalera en les millors condicions possibles. Així, el 14 d'abril de 1984 es va firmar un preacord entre l'Institut Nacional d'Indústria (INI), la direcció, el comitè d'empresa i les direccions de les federacions del metall de CCOO i d'UGT. Aquest preacord preveia que el tancament es duguera a terme a principis d'octubre d'aquell mateix any, alhora que s'acordava un pla d'ajustament definitiu de la plantilla, amb la voluntat d'oferir eixides no traumàtiques de l'empresa i la recol·locació dels treballadors excedentaris.

A partir d'aleshores, els treballadors hagueren de prendre decisions sobre el seu futur: els majors de 55 anys podrien acollir-se a les jubilacions anticipades, mentre que la resta tindrien l'opció d'integrar-se als Fons de Promoció d'Ocupació, amb garanties de rebre el 80% dels salaris mitjans que tenien anteriorment durant tres anys. També s'oferia requalificació per a accedir als nous llocs de treball que pogueren sorgir com a resultat de les polítiques industrials promogudes per l'INI en col·laboració amb instàncies comarcals o autonòmiques. Amb tot, el món que s'obria a l'horitzó seria molt diferent del que havien experimentat, excepte per a aquells que es van recol·locar a la Siderúrgica del Mediterráneo, la nova societat hereva d'AHM, la base de la qual era l'antiga planta de laminat.

Un món laboral diferent

Els treballadors d'AHM, que estaven a punt de ser desmantellats, s'enfrontarien a un món laboral diferent del seu, caracteritzat per una forta individualització en les relacions entre empresaris i empleats. Aquest nou entorn laboral sovint implicava competència entre els mateixos treballadors, horaris flexibles i més mobilitat en tots els aspectes. A més, s'observava un menor interès per part de les empreses a mantindre els treballadors a llarg termini o a oferir una remuneració uniforme per a tots. Aquest nou món laboral, que tendeix a difuminar la separació entre la vida laboral i la vida privada, que precaritza la primera i condiciona la segona a les exigències de l'empresa, és el model que s'ha imposat i que preval en la societat actual.

A més, des d'aleshores s'han imposat nous enfocaments i habilitats en la gestió de recursos humans, i s'ha promogut una ideologia centrada en l'absència de conflictes de valors en l'empresa, el consens i la necessitat que els treballadors s'esforcen per maximitzar la seua dedicació laboral. Això ha limitat considerablement l'espai per a l'existència de col·lectius amb valors alternatius als de l'empresa, que anteriorment s'havien desenvolupat en un procés de socialització singular. Aquests col·lectius solien ser solidaris entre si i tenien una identitat pròpia en relació amb l'ordre establit dintre l'empresa.

En aquest nou ordre empresarial, en què la productivitat és prioritària, hi ha menys espai per a la negociació col·lectiva, i el seu contingut i ambició es veuen reduïts. Tampoc no hi ha espai per a un sindicalisme proper i alternatiu, que ha perdut afiliació malgrat mantindre i utilitzar els recursos institucionals, com la representació i la negociació col·lectiva. Les noves circumstàncies empresarials debiliten encara més el sindicalisme. Els seus líders i activistes són menys nombrosos i han d'atendre una gamma més àmplia de tasques, fet que dona lloc a unes relacions més distants i menys càlides amb els seus companys, en les quals perd força la dimensió col·lectiva. Tot això afecta la forma i els resultats de la seua acció, i en certes circumstàncies, en redueix l'eficàcia.

Ara bé, igual que succeí en el passat, i basant-se en recursos d'aquell passat, cal confiar que les treballadores i els treballadors trobaran les vies per a recuperar aquella sociabilitat i millorar les condicions de treball i de vida. I això és una cosa a què no són indiferents els sindicats.

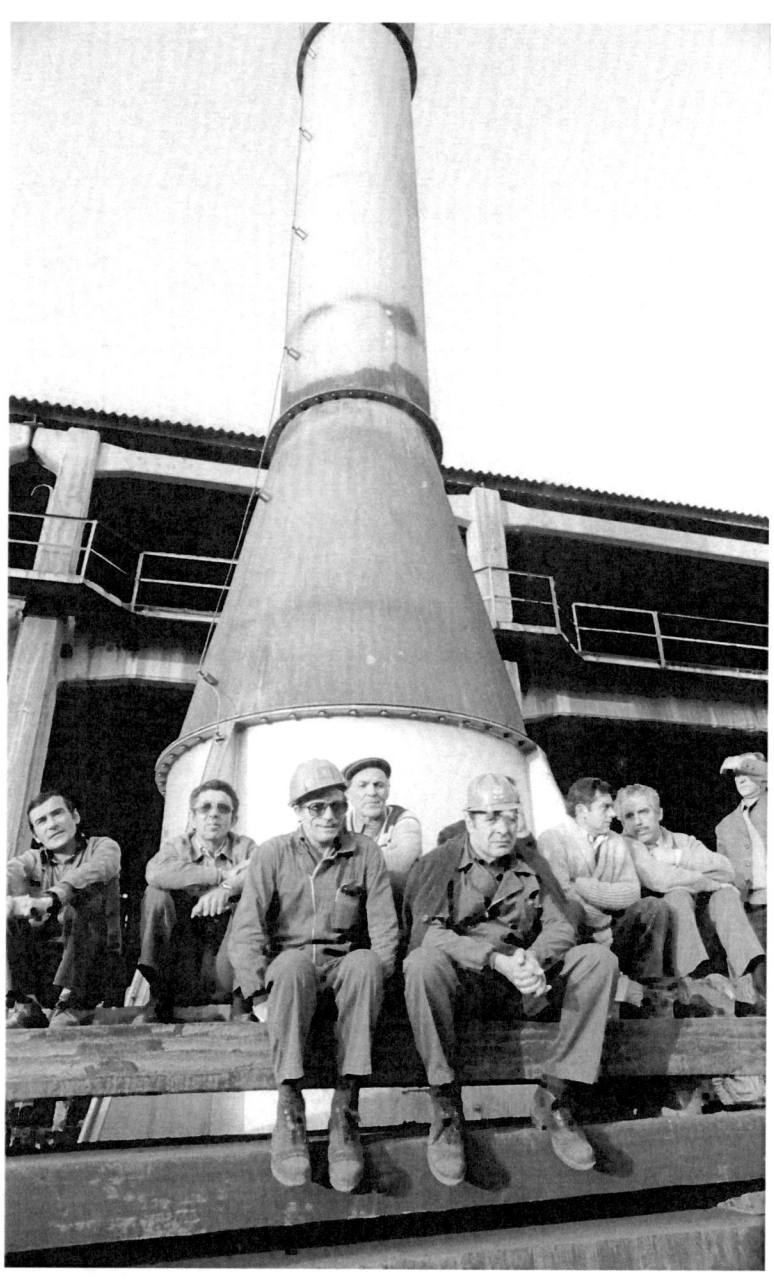

Els llaços personals reforçaven els vincles de solidaritat dins i fora la fàbrica. **Foto:** Jesús Císcar.

Crònica sentimental de la reconversió industrial amb apunts cartogràfics cap a l'infinit i més enllà

__Carles Xavier López Benedí
__Miguel Angel Martín
__Universitat de València

"Tot el que és sòlid es dissol en l'aire, tot el que és sagrat és profanat"
Ka~l Marx i Friedrich Engels. *Manifest Comunista* (1848)

El 26 de setembre de 1983, Stanislov Petrov estava de guàrdia al búnquer Serpukhov-15, situat a uns cent quilòmetres de Moscou. Aquest tinent coronel de l'Exèrcit Roig era el responsable d'aplicar el protocol de resposta en cas d'un atac nuclear dels Estats Units. Aquella jornada, passada la mitjanit, van sonar totes les alarmes. I ell havia de prendre una decisió. Malgrat que els satèl·lits soviètics informaven d'un atac imminent, Petrov no activà el protocol que haguera suposat la destrucció nuclear del món tal com el coneixem. La seua decisió fou correcta, perquè els satèl·lits havien confós un llampegueig solar amb uns míssils que es dirigien cap a la Unió Soviètica. Amb tot, això no evitar que el nostre heroi fora arrestat i degradat.

Als anys vuitanta, aquest era l'escenari preapocalíptic en què creixíem els adolescents del món "lliure". Una terrible sensació de dependre d'un botó que s'entrellaçava amb les nostres inquietes hormones. Aquella doctrina de la Destrucció Mútua Assegurada ens va calar. La Guerra Freda podia escalfar-se en qualsevol moment. I no ajudava a tranquil·litzar els ànims la lectura de magnífics còmics com *Cuando el viento sopla*, de Raymond Briggs (aquelles tres-centes pessetes valien molt la pena), o de llibres com *1984*, de George Orwell. O pel·lícules *made in USA* com *Juegos de Guerra*, protagonitzada per un adolescent Matthew Broderick.

Els centres educatius, en especial els instituts de batxillerat, continuaven estant, com diríem ara, "polaritzats políticament". Més, si pot ser, en una ciutat eminentment obrera. La joventut que militava en partits o col·lectius d'esquerra es creuava pels passadissos amb el petit grupuscle d'engominats amb sabates Castellano, amb borles o sense, Levi's etiqueta roja i bandera amb aligot al rellotge de polsera. Cançons de Golpes Bajos com *Cena recalentada* (1984) il·lustren perfectament aquella adolescència. Fins i tot les drogues canviaven aquells anys: l'heroïna anava passant el testimoni amb pas ferm a la droga dels nous temps, la que t'endollava als negocis i a la festa, la *farlopa*.

En les eleccions generals d'octubre de 1982, un de cada dos votants donà suport a Felipe González. En total deu milions de vots. "Por el cambio", aquest era el lema de campanya del PSOE. En aquell moment ignoràvem que el coi de frase ens afectaria tan aviat i amb tanta intensitat. En qualsevol cas, excepte per l'amenaça nuclear, 1983 començava bé. El PSOE estava al poder i l'esquerra governava. Es respirava una gran il·lusió col·lectiva, era igual que a la teva família estigueren més a l'esquerra.

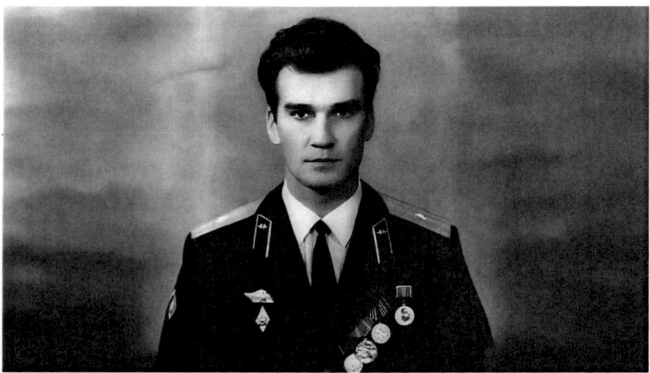

Stanislav Petrov en una fotografia de principis de la dècada de 1980.

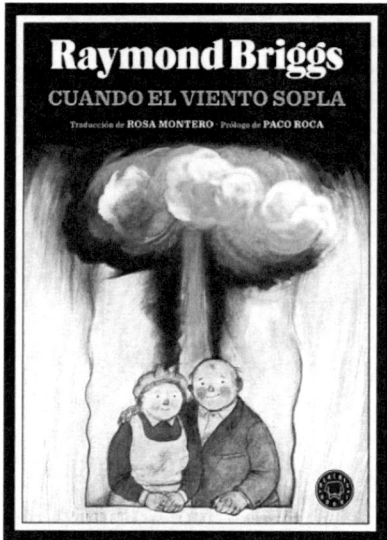

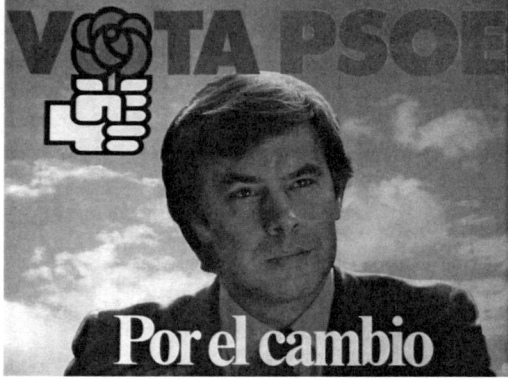

Les eleccions de 1982 van propiciar el primer govern de Felipe González amb majoria absoluta.

El còmic de Raymond Briggs s'emmarca en el context de la Guerra Freda i la cursa d'armaments dels 80.

Però el 4 de febrer de 1983, José María de Lucía, president d'AHM, ordenava el tancament del forn alt núm. 2. I, de colp sobte, tot saltà pels aires. En aquell moment hauríem confós Bauman amb un davanter centre del Bayern de Múnic, però la veritat és que la vida se'ns estava liquant en un temps rècord. Estàvem acostumats a les vagues de més d'un mes sense col·legi (al col·legi de l'empresa), però el que s'iniciava pareixia una altra cosa. Era seriós, es palpava a casa; molts nervis, poques alegries. Prompte començaren les mobilitzacions i les assembles de ciutat al Camp de Futbol del Fornàs (propietat de l'empresa). Gairebé de seguida, part d'aquesta mobilització es traslladà també als centres educatius de formació professional i de batxillerat. Especialment a aquest últim. Allí ens fèiem les mateixes preguntes en passadissos i patis: Què passarà? On anirem si tanca? Donàvem per descomptat que sense la fàbrica el poble desapareixeria. La gran majoria de persones que et rodejaven treballaven per Altos Hornos del Mediterráneo (AHM) de manera directa o indirecta. Deia la filòsofa Simone Weil que tal volta l'arrelament és la necessitat humana més important i menys reconeguda de l'ànima humana. Això era el que les nostres iaies i iaios havien aconseguit en arribar al Port de Sagunt: l'arrelament. I ara el perdríem. Començàrem a notar que, entre les males notícies de l'informatiu de l'única televisió, presentat per un jove Manuel Campo Vidal, també hi havia un espai per a la nostra ciutat. Les nostres vagues generals, recollides de firmes, desobediència a les instruccions de l'empresa, càrregues policials o talls de carreteres compartien titulars amb Margaret Thatcher doblegant els durs miners del NUM, amb els últims esclafits de la dictadura argentina, amb la repressió sanguinària al Xile de Pinochet i amb un actor ficat a president jugant a la Guerra de les Galàxies amb les botes de *cowboy* ben calçades. També amb les notícies que arribaven d'una jove revolució assetjada a Nicaragua.

De colp sobte, el Port de Sagunt era un territori vulnerable, podíem sofrir alteracions en la nostra manera de viure d'un moment a un altre. Érem fràgils. O, en tot cas, érem una coalició de fràgils, però capaços de resistir aparentment tot el que ens queia damunt. La ciutat va ser conscient de la seua soledat des del primer moment, sabent que la decisió del nostre futur no estava basada en arguments tècnics o econòmics. Es tractava d'una decisió política al servei de la nova economia globalitzada. No érem conscients que la reconversió industrial —i la siderúrgica en particular— formava part d'una gran transformació política, econòmica i social inspirada per aquella nova utopia neoliberal. Un món desapareixia sota els nostres peus. I no ho vèiem vindre, ni érem capaços de divisar el que vindria després.

La ciutat s'enfrontà unida al totpoderós Felipe González, al company "Isidoro", que tan sols uns mesos abans, en un míting realitzat en un dels nostres ja inexistents cines, va comprometre la seua paraula en defensa d'Altos Hornos del Mediterráneo. Al poder polític, Felipe González hi afegia el suport incondicional d'un *establishment* mediàtic i una intel·lectualitat divina d'esquerres que no discutia cap decisió d'aquell primer govern del PSOE. El 14 de juny de 1983, dos titulars compartien la portada del diari *El País* apuntant una inquietant connexió: "Bonn proposa que les negociacions Espanya-CEE acaben abans de 1984", i just al costat: "La reconversió industrial eliminarà 200.000 llocs de treball abans de 1986", tal com destaca Arturo Lezcano en el seu llibre *Madrid 1983*. Fins a principis de 1984, molts treballadors albergaven l'esperança que Felipe González donaria un colp a la taula a l'últim moment per a posar ordre en aquella ala econòmica tan poc socialdemòcrata del seu govern. Res més lluny de la realitat. L'11 de març de 1984, la primera compareixença del nou president del govern a TVE va tindre com a protagonista la seua defensa, sense titubejos ni dubtes, de la reconversió industrial siderúrgica i naval impulsada pels ministeris d'Indústria i d'Economia. A partir d'aquí es desencadenaria una forta negociació entre Govern, empresa i sindicats que es concretaria el juliol de 1984. Aquell mes Miguel Boyer i Carlos Solchaga van culminar l'obra de les seues vides:

EL PAIS

DIRECTOR: JUAN LUIS CEBRIÁN   **DIARIO INDEPENDIENTE DE LA MAÑANA**   MADRID, MARTES 14 DE JUNIO DE 1983

Redacción, Administración y Talleres: Miguel Yuste, 40 / Madrid-17 / ☏ 754 38 00 / Precio: 40 pesetas / Año VIII. Número 2.269

Próxima negociación del ministro de Industria, Carlos Solchaga, con bancos, empresas y sindicatos

La reconversión industrial eliminará 200.000 puestos de trabajo antes de 1986

La propuesta será llevada a la 'cumbre' del día 17

Bonn propone que las negociaciones España-CEE terminen a mediados de 1984

La reconversió industrial i la integració a la CEE foren processos paral·lels en la primera meitat dels anys 80.

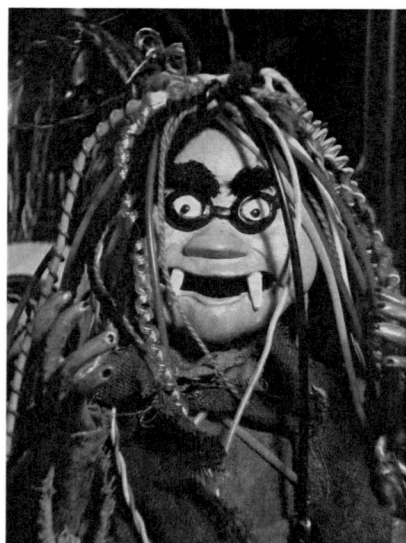

"¡Viva el mal! ¡Viva el capital!" seria el lema de la bruixa Avería, personatge estrella de *La Bola de Cristal*.

la Llei 27/84, de 26 de juliol, coneguda com la *Llei de la reconversió industrial*. Curiosament, aquella llei que iniciava el camí per convertir Espanya en un país de serveis, especialment turístics, seria sancionada pel Cap de l'Estat al Palau de Marivent, residència estival dels reis a Mallorca. El divendres 5 d'octubre de 1984 la direcció d'AHM ordenà l'inici dels treballs per al tancament definitiu de les instal·lacions de la capçalera siderúrgica, i posava punt final a quasi vint mesos de resistència. L'endemà s'emetria a TVE el primer programa de *La Bola de Cristal*. I just onze dies després, el 17 d'octubre, impulsat pel ministre de Treball, Joaquín Almunia, es publicava al BOE el Reial Decret 1989/1984, de 17 d'octubre, pel qual es regulava la contractació temporal com a mesura de foment de l'ocupació: més de catorze tipus de contractes temporals que fomentarien una dualitat i una temporalitat extrema del mercat laboral espanyol que s'allargarien fins a la reforma de 2022.

Potser avui més que mai és important que aprofitem aquests aniversaris per a recordar el que vam ser. Però, sobretot, per a posar en valor que aquella batalla, per l'envergadura de l'enemic, era impossible de guanyar. Fou la digna derrota d'un poble que va lluitar amb valentia unit en pro d'un bé comú. Aquella resistència hauria de ser un símbol per a una ciutat que vol seguir sent un pol industrial de primer ordre, i sobretot per a la joventut treballadora. Aquells dies, després de l'evident protagonisme dels treballadors, és crucial destacar el paper de les dones, fins aleshores relegades a casa en un entorn laboral eminentment masculí. Per a elles, aquells quatre-cents trenta dies de resistència van suposar una experiència emancipadora de primer ordre. També per a centenars de joves que tingueren l'oportunitat de lliurar la seua primera batalla social, braç a braç amb sos pares i mares, i fer les millors pràctiques de lluita, solidaritat i dignitat que podria fer un estudiant.

Els referents són importants ja que si no sabem d'on venim és impossible saber on anem. Enguany ens toca reivindicar amb orgull que aquella lluita valgué la pena, que gràcies a ella s'aconseguiren no solament bones condicions laborals per als qui van haver d'abandonar els seus llocs de treball, sinó que es posaren les bases d'un procés de reindustrialització que ha arribat fins avui. Tal volta la realitat econòmica actual de la ciutat siga la venjança més dolça dels qui lluitaren fa quaranta anys contra aquella frase del ministre d'Indústria, Carlos Solchaga: "La millor política industrial és la que no existeix."

Però la "rendició de Sagunt" també tingué altres conseqüències no tan positives. A nivell laboral, tot el que vindria després a Espanya. Ho va explicar perfectament James Petras en el seu informe publicat per la revista *Ajoblanco* després de ser censurat pel govern de Felipe González a principis dels anys noranta: com el procés de modernització de l'economia del primer executiu socialista impactà de manera negativa en la qualitat de vida i en l'organització social de dues generacions de treballadors i treballadores, i va esquerdar la solidaritat i la consciència de classe. D'aquella pols aquests fangs del present. Els anys desfermats de neoliberalisme salvatge, en què el capitalisme financer ha fagocitat el tradicional capitalisme industrial, han produït els nivells més alts de desigualtat, l'empobriment de la classe obrera, i fins i tot de l'anomenada classe mitjana, cada volta menys útil per al sistema.

Aquesta ruptura del contracte social deriva en la desafecció als sistemes democràtics i en l'aparició, de nou, d'aquests autoritarismes polítics que crèiem que no tornarien mai. Fet i fet, amb perspectiva, és una pena que, des de la reconversió industrial dels vuitanta, el Port de Sagunt no haguera sigut observat més detingudament com a laboratori sociopolític que haguera permès veure amb alguna antelació tendències en els diferents nivells d'anàlisi social, econòmica i inclús política que s'avançaren al context global. Els últims quaranta anys de la ciutat de Sagunt han sigut com un manual d'implantació del credo neoliberal: la mateixa reconversió industrial, producte d'una reorganització del treball a escala global (globalització); el culte a l'individualisme davant del col·lectiu; la renúncia a la

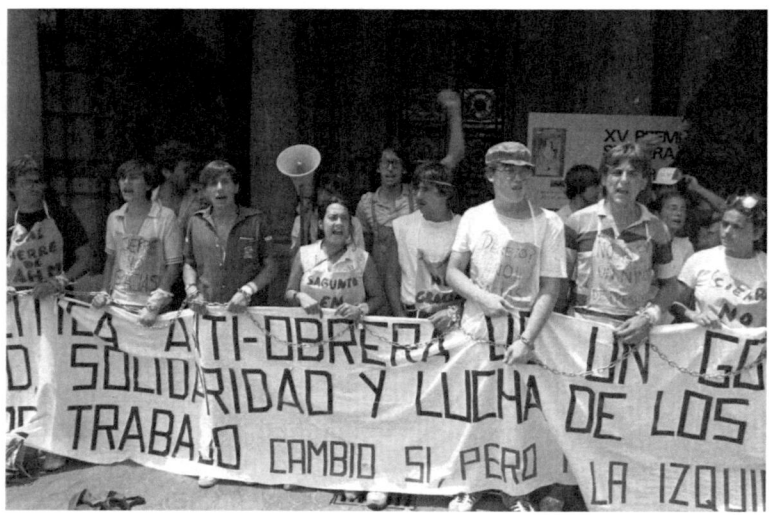

Joves saguntins protesten a les portes de l'Ajuntament de València.
Foto: José Aleixandre.

utopia social pel somni de l'individu; l'aprofundiment en les desigualtats; el deteriorament del sentiment de comunitat, i fins i tot l'aparició del populisme polític en l'àmbit polític local.

Comprendre el món on vivim és una necessitat a què ens enfrontem en tot moment com a societat. Aquesta tradició és la que ens ha fet millorar. Per això, parafrasejant G.K. Chesterton, la tradició és la transmissió del foc, no l'adoració de les cendres. En aquest sentit, tal volta la nostra millor contribució siga transmetre la nostra modesta flama, descriure quins foren els reptes d'aquell passat solidari que van començar a reconstruir-se i les claus que el van fer possible. Els estudis sobre el vincle social –com el clàssic de Robert Putnam *Solo en la bolera* (2002)– destaquen que durant els anys del *New Deal* nord-americà i fins a l'arribada del moviment neoliberal a primers dels setanta, la participació en col·lectius i associacions, així com el vincle social, s'havien enfortit. Curiosament el seu declivi coincideix amb la contrarevolució neoliberal inspirada per l'economista Milton Friedman i liderada en l'àmbit polític per Ronald Reagan.

A la nostra ciutat, la bandera de lluita davant aquest individualisme competitiu dels noranta la mantingué fonamentalment el moviment ecologista. S'hi anirien sumant col·lectius feministes, de defensa del patrimoni, així com les veteranes associacions de veïns i els sindicats. De manera espontània anà sorgint la necessitat de reconstruir aquell *nosaltres* dels anys de la lluita obrera. El que és misteriós de les solucions és que es troben sempre que es vol, que diria el gran Rafael Sánchez Ferlosio. Per això calia reprendre el camí de la cohesió social, que, com assenyalà Émile Durkheim, sorgeix a través de la participació en projectes compartits més que en la transmissió de valors abstractes. Al Port de Sagunt, aquest projecte compartit tingué una relació directa amb els Alts Forns i amb la cultura.

Després d'una dècada en blanc arran del tancament de la fàbrica, la ciutat va girar la mirada sobre els antics edificis i espais industrials que es trobaven utilitzats des de mitjan anys vuitanta. En concret, sobre la Gerència, la ciutat-jardí dels antics directius de la *Fàbrica*. En total, més de quaranta mil metres quadrats de jardins, xalets, oficines i l'antic economat, que aleshores pertanyien a una empresa hereva d'AHM. Corria l'any 1995 quan, davant els plans d'especulació immobiliària que amenaçaven aquell conjunt, una Comissió Ciutadana per la Defensa de la Gerència –formada per una vintena d'entitats socials, esportives i culturals– va llançar la reivindicació que aquells espais passaren a mans públiques per a ús sociocultural. Després de més de vint anys de lluita s'aconseguí que foren públics. Fou la primera victòria des de la reconversió; ni més ni menys que contra el poderós totxo. Per als fills i filles dels prejubilats fou un orgull participar en aquella lluita i saldar un deute que contribuïa a retornar la dignitat a un poble molt tocat des de 1984. Durant aquells anys, la plataforma fou un despertar d'un sentiment comunitari que, gràcies a la reactivació de la confiança social, aconseguí iniciar un procés de patrimonialització pel que fa al ric i invisible patrimoni industrial de la ciutat. I també arribà a impulsar una aproximació col·lectiva a la memòria obrera, que desapareixia al mateix ritme que els veterans sindicalistes i activistes.

En aquesta necessitat de tornar a recrear el *nosaltres* van ser determinants molts actius locals. Però és imprescindible que reconeguem la tasca d'aquesta generació de *boomers* que va obrir la primera finestra. Eren aquells fills i filles dels treballadors siderúrgics que, gràcies a l'afany de futur de sos pares i mares, iniciaren una carrera universitària sense oblidar els seus orígens. Molts iniciaren aquest viatge cap a les cures i la memòria, tan important en aquests temps, perquè antics territoris proletaritzats tornaren a sentir aquell orgull de classe i no acabaren sent presa del vell feixisme. Des d'ací el nostre reconeixement i agraïment a persones tan determinants com Evangelina Rodríguez, José Martí, Ximo Revert, Antonio Ortiz, Julio Bodí o el nostre estimat i desaparegut company Gonzalo Montiel. Però aquesta és una història inacabada. I és, com diria Luis García Montero, una història d'amor i amistat, noms carregats de futur.

Arribats a aquest punt només ens queda agrair a Stanislav Petrov que tinguera criteri propi i no activara aquell 26 de juliol de 1983 el protocol de resposta que haguera desencadenat la III Guerra Mundial. Pot ser que siga una dada irrellevant i que no hi tinga res a veure, però no deixa de ser curiós que, com ell mateix recordaria després, de totes les persones que aquell dia formaven l'equip responsable del búnquer, l'única que havia tingut una educació civil era ell.

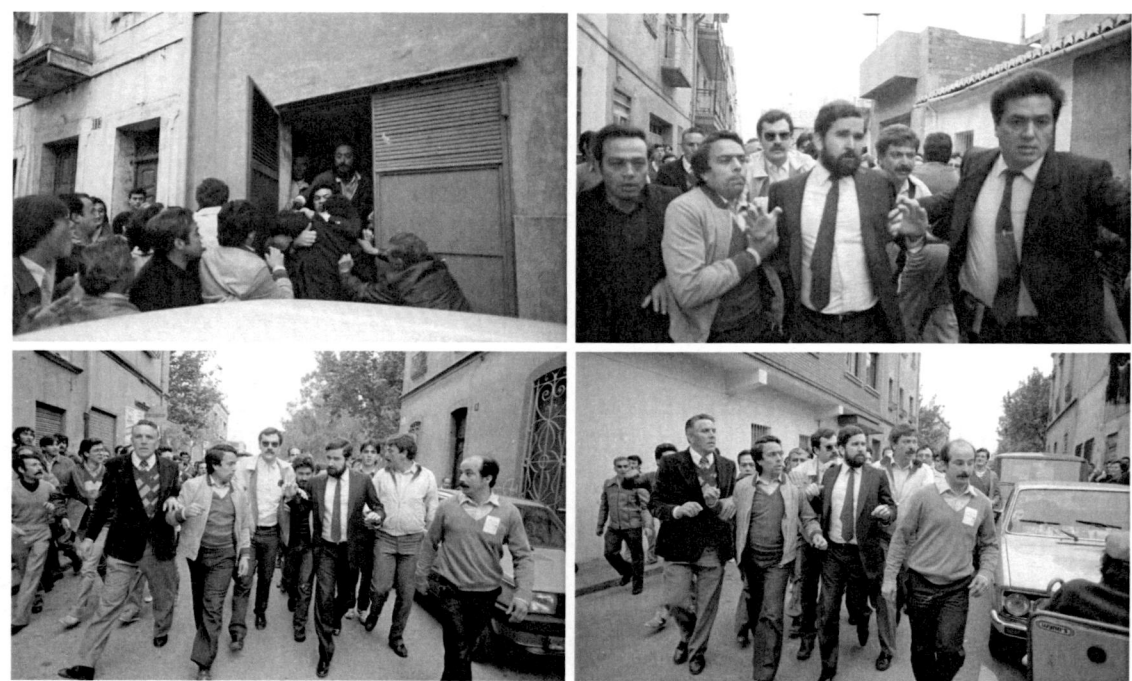

Sèrie fotogràfica sobre l'intent d'agressió i l'evacuació de Joan Lerma durant un míting el 27 d'abril de 1983 al Port de Sagunt. **Fotos:** Ana Torralva.

La realitat mana

__Ana Torralva
__Fotògrafa, Universitat de Salamanca

Aquella vesprada de primavera, dimecres 27 d'abril de 1983, em vaig dirigir amb un col·lega fotògraf en cotxe des de la ciutat de València al municipi de Sagunt a cobrir el míting electoral que anava a donar el president de la Generalitat Valenciana Joan Lerma. Com a professionals del periodisme sabíem que l'ambient podria estar un poc caldejat, però el que no imaginàvem era fins a quin punt canviaria la història. El procés de tancament d'Altos Hornos ja estava en marxa. I Lerma, al cap i a la fi, era el polític a qui havia tocat torejar aquella situació per mandat dels seus superiors del govern socialista estatal.

Quan ens acostem a uns quants carrers del punt de trobada, el cine Oma, on se celebrava el míting, ja era difícil aparcar. La gent s'amuntonava pels cantons. En un moment donat em vaig posar nerviosa i vaig decidir saltar del cotxe amb la càmera per a fer fotos mentre el meu col·lega, estoicament, intentava deixar el cotxe en algun lloc. Per a fer drecera i evitar entrar per la porta principal, vaig agafar el carrer lateral del cine. I quina va ser la meua sorpresa quan, de cop sobte, vaig veure com venia de cara Lerma amb altres senyors enjaquetats, caminant molt de pressa, quasi corrent, espaordits i amb les cares desencaixades. Poc després vaig saber que els guardaespatles van haver de disparar dos trets a l'aire per a poder eixir del cine.

En la sorpresa, sense saber què passava i amb rapidesa, vaig caure a *disparar* amb la càmera, que portava penjant del coll. Si arribe a portar-la a la bossa amb els objectius, no hauria pogut captar aquella imatge. El pols em trepidava i ho vaig transmetre a la càmera. No vaig poder tindre la certesa que havia captat o enfocat aquell moment crucial. No ho vaig saber fins a arribar aquella mateixa vesprada en avió a Madrid per a portar el rodet. En 1983 no teníem càmeres autofocus, l'enfocament només era manual. Treballàvem amb pel·lícula o *rodet*, no existia el procés digital i s'havia de revelar amb químics, era més complex i el resultat no era immediat com succeeix ara; d'aquí els meus nervis per saber si realment tenia la imatge.

Tampoc no existia internet. Vaig haver d'eixir corrents de Sagunt, quasi al mateix moment que els polítics, quan prèviament vaig comunicar al cap de fotografia d'*El País*, diari per al qual treballava des de la delegació a València, que estava quasi segura que havia captat *aquell moment decisiu* que deia Cartier-Bresson. Vaig haver de dirigir-me a l'Aeroport de Manises per a agafar l'únic avió de la vesprada, que eixia cap a les 18.30 hores a Madrid. Arribar, agafar un taxi i plantar-me a la redacció de Madrid amb el rodet a la mà.

La foto, en efecte, va resultar ser una exclusiva i es va publicar a la portada d'*El País*. La direcció del diari va decidir aixecar la portada prèviament establida en el consell de redacció de la vesprada. Eren quasi les deu del vespre quan es va poder veure la imatge de Joan Lerma amb els seus guardaespatles eixint a tota pastilla del cine Oma. La foto, amb el paper quasi humit i encara amb olor de fixador, la van portar volant per a fer els fotolits i entrar a les màquines d'impressió. Va entrar en la segona edició del diari, ja que la primera ja estava impresa.

Passats tants anys d'aquell esdeveniment de 1983, em pregunte si a Joan Lerma i als seus guardaespatles els faria gràcia, el matí següent del dia en qüestió, trobar-se al desdejuni amb la portada del diari nacional més important d'aquells anys i veure's sobretot en aquelles circumstàncies.

Aquesta imatge és, sens dubte, una part important de la col·lecció de fotos que configuren la identitat d'un poble i dona sentit a l'*àlbum familiar* de la història del tancament d'Altos Hornos. El retrat fotogràfic, amb el pas del temps, es converteix en una senya d'identitat que contribueix a gestionar la nostra memòria i que ens convida a tornar al nostre passat amb un to reflexiu. I, sobretot, genera constància del que va ser. En aquest sentit, l'escriptora Susan Sontag, al seu llibre *Sobre la fotografia*, comenta com "el pas del temps és crucial per a augmentar el valor estètic de la fotografia i que és precisament el que la fa tornar *surreal*: l'irrefutable patetisme d'un temps que se n'ha anat" (Sontag 2022: 60).

És evident que el retrat de Joan Lerma no fou un retrat voluntari triat per ell, sinó que es va veure envoltat com a protagonista en una situació que no esperava. Aquest retrat social, amb el pas del temps, és una mostra icònica d'una realitat candent que es va viure a Sagunt en 1983. El que es mostrava en aquella imatge era crispació i sofriment.

La historiadora de la fotografia Gisèle Freund ens recordava la vigència de la definició que en 1931 Erich Salomon va fer del fotògraf de premsa com algú que està en contínua lluita per aconseguir la seua imatge: "De la mateixa manera que el caçador viu obsessionat per la seua passió de caçar, igual viu el fotògraf amb l'obsessió per la foto *única*, que aspira a obtindre. És una batalla contínua... contra la llum deficient i les grans dificultats que sorgeixen a l'hora de fer fotos a gent que no para de moure's. Cal captar-les en el moment precís... També s'ha de batallar contra el temps, perquè cada diari té el seu *deadline* (l'hora de tancament), al qual un ha d'anticipar-se. Abans de tot, un reporter fotògraf ha de tindre una paciència infinita, no posar-se mai nerviós; ha d'estar al corrent d'esdeveniments i assabentar-se a temps d'on es desenvolupen [...]" (Freund, 2011: 105).

Entre l'objectivitat i la subjectivitat del retrat

La funció social del retrat periodístic és extraure de la realitat els fets de la forma més objectiva possible i plantejar-ho amb ètica. Encara que la fotografia *objectiva* cada volta estiga més en entredit, la *premsa diària* sí que busca mostrar els fets de la realitat amb la màxima *objectivitat*. I més en aquella època, quan, a banda, no hi havia eines com el Photoshop ni la intel·ligència artificial, i la manipulació tècnica era molt més complicada de fer.

El *retrat posat* és absolutament diferent, està fet d'acord amb la subjectivitat del fotògraf o artista. Es construeix a partir d'un aspecte del personatge que crida l'atenció al fotògraf bé perquè el considera rellevant o bé perquè s'hi identifica. La finalitat és mostrar alguna cosa de la personalitat, del caràcter del personatge.

En un retrat posat, el personatge i el fotògraf o reporter gràfic pacten una situació, un lloc, un temps; es dialoga, hi ha un estira-i-arronsa per a aconseguir alguna cosa, s'il·lumina. Es busquen unes formes o es crea un ambient que tendeixen a acostar-se al personatge que es retratarà, per a així, amb un procés d'empatia, poder captar alguna cosa del seu món i transmetre-la al lector o a l'espectador en una exposició.

El retrat de Joan Lerma fou un retrat improvisat, pur i dur, *pensat i fet*. En la fotografia periodística són els fets polítics o socials els que manen. I en aquesta fotografia només es pot entreveure la por i el descontrol del que estava passant.

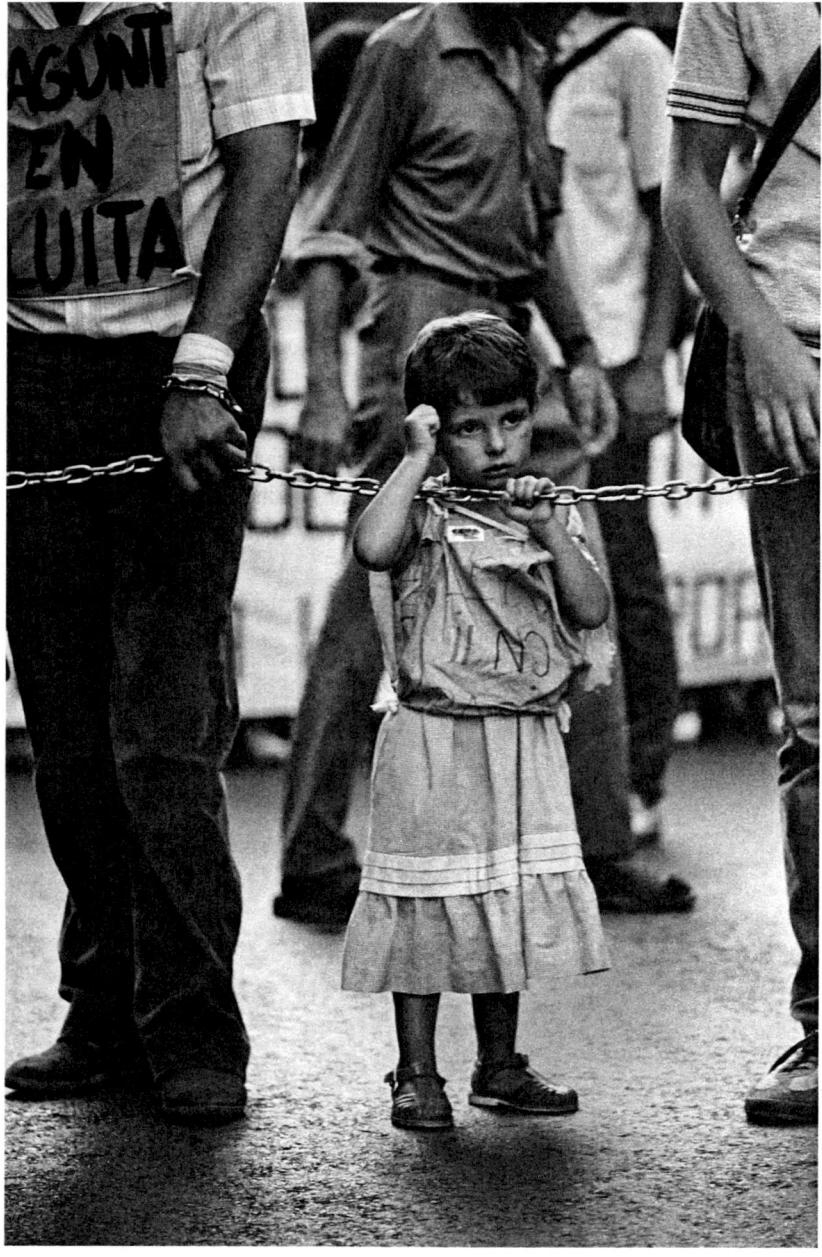

Xiqueta en una manifestació a València contra el tancament d'AHM.
Foto: José Aleixandre.

Els fotògrafs en la batalla de Sagunt

__José Aleixandre
__Fotògraf i comissari de l'exposició

A principis de la dècada de 1980 van començar a aparèixer a València nous mitjans de comunicació. I amb ells arribaren nous fotògrafs de premsa. Es publicaven dos periòdics: *Levante*, que comptava amb fotògrafs com Luis Vidal, tercer de la nissaga dels Vidal, i Pepe Palanca; i *Las Provincias*, que tenia en plantilla José Penalva, Juan José Monzó i Manuel Lloret. A banda, en octubre de 1982 sorgí *Noticias al Día* –successor del *Diario de Valencia*–, amb una plantilla de fotògrafs formada per Xavier Peiró, Carles Francesc, Jordi Vicent, Manuel Molines i Victoria García. Així mateix, el diari *El País* tenia una petita redacció que va comptar durant 1983 amb els fotògrafs Ana Torralva, José Aleixandre, José Vicente Rodríguez, Jesús Císcar i Carles Francesc, si bé no estaven fixos en plantilla sinó que cobraven per reportatge publicat. A aquest grup de professionals se'ls afegirien els fotògrafs col·laboradors de la premsa de Madrid i Barcelona: Jesús Císcar, integrat a l'agència Cover, i José Aleixandre, que venia les seues fotografies a la revista *Tiempo*, a *Diario 16* i a *El Periódico de Catalunya*. Aquests van ser els professionals que van cobrir la batalla de Sagunt. Tots ells seguiren durant més d'un any els esdeveniments que tingueren lloc a Sagunt amb la reconversió industrial i el tancament d'Altos Hornos del Mediterráneo (AHM). Un conflicte industrial que tingué tal repercussió que diferents diaris van enviar els seus propis fotògrafs a cobrir aquelles mobilitzacions obreres, com Pepe Encinas, d'*El Periódico de Catalunya*, o Antonio Tiedra, cap de fotografia de la revista *Tiempo*.

Tots, fins i tot els que estaven en plantilla, utilitzaven equips propis. Aquells anys, els equips fotogràfics habituals eren de la marca Nikon, unes càmeres d'enfocament manual i totalment mecàniques. Fonamentalment es feia servir la Nikon FM, encara que ja començaven a aparèixer les electròniques, com la Nikon FM2. La majoria dels fotògrafs de premsa gastava la mítica pel·lícula de fotografia Tri-X 400. La formació d'aquells joves fotògrafs era, en la gran majoria de casos, autodidacta.

Habitualment diversos companys quedaven per a desplaçar-se junts a Sagunt amb l'objectiu de reduir les despeses de desplaçament. Alguns cobraven aquests desplaçaments però la majoria no, de manera que així s'estalviaven diners. Una volta feta la faena, els fotògrafs havien de revelar els negatius que havien disparat per positivar posteriorment les fotografies seleccionades. Això es feia al seu propi laboratori o al laboratori del diari. Després del positivat s'entregaven les fotos a la redacció per a incloure-les en l'edició del dia.

Si els fotògrafs que treballaven per a mitjans de fora de València tenien *telefoto*, les enviaven a través d'aquest mitjà. L'aparell consistia en un cilindre, on es col·locava la fotografia i que girava a gran velocitat sobre si mateix mentre una cèdula llegia les línies de la fotografia i les convertia en impulsos elèctrics que eren enviats a la unitat de destinació a través de la xarxa telefònica. La duració estimada per a la transmissió d'una fotografia en blanc i negre era de dotze minuts. Una de color tardava quatre vegades més, uns quaranta minuts.

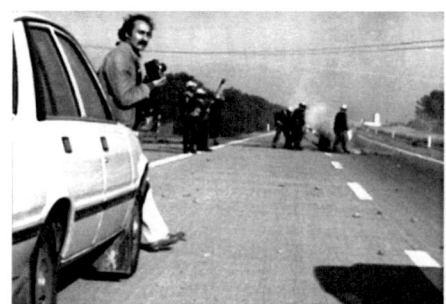

Un periodista gràfic cobreix el tall de l'autopista amb barricades.
Foto: Jesus Císcar.

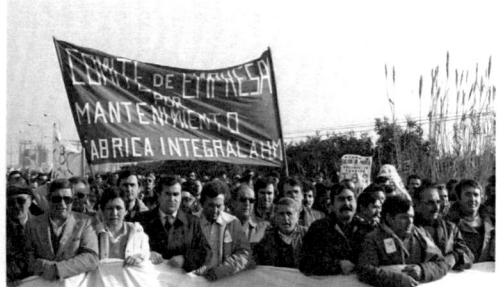

Representants polítics municipals i líders sindicals encapçalant una marxa de protesta.
Foto: Juan José Monzó.

Els que no teníem *telefoto* enviàvem les fotografies per avió o autobús. En el cas de l'avió, havies de desplaçar-te fins a l'Aeroport de Manises amb les fotografies en un sobre; allà seleccionaves un passatger de la cua d'embarcament i, després d'identificar-te com a fotògraf de premsa, li demanaves que et portara el sobre. Una volta a la destinació, una persona del diari, identificada amb un cartell amb el nom del mitjà, recollia el sobre per a emportar-se'l a la redacció. En el cas de l'autobús, portaves el sobre a l'estació d'autobusos, li l'entregaves al conductor que feia la ruta i a l'estació de destinació l'esperava un treballador del diari per a recollir-lo.

Aquests enviaments d'originals als mitjans de comunicació resultaren ser, amb el temps, una mala solució per al futur de les fotografies. El tancament d'alguns d'aquells diaris i de les agències gràfiques va conduir a la desaparició de moltes fotografies i, conseqüentment, a la pèrdua de la informació que aquelles imatges guardaven. Aquesta és la causa, per exemple, de la manca de fotografies en color sobre el conflicte d'AHM en aquesta exposició.

En qualsevol cas, guardats amb millor o pitjor fortuna, els negatius dels fets que tingueren lloc a Sagunt i a València entre 1983 i 1984 ens permeten, avui, quaranta anys després, rememorar aquell dur any en què tancà la indústria siderúrgica saguntina. Entre aquestes imatges hi ha l'agressió al president socialista de la Generalitat Valenciana, Joan Lerma, al cine Oma del Port de Sagunt; els talls de la carretera N-III i de l'autopista A-7; les assemblees al camp de futbol; les concentracions; les manifestacions a Sagunt, València i Madrid; les cassolades fetes pels veïns, o la crema de diversos vehicles policials a la comissaria de policia del Port de Sagunt. També, i per últim, la demolició de dos dels alts forns.

En total, més de 4.000 negatius han sigut escanejats per a la selecció recollida en aquesta exposició. S'han trobat fotografies que no s'havien publicat mai, com les de l'agressió al president Lerma, tant de l'ambient que hi havia al voltant de l'edifici i a l'interior del cine Oma, com de la seua eixida protegit pels seus guardaespatles en un petit vehicle de la policia local. Lerma havia acudit al cine Oma amb la intenció de donar un míting electoral.

Espectaculars són també les imatges dels talls d'autopista i carreteres que destaquen en nombre sobre la resta de temàtiques. A una banda de la via, obrers llançant pedres i altres objectes; a l'altra, policies armats amb fusells que llançaven pilotes i bombes de fum. I, enmig, els professionals de la informació gràfica. Afortunadament no va passar res, encara que algun guarda com a trofeu una dura pilota que li dispararen, sense arribar a tocar-lo. Els talls de les vies ferroviàries són un altre dels temes recurrents que apareixen en les imatges. La crema de pneumàtics, fustes de caixes, branques d'arbres; qualsevol cosa servia per a fer una barricada. Llargues columnes de fum s'eleven cap al cel com si en una pel·lícula d'indis. Sense oblidar els extraordinaris retrats d'obrers de la fàbrica. La interminable cua de manifestants per la carretera que unia el Port i Sagunt. Les enormes naus plenes de bobines d'acer i les imatges de l'interior de la factoria; les eixides d'autobusos amb destinació València o Madrid, la capital valenciana presa pels manifestants saguntins, la xiqueta amb cadenes i el puny alçat durant una manifestació. O aquelles imatges dels obrers col·locant pedres i roques en mig de la carretera per evitar la circulació de vehicles. El visionat de negatius també permeté descobrir la fotografia original de la voladura del forn alt. En aquesta fotografia horitzontal, el forn demolit apareix juntament amb el forn alt núm. 2 que encara avui es conserva; una imatge molt diferent de les dues verticals que al seu dia es publicaren a partir d'aquesta escena.

Per a alguns dels fotògrafs implicats, la digitalització dels negatius utilitzats en aquest treball pot ser el primer pas per a organitzar i documentar el seu propi arxiu de fotografia. Per a d'altres ha sigut l'oportunitat de digitalitzar tot el seu arxiu sobre AHM; per a algun ha suposat la digitalització i documentació de més de mil vuit-cents trenta negatius. Totes aquestes fotografies han sigut extretes dels arxius particulars dels fotògrafs que les van fer durant el conflicte.

Els arxius fotogràfics s'han convertit en notaris fidedignes del passat, tant dels fets com dels edificis i qüestions socials que marcaren cada època. Per desgràcia encara avui la cura d'aquests arxius és molt pobra i les administracions públiques no mostren interès en la seua conservació. De fet, molts d'aquests arxius fotogràfics sobre el conflicte d'AHM podrien haver acabat desapareixent. Per fortuna, la preparació d'aquesta exposició ha aconseguit, almenys en part, impedir-ho. Gràcies a això, avui, quaranta anys més tard, aquestes fotografies, triades entre milers de negatius, continuen donant-nos testimoni de la nostra història.

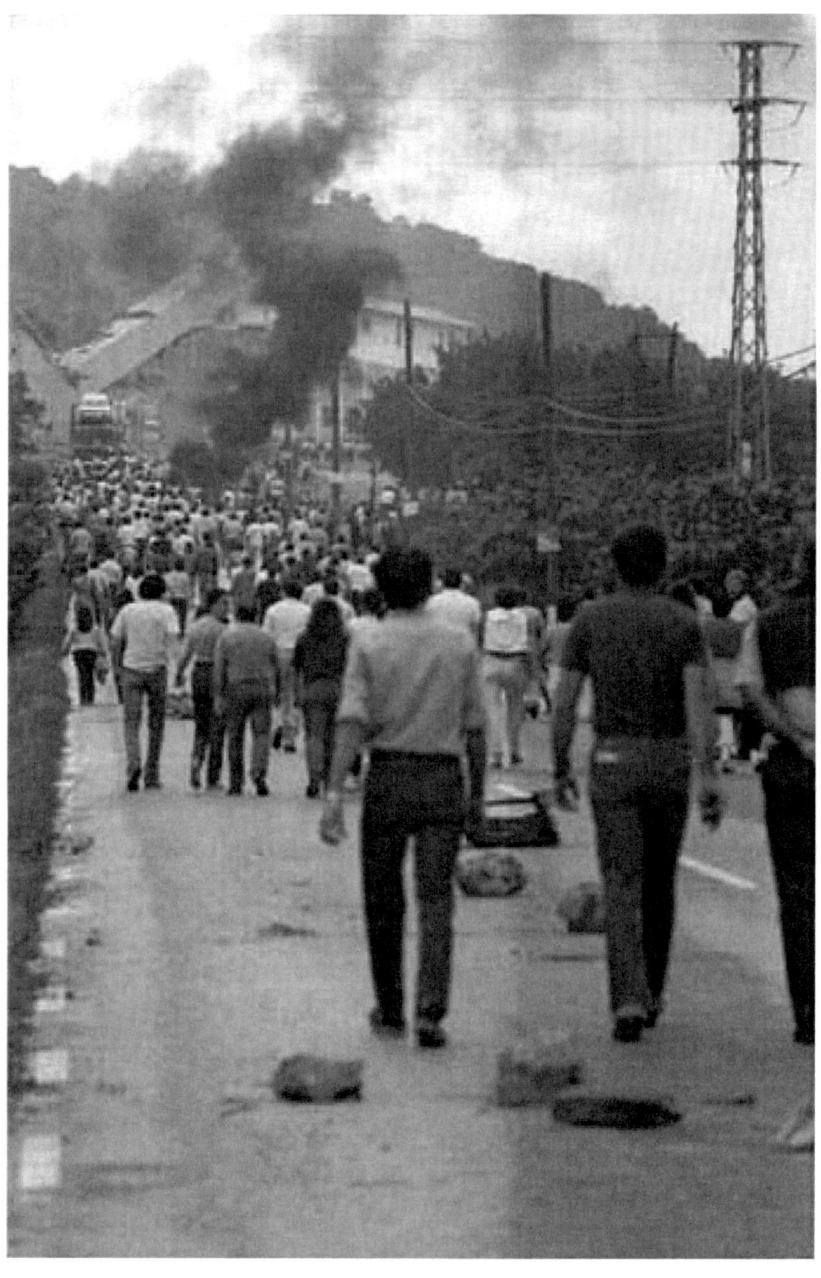

Manifestants tallen amb barriades el trànsit d'una carretera al seu pas per Sagunt. **Foto:** Pepe Encinas.

Fotoperiodisme i conflicte social

__Pepe Baeza
__Fotògraf i editor gràfic

Els conflictes socials, com el que va viure Sagunt durant la reconversió industrial dels anys vuitanta, tenen l'origen, encara que amb diferents variants, en les relacions entre capital i treball. El fotoperiodisme és una forma específica d'adaptar la cultura visual documental i testimonial als requeriments de la premsa escrita, i la seua funció és donar visibilitat a les realitats socialment significatives, siguen conjunturals o estructurals. El fotoperiodisme, per tant, necessita suports mediàtics per a exercir les seues funcions.

Però la propietat dels mitjans de comunicació majoritaris està en mans del gran capital i per tant és inevitable que la visió que s'ofereix de les lluites socials estiga permanentment desvirtuada, anul·lada o disminuïda per decisions editorials venudes com a decisions professionals. Els responsables de les redaccions, convenientment seleccionats d'acord amb la seua docilitat davant els requeriments del poder, saben que el seu càrrec, sou i posició social depenen de posar els interessos dels propietaris del seu mitjà per damunt dels interessos dels lectors. L'objectiu: anul·lar o desvirtuar, en els autoanomenats "mitjans ce referència", l'origen i objectius de qualsevol conflicte que afecte els interessos del poder econòmic; esborrar de l'imaginari col·lectiu la idea que el conflicte social és, sempre, un conflicte de classes.

Els processos de control de la informació són coneguts: s'executen per la selecció de les nformacions, per omissió de les no pertinents, per desvirtuació dels contextos, per la seua extensió i ubicació en el conjunt de la publicació, per gran quantitat de recursos tipogràfics, de disseny o de presència o omissió d'imatges –segons convinga– i per un control estricte de l'edició gràfica per a evitar que l'encarregat d'aquesta funció, si no forma part del grup de control de l'*staff*, cole missatges visuals que contradiguen o posen en qüestió el sentit de la realitat que es vol donar des de la direcció.

El periodisme dels grans mitjans no és un servei públic; només serveix als interessos dels seus propietaris i dels seus compromisos econòmics o ideològics. Aquest control es dona majoritàriament a través del poder de la banca sobre els mitjans, gràcies als generosos crèdits que els concedeix per a garantir-ne la supervivència i per tant el control del sentit de la informació i del relat sobre la realitat. Però la mateixa banca té les seues servituds recíproques amb altres grups econòmics i ideològics: els complexos militars-industrials, les grans corporacions tecnològiques, energètiques, farmacèutiques, etcètera; així com amb els grups de pressió organitzats, els *lobbies*, i amb els centres d'elaboració d'idees i estratègies persuasives dels grups econòmics, ideològics o religiosos que sostenen el control del pensament, els *think tanks*. Junts construeixen els manipulats arguments que els agents mediàtics reproduiran acríticament.

Els polítics a sou del poder econòmic subvencionen per part seua la premsa afí amb subscripcions massives per a tot tipus d'organismes públics: milers d'exemplars venuts per avançat cada dia que, a més, distribueixen un relat esbiaixat de l'actualitat: diners públics subvencionant el relat del gran capital privat.

La majoria dels periodistes, cada vegada més mal pagats i més saturats de faena, es converteixen en abnegats empleats i executors dels designis empresarials. Molts fan aquesta funció amb disgust, alguns inclús intenten rebel·lar-se obertament o subreptíciament; d'altres, en fi, adopten una cínica acomodació, i finalment alguns es converteixen en els gossos guardians dels seus amos, esperant que els assenyalen, si no ho saben per avançat, a qui han de mossegar. Aquests últims, cada vegada més, són els que solen arribar als càrrecs més alts de control de la informació i del seu tractament, per damunt de la seua vàlua professional.

En aquest context, la representació fotogràfica de les lluites socials, la construcció de la seua memòria, queda desvirtuada en la difusió pública fins al punt que el relat generat cala inclús entre qui hauria d'estar a primera fila de la defensa dels interessos majoritaris enfront de la cobdícia i les mentides de les grans corporacions, dels seus laboratoris d'idees, dels grans grups mediàtics al seu servei, dels gestors d'alt nivell del capital, dels seus mètodes de vigilància i de les seues eines de càstig.

Cal esperar que els conflictes socials es vegen representats en aquests mitjans d'acord amb els interessos de la majoria de la població? És clar que no. La major part de vegades ni tan sols s'hi veuran representats, i quan el seu impacte faça inevitable la seua visibilització, aquesta es farà utilitzant tots els recursos disponibles per a acomodar el relat que se'n faça —mitjançant ocultacions, al·lusions i insinuacions— als interessos de la propietat dels mitjans i dels seus compromisos amb el conjunt de les elits.

El fotoperiodisme, com a imatge testimonial compromesa intrínsecament amb la representació de la realitat, sofreix globalment, com el periodisme escrit, múltiples pressions per a desviar-lo de la seua funció clarificadora, per a intentar portar-lo a formar part del relat del poder o bé per a anul·lar-lo en la seua eficàcia de diferents maneres.

La primera d'aquestes maneres simplement té a veure amb fer-li complir una funció il·lustradora d'unes agendes periodístiques prèviament intervingudes, controlades i, quan és necessari, censurades per la direcció i la resta de la cadena jeràrquica. Així, els conflictes derivats de les injustícies sistèmiques seran en primer lloc arraconats en la confecció de la consideració de les notícies rellevants. Un dels principals mètodes per a llevar visibilitat a un conflicte social té a veure amb la presència o absència de fotografies. Cal assenyalar que les grans agències de premsa internacionals, com Reuters o Associated Press, tenen en el subministrament, o no, d'imatges i en la quantitat i selecció de les que serveixen als mitjans abonats, un procediment essencial per a determinar les agendes periodístiques de la premsa i la televisió i construir així el sentit de la informació sobre el que succeeix al món. A continuació, els límits i les estratègies de servei al poder de cada mitjà concret posen, al seu torn, els trets a destacar o a minimitzar en funció del seu *target* de lectors/espectadors.

Les imatges periodístiques, si no estan sotmeses a censura i si es veuen acompanyades d'un context rigorós i honest, tenen una gran capacitat d'incidència en la presa de consciència i en l'activació de mobilitzacions enfront de la injustícia. Juntament amb uns textos honestos i lliures formen un tot significant enormement poderós. D'aquí que el poder, qualsevol poder, vulga sotmetre-les i posar-les al servei dels seus interessos. Així trobem una segona forma de control del fotoperiodisme, la causa fonamental que aquesta imprescindible funció periodística es trobe en una situació tan precària. Es tracta de la seua falta de valoració retributiva en els grans mitjans, que en les últimes dècades, en especial des que l'inici de l'ofensiva neoliberal i neoconservadora, iniciada a finals dels anys 1970, va proscriure el reportatge de contingut crític amb el sistema i les seues agressions implícites, i va fer desaparèixer progressivament aquests continguts visuals de les revistes i dominicals.

A més, en reduir els preus per la publicació dels qui malgrat tot passaven els filtres, van afonar econòmicament tota una professió. Les agències cooperatives de fotògrafs de premsa, que havien sigut el planter del fotoperiodisme més lliure i variat que ha existit en la curta història de la fotografia, van anar caient l'una rere l'altra en no trobar eixida als mitjans per a les seues produccions. En buscar com a alternativa l'acció individual i la venda directa als mitjans com a *freelance*, els fotògrafs perderen els seus suports de solidaritat, econòmics, legals i morals, així com el fructífer intercanvi d'idees i la defensa conjunta d'una funció socialment indispensable.

Els grans mitjans impresos substituïren el fotoperiodisme per la il·lustració ficcional de l'actualitat, en forma dels espectaculars i banals fotomuntatges digitals que als anys 1990 ompliren les portades dels *news magazines* i del conjunt de la premsa il·lustrada. La substitució massiva del testimoni fotogràfic de centenars de milers de morts a les guerres del Golf per fredes i asèptiques infografies fou un dels exemples més clars que la imatge fotogràfica o videogràfica lliure i plural, exercida des de plantejaments professionals honestos, era un destorb en l'estratègia global d'adormiment de les consciències.

Aquesta estratègia de no deixar veure per a no trobar oposició prové igualment de la guerra del Vietnam, l'últim gran conflicte amb una certa dosi de llibertat de moviments per a la immensa *troupe* de fotògrafs, agències i mitjans que es van desplegar en aquella ocasió. El resultat –del qual va prendre bona nota el poder– aleshores fou una presa de consciència del malson que representava aquella agressió en la mateixa societat estatunidenca, i sens dubte algunes imatges àmpliament distribuïdes –com les de la matança de May-Lai– van contribuir a la derrota moral nord-americana, pas previ a la seua derrota militar.

Avui dia la revelació de documents similars ha estat a punt de portar a la mort Julian Assange: una derrota sagnant per a la llibertat de premsa –amb la complicitat o la indiferència de gran part de la professió periodística–, que és simptomàtica del retrocés democràtic a l'Occident capitalista i del temor que susciten en els poders fàctics les imatges testimonials lliurement circulants.

Trobem, així, una altra manera d'atacar el fotoperiodisme lliure: la profusió de lleis i decrets justificadors de la censura (per exemple, la Llei Mordassa), i la pressió física, a voltes fins a la mort, sobre els fotògrafs i videògrafs que esquiven amb dificultat les barreres imposades pels diferents poders. En escriure aquest text més de cent periodistes han sigut assassinats per l'exèrcit d'Israel des del començament de la massacre increïble que està perpetrant a Gaza.

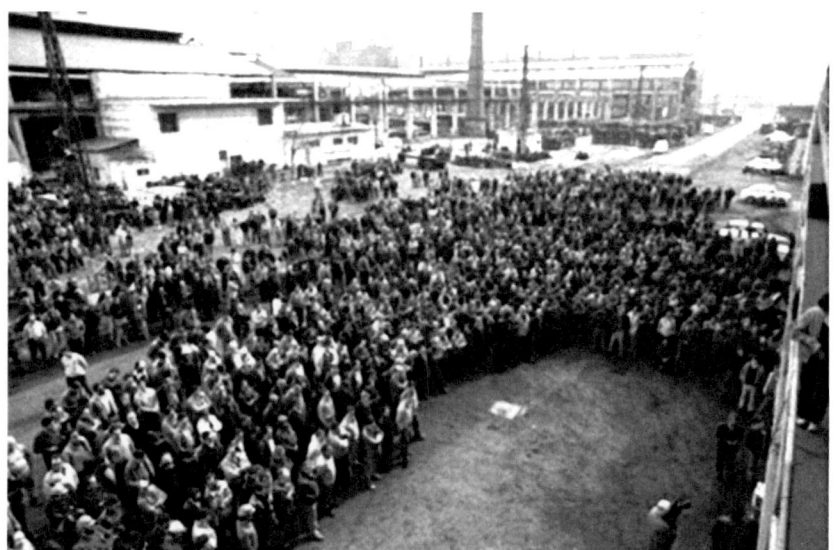

Les relacions cara a cara reforçaven els lideratges sindicals dintre de la fàbrica. **Foto:** Jesús Císcar.

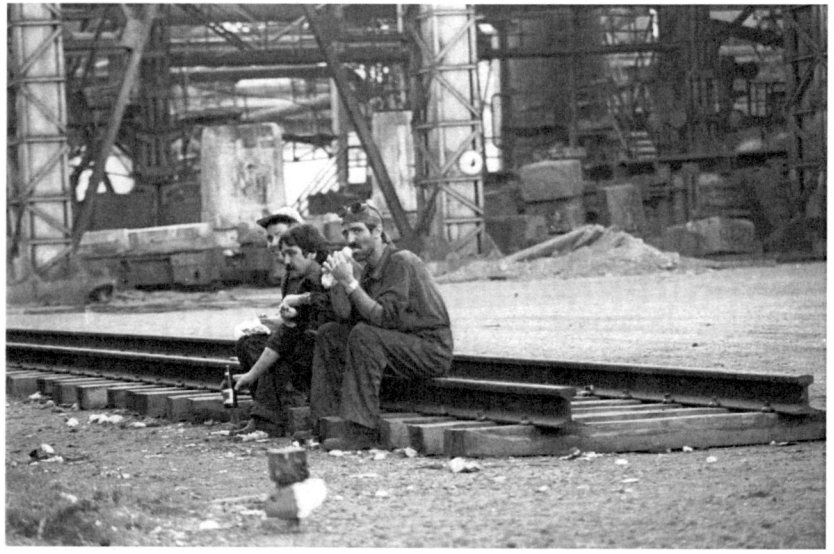

Un alt durant la jornada de treball per a descansar i reposar forces. **Foto:** Juan José Monzó.

Però encara faltava una última manera de completar el setge contra el fotoperiodisme: induir el seu desprestigi des del terreny de la cultura. I d'aquí, convenientment greixats amb molts diners, amb conferències, premis i exposicions, naixen els plantejaments antifotoperiodístics. Són posicions que no qüestionen mai les grans estructures de concentració mediàtica i el seu setge al fotoperiodisme lliure, sinó que apunten al tipus d'imatges reduït, amputat i descontextualitzat que els grans mitjans distribueixen com si constituïren l'essència del que és en si mateix el fotoperiodisme. Aquesta posició pareix maldestra però no ho és en absolut: forma part de l'estratègia de deslegitimació de les imatges que soscaven les justificacions del poder. Es poden anomenar plantejaments postfotogràfics o, en una altra categoria deslegitimadora, neodocumentals.

Els primers remeten a la postmodernitat acrítica, a la cínica negació de la possibilitat d'un avenç de la història cap a estadis de pau, igualtat i justícia; és a dir, a una conscienciosa desactivació del motor de les lluites socials. La "postveritat", és a dir, la mentida planificada, també definida com a "veritat alternativa", és el correlat final de la seqüència històrica "post", de la qual és part la postfotografia. Els segons, els neodocumentalistes, remeten a un tipus de fotografia que segresta el significant "documental" per portar-lo a un carreró sense eixida: els circuits del col·leccionisme artístic. Lògicament, en aquest registre visual, molt ben remunerat en premis, exposicions i prestigi per les grans fundacions culturals del gran capital, sobra la realitat significativa del món. I se substitueixen els conflictes que provoca la concentració accelerada del capital per fotos de paisatges buits on fa 500 anys va tindre lloc un batalla, per ampliacions gegantines de fotos de prestatgeries de supermercats com les que Andreas Gursky va fer i vendre per dos milions de dòlars, i inclús per imatges d'un fragment de moqueta gris d'oficina, d'aquest mateix autor, que els responsables de la seua exposició al Centro Reina Sofía valoraven així:

> Gursky sintetitza un àmbit marcat per l'asèpsia i impersonalitat, en què malgrat tot discorre la vida de molts individus en un món marcat per les transaccions econòmiques globalitzades. La moqueta es converteix en símbol d'aquest món.

És previsible veure les masses indignades eixint al carrer a protestar per les transaccions econòmiques globalitzades gràcies al fet que el tros de moqueta ha sacsat les seues consciències. El símbol banal, absurd, d'una moqueta en compte del testimoni directe sobre les conseqüències de l'ordre econòmic vigent. Ceguesa induïda també per aquest neodocumentalisme prestigiat per les elits que concorda amb el pensament neocon i les imatges del qual poden presidir perfectament els consells d'administració de les grans corporacions que concentren la riquesa en poques mans i amplien cada volta més la bretxa entre rics i pobres gràcies a les "transaccions econòmiques globalitzades".

La publicitat és un altre factor important en el control dels continguts visuals crítics per part del mercat. En diferents graus, segons el tipus de publicació, els anuncis comercials financen una part fonamental del pressupost de qualsevol mitjà de comunicació privat. Els anunciants, a través de les agències de publicitat i la complicitat dels directors comercials dels mitjans, tenen una enorme influència en la determinació dels continguts visuals, especialment en revistes i dominicals. Els seus interessos passen, en primer lloc, per evitar

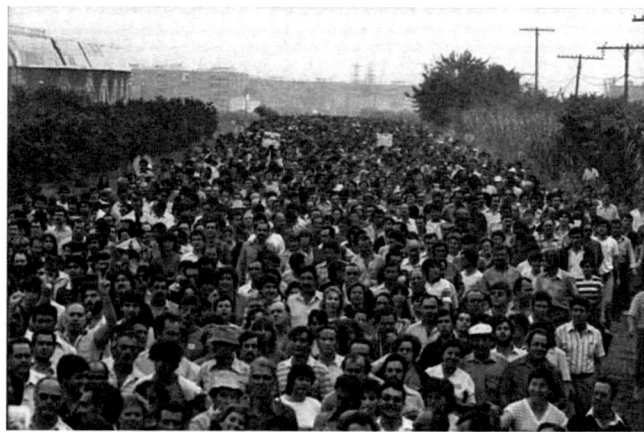

Multitudinària marxa de protesta del Port a Sagunt el 16 de febrer de 1983.
Foto: Pepe Encinas.

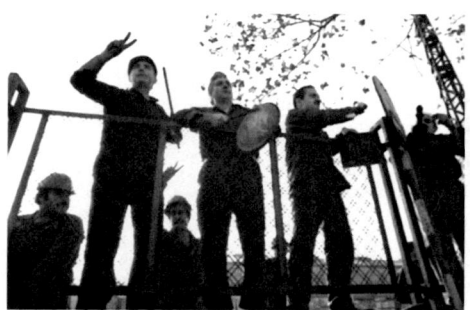

Obrers siderúrgics participen en una cassolada contra el tancament d'AHM. **Foto:** Jesús Císcar.

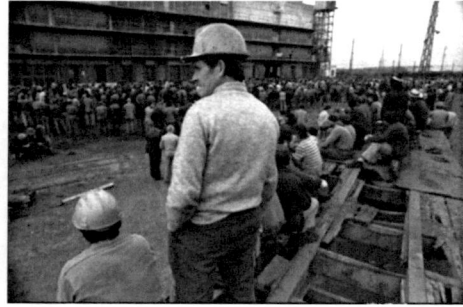

Assemblea de treballadors a l'interior de la fàbrica. **Foto:** Jesús Císcar.

missatges visuals que contradiguen les seues tècniques de suggestió i de fascinació en la creació d'una atmosfera del consum com a ideal de vida; en segon lloc, exigint, a més, la inclusió de continguts visuals sinèrgics amb els anuncis. A aquests continguts, que reforcen l'eficàcia publicitària, els seus impulsors mediàtics els anomenen "continguts aspiracionals", fet que vol vindre a dir que la immensa majoria de lectors no podran accedir mai al producte o servei que s'ofereix com a ham, però que l'adquisició d'altres productes de preu més baix, els anunciats, podria compensar d'alguna manera la frustració per no poder assolir el món idealitzat del consum absolut.

La representació visual de la realitat del món es troba així davant els obstacles més importants que ha patit mai. En gran mesura perquè les estratègies d'anul·lació o assimilació cada volta són més complexes i indetectables per a la majoria de la població, que espera trobar el coneixement a través d'uns mitjans que oculten que la seua missió veritable és desvirtuar i entorpir precisament l'exigència democràtica de saber què, com i per què succeeixen els fets socialment significatius.

I malgrat tot nombrosos fotògrafs i fotògrafes continuen perseguint la realitat amb les seues càmeres, encara que els canals per a difondre-la són tan escassos que fan precària la seua existència: la realitat, el testimoni directe, l'accés al coneixement compartit són al·licients massa poderosos perquè els comunicadors compromesos amb la seua societat renuncien a exercir-los.

Els conflictes socials i les lluites que els acompanyen necessiten el registre i distribució de les imatges per a generar en primer lloc possibilitat de transformació i, accessòriament, perquè els seus participants adquirisquen consciència de la solidaritat que conciten; perquè els qui lluiten pels drets de tothom tinguen la referència externa de la importància de la seua lluita; i perquè qui s'incorpora a aquesta lluita tinga en ment la memòria de qui el va precedir, en el camp polític, sindical o de la comunicació.

El documental de llarg recorregut i el reportatge en profunditat continuen sent els gèneres més aptes perquè la fotografia aborde la realitat. Els mitjans de referència no els donaran cabuda mai més. Així que toca enginyar-se-les perquè els testimonis visuals lliure es combinen amb els millors textos lliures i junts s'apliquen a trencar el mur de silenci i distorsió que el poder alça davant seu.

Premsa visual alternativa a la Xarxa, tal com van sorgint interessants models periodístics alternatius; projeccions als carrers i places amb explicacions contextualitzadores; cartells; fanzins crítics... Tot val. Els diners són difícils d'obtindre i els obstacles legals són insidiosos, però resistir és l'única opció per a mantindre viu el fotoperiodisme i el documentalisme compromesos amb la realitat significativa del món.

Avui més que mai els i les fotoperiodistes i/o documentalistes, abans d'actuar com a tals, han de formar-se una consciència política i un coneixement profund del món en què viuen perquè sobrevisca la imprescindible funció de testimoniar la realitat de forma plural, però críticament analitzada, siga amb fotos, amb vídeo o ambdós, en forma de poderosos productes multimèdia. Molts i moltes ja ho fan, encara que no vegem mai els seus treballs en els "mitjans de referència".

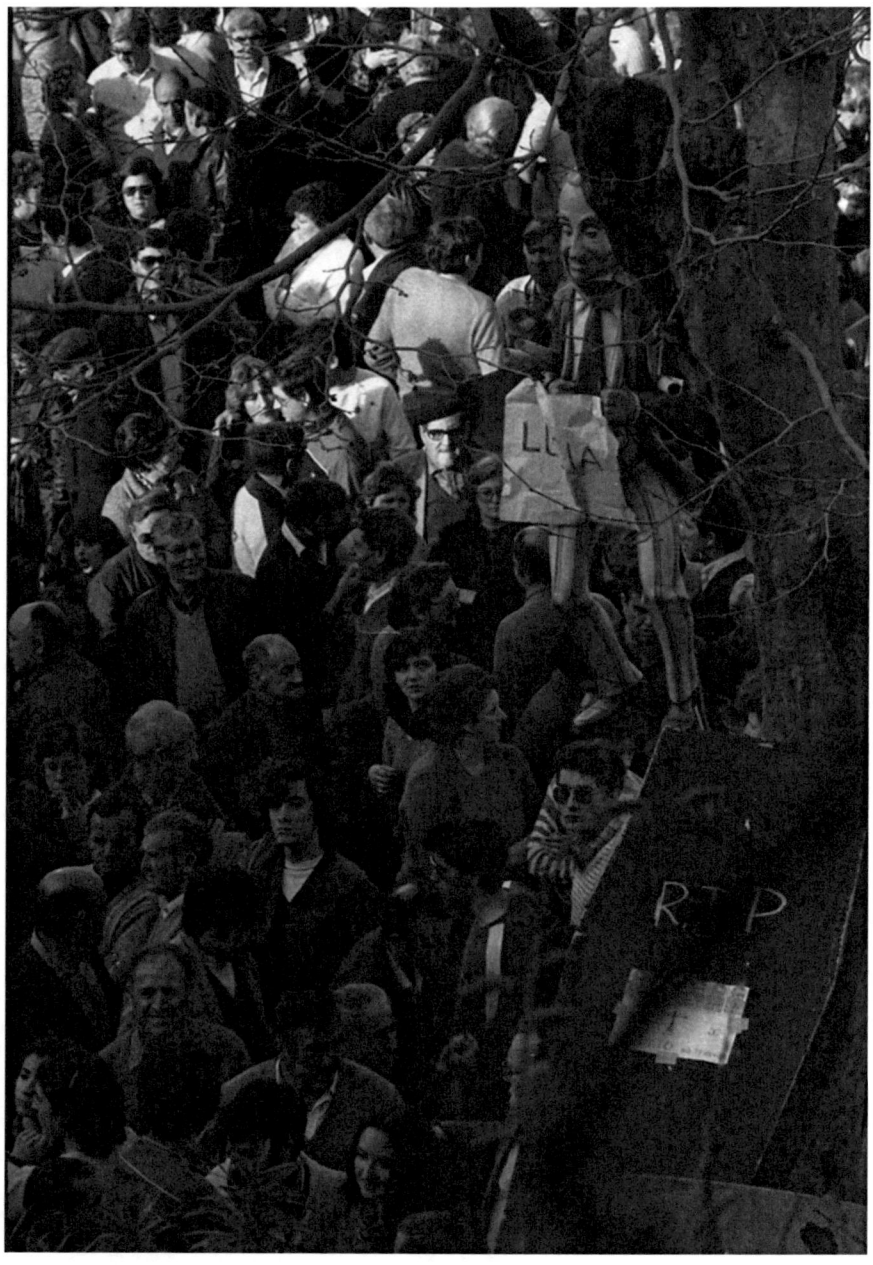

El 18 de març de 1983 milers de ciutadans retenen el president d'AHM a les oficines de l'empresa. **Foto:** Manuel Molines.

Instants decisius de resistència

__Provi Morillas
__Fotògrafa i comissària de l'exposició

Tenia 13 anys quan la reconversió industrial de 1983 va transformar Sagunt en un focus de protestes i esperances. Recorde l'atmosfera densa, carregada de tensió i determinació, i com, cada matí, em trobava ansiosa per llegir els diaris. Les imatges de les protestes pareixien contindre l'essència de la nostra lluita i el nostre esperit col·lectiu. Fou a través d'aquelles fotografies, impreses en blanc i negre a les pàgines dels diaris, quan vaig començar a pensar en la fotografia com una eina poderosa per a mostrar el que succeeix. Aquells fotògrafs capturaren la realitat de manera precisa i emotiva, aconseguiren immortalitzar instants que d'una altra manera s'haurien esvanit en la memòria col·lectiva. Les fotografies d'aquells dies no són mers registres d'un esdeveniment, són narracions visuals que van més enllà de les paraules. Cada imatge conta una història completa, un microcosmos d'emocions i significats.

L'exposició *La batalla de Sagunt* és un homenatge a tots aquells instants decisius. A través de les fotografies podem reviure la intensitat d'aquells dies, sentir l'esperança i la por, la determinació i la desesperació; són una part imprescindible de la nostra història. Avui, com a fotoperiodista, porte les lliçons apreses en aquella lluita. La importància d'estar present, d'observar amb empatia i de capturar la veritat sense ornaments. Aquestes fotografies són un testimoni de la resistència humana i de la capacitat del fotoperiodisme per a connectar, emocionar i provocar reflexió. En aquesta exposició celebrem no només la valentia dels treballadors de Sagunt, sinó també la mirada aguda i el compromís dels fotoperiodistes, que ens permeten veure i entendre el món.

La banda sonora de
la batalla de Sagunt.

Textos en castellà

Textos en castellano

Introducción: La batalla de Sagunt. Identidad, testimonio y memoria

__José Manuel Rambla
__Periodista cultural y comisario de la exposición

Hace cuarenta años, fotoperiodistas de todos los medios dirigieron sus objetivos hacia Sagunt. Recogieron con sus cámaras la resistencia de los trabajadores, y de todo el pueblo, al cierre de los Altos Hornos del Mediterráneo (AHM) decretado por el primer gobierno socialista tras la dictadura. Fue la batalla de AHM, el conflicto social más largo vivido en España tras la recuperada democracia y el primer episodio de un traumático proceso de reestructuración industrial que más tarde se extenderá por toda España. Aquella lucha, que se prolongó entre febrero de 1983 y abril de 1984, atrajo el interés mediático de toda la prensa, desde la local y nacional hasta cabeceras internacionales como *Le Monde* o *The New York Times*. Hoy, cuarenta años después, las miles de imágenes captadas por aquellos fotógrafos, como las reunidas en la exposición *La batalla de Sagunt 1983-1984. Lluita social i fotoperiodisme,* nos siguen interpelando sobre tres conceptos que marcan la historia de la fotografía: la identidad, el testimonio y la memoria.

La imagen negada, la identidad suprimida

Es difícil explicar el éxito de la fotografía sin su función en la autorepresentación de una clase en ascenso: la burguesía. Esta clase encontró en el invento patentado por Daguerre —como señaló Gisèle Freund— su medio de proyección identitaria. Sin embargo, la expansión de la fotografía trajo consigo una democratización de la imagen. La fotografía no solo retrataba a la pequeña y gran burguesía; también nos acercó a otras realidades: bajo el influjo del exotismo colonial, nos mostró otras culturas y pueblos; bajo la mirada del reformismo social, nos confrontó con la miseria. De esta manera, la clase trabajadora ingresaba por primera vez en el universo simbólico, como evidencian las fotografías de Lewis W. Hine, Walker Evans, Dorothea Lange o Sebastião Salgado. Sin embargo, la representación obrera no surge de una autorepresentación, sino que es construida por la mirada burguesa, en el mejor de los casos, humanista. Tal vez por ello, Bertolt Brecht, como destacó Walter Benjamin, era escéptico ante la fotografía al asegurar que la foto de una fábrica apenas nos dice algo sobre la realidad que se oculta dentro de ella (Benjamin, 1989: 81).

Frente a la ausencia de esa imagen de clase, la revista de izquierdas alemana *Arbeiter Illustrierte Zeitung (AIZ)* impulsó en 1926 un llamamiento para consolidar un movimiento fotográfico obrero. Esta iniciativa conectaba con otras promovidas en la Unión Soviética por revistas como *Oganëk* o *Sovetske Foto*, que buscaban crear un cuerpo de fotoperiodistas obreros a partir también de fotógrafos aficionados. El objetivo era generar una imagen obrera desde el punto de vista de la clase trabajadora, abarcando su vida cotidiana, su relación con el trabajo y sus luchas. Estos movimientos fotográficos se verían truncados por el nazismo y el estalinismo.

Aquellas experiencias coincidieron con los primeros pasos de la Compañía Siderúrgica del Mediterráneo (CSM), empresa matriz de AHM, creada en Sagunt en 1917. Sin embargo, en España su influencia fue limitada y tardía. De hecho, no llegó hasta que –en vísperas ya de la guerra civil– Josep Renau encontró en una librería de València un ejemplar de AIZ. No sería hasta la misma reconversión cuando un trabajador saguntino, Tomás Bueno, quien tras su despido de AHM se convirtió en fotógrafo profesional, realizaría una pequeña serie de retratos de sus compañeros con los que elaboró algunos fotomontajes [Imagen 9], significativamente el mismo género que desarrollaba John Heartfield en AIZ y que Renau continuaría en su obra.

De este modo, la imagen de los trabajadores saguntinos fue capturada por la mirada de otros. Si en el ámbito privado dependió durante mucho tiempo de fotógrafos callejeros o de estudio, en la esfera pública y laboral su representación fue monopolizada por la empresa. Es decir, fue suprimida. Al observar el archivo fotográfico de AHM vemos cómo la "fábrica" es la protagonista absoluta. En estas imágenes, los trabajadores aparecen empequeñecidos, desdibujados o invisibilizados por el gris de sus ropas de trabajo que camufla su presencia en el espacio fabril [Imagen 2]. Solo son impersonal fuerza de trabajo. Cuando el fotógrafo retrata a algún grupo aislado o la despedida de algún trabajador que se jubila, esas fotos se entregan para los álbumes familiares, pero no se incorporan al archivo, a diferencia de lo que ocurre con las imágenes de la vida social de la burguesía, compuesta por directivos e ingenieros de la siderurgia.

Esa ausencia de imágenes obreras tendrá una excepción: lo lúdico. El archivo de AHM nos ofrece un variado inventario: obreros jugando al fútbol, disputando carreras, participando en espectáculos taurinos o realizando pueriles pruebas en las fiestas patronales [Imagen 3]. Son obreros sin conflictos, que se divierten como niños. De esta manera, el trabajador es infantilizado por la mirada paternalista de la empresa que le protege. No es extraño encontrar series de retratos de hijas e hijos de trabajadores que asisten a los colegios de la empresa, o de adolescentes en su escuela de aprendices [Imagen 4]. La empresa refuerza así su función rectora, siendo la única capaz de encauzar la inmadurez de los trabajadores e incluso de salvar sus almas: los trabajadores no son fotografiados mientras protestan, pero sí cuando participan en procesiones. Incluso a partir de los años 60, cuando los militantes clandestinos de las Comisiones Obreras van conquistando hegemonía en el jurado de empresa, las pocas fotos que conserva el archivo de este órgano centran el foco visual en su presidente, impuesto por la dirección.

Pero no solo la empresa configura el imaginario obrero. También lo hará, y muy pronto, la prensa. El 22 de marzo de 1907, la revista barcelonesa La Actualidad publica la imagen de dos obreros, Gabriel Villa y Manuel Esparza, heridos en un accidente del tren que llevaba su cargamento desde las minas de Ojos Negros al embarcadero de Port de Sagunt, origen de la industria siderúrgica [Imagen 1]. Su imagen aparece así vinculada a la catástrofe, a una desgracia que no responde a causas sociales, sino a la fatalidad. El obrero es víctima de su destino, no su protagonista. Porque si se asume protagonista de su destino es peligroso: el 21 de enero de 1932, el diario Ahora dedica una página a un montaje fotográfico sobre el movimiento insurreccional anarquista en Port de Sagunt y su asalto a la CSM [Imagen 5].

Esa tenue línea que separa la víctima del sujeto peligroso hará desaparecer la imagen del trabajador saguntino. Ni siquiera en los años 30, cuando la crisis de 1929 obligue a paralizar la producción generando un grave problema social y de desempleo, los trabajadores serán protagonistas. No veremos publicadas ninguna imagen de sus movilizaciones, como las captadas por el fotógrafo local León San Bernardo Soler [Imagen 7]. Veremos, eso sí, imágenes de las "fuerzas vivas" y, sobre todo, fotografías de la fábrica [Imagen 6]. Porque la fábrica es el icono omnisciente, el símbolo del progreso industrial, y la veremos reproducida en revistas, periódicos o tarjetas postales. Incluso aquel espacio fabril atraerá al poder político para impregnarse de su aura de progreso y modernidad: Alfonso XIII, Primo de Rivera, ministros franquistas, el propio Franco o Juan Carlos de Borbón. Ellos serán los protagonistas de unas fotografías periodísticas que relegaban a los trabajadores, como mucho, al papel de difuso telón de fondo o masa agradecida.

Tampoco la prensa obrera proyectará una imagen alternativa de los trabajadores saguntinos, aunque su tradición de lucha tuviera una fuerte repercusión en sus páginas. En ellas primará la cultura escrita, primero por el retraso en integrar la fotografía en el discurso de estas publicaciones; después, por las limitaciones de la clandestinidad durante el franquismo. Mostrar en aquel contexto imágenes de trabajadores, y especialmente de trabajadores en lucha, era un peligro que el movimiento obrero había aprendido desde que en 1871 se utilizaran las fotografías realizadas a los participantes en la Comuna de París para identificar, reprimir y ejecutar a los revolucionarios. Ni siquiera la República, cuando en 1938 rindió homenaje con una serie filatélica a la resistencia de los obreros de Sagunt frente a los bombardeos fascistas, proyectará su imagen y la sustituirá por la silueta de un anónimo trabajador vigilando el incandescente funcionamiento de la máquina o por la alegoría del escultor Agustín Querol sobre la inmolación saguntina ante el asedio de Aníbal [Imagen 8]. De este modo, durante décadas los obreros saguntinos, más allá de sus álbumes familiares, tuvieron su imagen negada.

Testimonio de un conflicto de relatos

Todo cambió en 1983 el día que la dirección de la siderurgia de Sagunt emitió la orden de apagar el horno alto número 2. Pero sobre todo, cuando los trabajadores decidieron desobedecer aquella orden. Aquella resistencia atrajo a Port de Sagunt a documentalistas y fotoperiodistas de todos los medios, como Ana Torralva, José Aleixandre, Manuel Molines, José Vicente Rodríguez, Pepe Encinas, Jesús Císcar, Juan José Monzó, Luis Vidal, Antonio Tiedra, Enrique Tort o Jordi Vicent. Todos ellos capturaron con sus cámaras el testimonio de una lucha que se prolongaría por más de un año. Pero, ¿qué nos revelan estas miles de fotografías, muchas de las cuales nunca fueron publicadas? Esta pregunta nos lleva al controvertido debate sobre los relatos, ya que, como subraya Antonio Ansón, "nunca hubo imágenes sin palabras" (Ansón, 2023: 27). Incluso el álbum familiar requiere de un relato oral que explique la genealogía y los avatares vitales de la saga para que sus imágenes tengan sentido. Esto resulta aún más evidente en el fotoperiodismo, donde, según nos advierte Gisèle Freund, "la objetividad de la imagen no es más que una ilusión" (Freund, 2011: 142), y una misma fotografía es capaz de ilustrar una narración y su contraria. De hecho, en estos reportajes sobre la batalla de AHM subyacen, al menos, tres narrativas paralelas y a la vez en conflicto: el relato de la cultura obrera, el de la modernidad y el de la irrupción del nuevo paradigma neoliberal.

Las fotografías de la lucha de los siderúrgicos saguntinos llenan de repente el vacío de representación acumulado durante décadas, acercándonos a la compleja realidad de la cultura obrera. Nos hablan de trabajos duros, en condiciones extremas y a menudo peligrosas, pero que no son vividos con la resignación de la víctima, sino con el orgullo personal, muy masculinizado, del que se siente miembro de un colectivo que, con su esfuerzo y su historia de lucha, cuenta con un respeto dentro de la clase trabajadora. Nos permiten percibir una conciencia de clase que emana de la cotidianidad, de las relaciones cara a cara con los compañeros de trabajo, y que se afianza con redes personales que abarcan a los miles de trabajadores que componen la plantilla. Estos lazos íntimos también están en la base de sus liderazgos, forjados y respetados desde los difíciles años de la dictadura, con una organización sindical sólida, con la asamblea concebida como ágora democrática, y con una experiencia acumulada de lucha que les permite adaptar con agilidad sus acciones a cada circunstancia. Además, nos hablan de cómo esa cohesión colectiva fluye desde el interior de la fábrica a los barrios de una ciudad industrial que, por encima de todo, se siente una ciudad obrera. Por eso, el papel de las mujeres será clave en un conflicto al que se sumarán todos los sectores de Port de Sagunt: niños, jóvenes, comerciantes.

El relato en los medios y en la política, sin embargo, será otro. Aquí, el discurso hegemónico será el de la modernidad. Este fue el argumento de Felipe González en su comparecencia televisiva a la nación ante el cariz de los acontecimientos. España salía del atraso de la dictadura y debía modernizarse para superar la crisis y alcanzar la soñada integración europea. La reconversión se presentaba como una operación quirúrgica sobre un cuerpo enfermo. Había que extirpar los tumores para que el enfermo sanara. Y el tumor era AHM. El diagnóstico se justificaba con estadísticas, relaciones de pérdidas y caídas de producción. Los trabajadores respondieron con un diagnóstico alternativo: el *informe Kawasaki*, que defendía la viabilidad de la planta saguntina. Pero la decisión del cirujano estaba tomada: había que asumir el sacrificio de AHM para alcanzar la modernidad, palabra clave de aquellos años.

Este relato fue asumido por los medios, al mismo tiempo que recuperaban antiguos imaginarios del obrero como víctima o peligro. Ahora, el obrero era víctima indefensa de una lógica económica que resultaba tan implacable como la fatalidad. Por lo tanto, se pedía una "compensación" para esos trabajadores que sufrían las consecuencias de una lógica incuestionable. Sin embargo, esto no impidió que algunos medios, como el conservador *ABC*, alertaran de que detrás de las movilizaciones saguntinas se escondía una mano negra "comunista" dirigida desde Moscú. Esta teoría, que hoy calificaríamos de conspiranoica, reflejaba una preocupación que incluso afectaba al gobierno: la capacidad de presión política del movimiento sindical y, especialmente, de unas Comisiones Obreras que habían demostrado su fuerte implantación y una capacidad de movilización crucial en la oposición contra la dictadura.

El discurso de la "modernidad" conectó muy pronto con el dogma neoliberal que se gestaba en aquellos años. Si en 1973, Pinochet convertía a Chile en un laboratorio neoliberal, la victoria electoral de Margaret Thatcher en el Reino Unido (1979) y de Ronald Reagan en Estados Unidos (1981) confirmaron su hegemonía. Esta hegemonía, que se proyectó como la victoria total del capitalismo tras el derrumbe de la URSS, se simbolizó con el acrónimo TINA (*There Is No Alternative*, No hay alternativa), acuñado por Thatcher. Aquel capitalismo victorioso será muy diferente al surgido tras la II Guerra Mundial, cuando la competencia soviética y un movimiento obrero fuerte obligaron al capital a realizar concesiones en forma de estado de bienestar. Ahora, fortalecido por la globalización y las nuevas tecnologías que potencian al capital financiero y facilitan la deslocalización de empresas, el nuevo capitalismo estaba preparado para pasar a su fase postindustrial. Las políticas de reconversión, justificadas por la superación de la crisis, se transformaron de facto en planes de desindustrialización que minaron la fuerza del movimiento obrero. Los espacios industriales, que reunían grandes poblaciones obreras, fueron desmantelados en Sagunt, Vigo, Cádiz, Asturias o Bilbao, mientras Thatcher lanzaba por esos mismos años su guerra total contra los poderosos sindicatos mineros.

La cultura del trabajo basada en empleos fijos se sustituyó por la inestabilidad laboral. Pocos meses después del cierre de AHM, el gobierno promovió la primera reforma laboral y los *contratos basura* entraron en la agenda española. La seguridad dio paso a la precariedad. El pacto político y social de posguerra se resquebrajó, el estado del bienestar fue abiertamente cuestionado como contrario a la lógica económica y los mecanismos de cohesión se evaporaron en sociedades cada vez más desvertebradas. Valores tradicionales del movimiento obrero como la solidaridad fueron arrinconados por el individualismo y por la riqueza material como único referente del éxito, mientras crecía la pobreza y la desigualdad. Las fotografías de aquel conflicto de AHM también son las primeras instantáneas del nuevo mundo.

Fotografía y memoria

Esta diversidad de relatos, que podría incluir otros como la descontextualización esteticista o la moda *vintage* de las imágenes antiguas, nos remite a la ambigüedad de la imagen y a la ya vieja crisis de la fotografía como espejo de la realidad. De hecho, hace tiempo que se tomó conciencia de la capacidad de mentir y manipular de las fotografías, así como del uso y abuso que el capitalismo hace de la imagen en la espectacularización de la realidad y en el moldeado de nuestras cosmovisiones. A esto se añade la desvirtuación desde mediados del siglo XX de una fotografía documental que se aparta del compromiso social para reivindicar un subjetivismo de autor y buscar un hueco en el mercado del arte, así como una crisis general del periodismo que afectará inevitablemente al fotoperiodismo. Y por si todo esto fuera poco, en los mismos años en que España vivía la reconversión, los hermanos Thomas y John Knoll ultimaban la primera versión de un programa informático que revolucionaría el mundo de la imagen: Photoshop. Mientras los cambios socioeconómicos desmaterializaban la nueva sociedad postindustrial, la imagen rompía lazos con lo real para convertirse en combinación numérica de datos y adentrarse en la era postfotográfica que hoy, con la inteligencia artificial, puede generar las más hiperrealistas *deepfakes*.

Por ello, observar hoy las imágenes de la batalla de AHM es también una invitación a repensar los usos del fotoperiodismo y la fotografía documental en la configuración de una conciencia crítica y emancipadora. En este sentido, las reflexiones de John Berger cobran más fuerza que nunca cuando defendía que cualquier modalidad alternativa de la fotografía debe "incorporarse a la memoria social y política, en lugar de servir de sustituto que predispone a la atrofia de esa memoria" (Berger, 2017: 78). Ahora bien, ¿quién es el receptor de esa memoria que, como subraya Joan Fontcuberta, debe pensarse como un "terreno de lucha entre datos y emociones" (Fontcuberta, 2024: 68-69)?

Toni Negri destacó cómo, desde los años 70, el capitalismo se propuso subvertir la hegemonía que la clase trabajadora había conquistado en la fábrica y que alcanzó su máxima expresión en la ola revolucionaria del 68, con las prolongadas huelgas en Francia o las ocupaciones de empresas en Italia, evidenciando que el movimiento superaba los límites de la revuelta estudiantil. Para recuperar el control, el capitalismo se reestructuró con un proyecto neoliberal que fortaleció el capital financiero, donde su hegemonía era total, y destruyó el espacio productivo donde los obreros habían construido un auténtico contrapoder: la fábrica. Apoyándose en la computerización y el uso productivo de la comunicación, el capital dejó de necesitar el espacio fabril para desarrollar ahora su proceso de acumulación en el ámbito social. Ahora, la apropiación de la plusvalía ya no se limita al trabajo asalariado, sino que impregna todas nuestras actividades cotidianas: desde nuestro trabajo gratuito cuando usamos los autoservicios de una gasolinera, un banco o un supermercado, hasta la lucrativa especulación con nuestros datos personales. De este modo, para Negri, la vieja fábrica se desmaterializa en la "fábrica social", mientras el antiguo obrero industrial se transforma en "obrero social" al que se le han arrebatado los lazos de solidaridad y las estructuras de resistencia, para alienarlo y reducirlo a mercancía en estado puro, de la que lucrarse hasta con el iris de sus ojos.

En este contexto, la memoria es un puente potencial entre el antiguo obrero industrial y el nuevo obrero social. Un puente incierto que debe evitar cualquier tentación nostálgica para desarrollar sus potencialidades. No se trata de recuperar pasados perdidos e idealizados, sino de construir nuevas cartografías colectivas que nos enlacen con nuestros orígenes y orienten nuestra ruta hacia los destinos aspirados. Apoyarnos en esa melancolía, que según Enzo Traverso, nos permite superar el duelo de las batallas perdidas para articular una identidad y un movimiento compartido en el presente. O en esos fantasmas del pasado, entes del presente, sobre los que Jacques Derrida construyó su idea de hauntología, cuyo rastro nos sigue interpelando, como destacaba Mark Fisher, sobre aquellos futuros que nunca fueron.

En este uso crítico de la memoria, la fotografía tiene un papel privilegiado, quizás debido a al carácter espectral que la caracterizó desde sus inicios por su capacidad de inmortalizar momentos muertos. Esta memoria se transforma en postmemoria al interpelar también a las nuevas generaciones de "obreros sociales" que no vivieron aquellos hechos y aquel pasado que, sin embargo, determinan su presente. Por eso, poco importa que las imágenes, como las reunidas en esta exposición, adopten la forma testimonial del fotoperiodismo y la fotografía documental o sean reflexiones postfotográficas como la obra del artista visual Vic Pereiró sobre el patrimonio industrial y la memoria obrera saguntina. Lo realmente determinante, como defiende con vehemencia Fontcuberta, es que la fotografía "sea más que una imagen. Que sea un acto de memoria. De memoria beligerante. De memoria dialéctica" (Fontcuberta, 2024: 69).

Identidad, testimonio y memoria son, pues, tres cuestiones que laten en las imágenes de esta exposición. Y que también podemos rastrear en los textos de este catálogo. Así, Manuel Muñoz nos aproxima a los hechos que marcaron el conflicto de AHM y que él vivió de primera mano como periodista. Por su parte, el sociólogo Miguel Ángel García Calavia analiza la quiebra identitaria, social y cultural que subyace en el cierre de la siderurgia y que explica la dura resistencia de los trabajadores. Una crisis colectiva presente también en el artículo de Carles Xavier López Benedí y Miguel Ángel Martín quienes rememoran sus vivencias del proceso y reflexionan sobre el papel de la memoria industrial y obrera en la construcción de nuevas subjetividades. Desde una perspectiva fotográfica, Ana Torralva reconstruye en su texto la historia de una de las imágenes icónicas de aquellos largos meses: el intento de agresión al entonces presidente de la Generalitat, Joan Lerma. En esta misma línea, José Aleixandre repasa el panorama del fotoperiodismo valenciano de aquellos años en que una nueva generación de profesionales, liberada de la censura franquista, cubrió con sus cámaras el mayor conflicto social en el País Valenciano tras la recuperación de la democracia. Desde una perspectiva más general, Pepe Baeza aborda la dificultades que hoy afrontan el fotoperiodismo y la fotografía documental para abordar de forma crítica los conflictos sociales en un contexto marcado por la perdida de independencia que imponen los grandes medios y un discurso posmoderno que cuestiona la propia imagen como testimonio. Por último, la fotógrafa Provi Morillas evoca y fusiona sus recuerdos de aquel conflicto que vivió siendo niña y las imágenes fotoperiodísticas que siguen manteniendo viva aquella memoria.

En cualquier caso, ni la exposición ni este catálogo aspiran a fijar conclusiones sobre estas tres cuestiones. Tan solo buscan reivindicar la necesidad de una reflexión en torno a ellas, un debate que nos interpela sobre la realidad social de nuestro presente y sus formas de representación críticas. El 40 aniversario de la batalla de Sagunt es, sin duda, una buena oportunidad para afrontarlo.

_Pág.6
Imagen 1. Primera fotografía en prensa de trabajadores vinculados al puerto de Sagunt. "La actualidad", 22 de marzo de 1907.

_Pág.8
Imagen 2. Reparación del horno alto nº 2.
Foto: Manuel Rodríguez Velo, 1949. Fundació de la Comunitat Valenciana de Patrimoni Industrial i Memòria Obrera de Port de Sagunt.

_Pág.9
Imagen 3. Juegos en las fiestas patronales (c. 1953).
Foto: Fundació de la Comunitat Valenciana de Patrimoni Industrial i Memòria Obrera de Port de Sagunt.

Imagen 4. Fotograma de "Micrópolis" (2024), del artista visual Vic Pereiró.

_Pág.10
Imagen 5. Montaje fotográfico sobre la insurrección anarquista en Port de Sagunt. "Ahora", 21 de enero de 1932.

Imagen 6. Reportaje sobre la crisis que amenazaba al Port de Sagunt. "Ahora", 10 de julio de 1932.

_Pág.12
Imagen 7. Protesta de los trabajadores del Port de Sagunt durante la crisis de los años 30.
Foto: León San Bernado Soler.

Imagen 8. Serie filatélica emitida por la República en 1938 en homenaje a la resistencia de los obreros saguntinos.

_Pág.16
Imagen 9. "El negro avanza" (1983). Fotomontaje de Tomás Bueno.

La larga lucha de todo un pueblo

__Manuel Muñoz
__Delegado de *El País* en València entre 1981 y 1988

Era la víspera de la Nochebuena de 1985. Una explosión controlada derribaba el horno alto número 3 de la factoría de Altos Hornos del Mediterráneo en Port de Sagunt. La voladura fue efectuada con siete kilos de goma-2 por la empresa Cercosa, encargada del desguace de la parte de hornos altos, estufas y máquinas de coladas de la factoría. El horno número 3 fue el último en dejar de funcionar. El número 1, construido en 1922 y reconstruido en 1962, había sido previamente demolido, y el número 2 fue posteriormente restaurado y hoy ha quedado como recuerdo de la acería y de la lucha de los trabajadores por impedir su cierre. Francisco Forés, director adjunto a la presidencia de AHM y durante 10 años director de operaciones, presenció la explosión controlada y confesó que ver caer el horno le había puesto "la carne de gallina". Estaba presente el entonces presidente de AHM, José Manuel Mateu de Ros, y la voladura fue registrada en imagen por las cámaras de TVE y del fotógrafo del diario *El País* Jesús Císcar. Una imagen histórica de un conflicto que generó muchas y variadas, de las que esta exposición recoge una amplia muestra.

Habían pasado dos años, diez meses y 19 días desde que la orden de apagar el horno alto número 2 de AHM inició un conflicto que cambió la vida de los habitantes del Port de Sagunt. Durante más de año y medio la lucha contra el cierre de la cabecera mantuvo en permanente rebeldía a toda una población, cuya existencia había estado vinculada a la factoría desde que a principios del siglo XX Ramón de la Sota y Eduardo Aznar crearon la Compañía Minera Sierra Menera para la exportación de mineral de hierro, con una línea de ferrocarril y un embarcadero.

Hubo órdenes y contraórdenes, manifestaciones en València y en Madrid, heridos, incluso uno de bala, y huelgas generales. También fue apedreada la comisaría e incendiados tres coches de policía. El presidente de la Generalitat de entonces, el socialista Joan Lerma, fue agredido cuando intentaba dar un mitin en el cine Oma, y el presidente de AHM, José María Lucía, llegó a estar retenido un día durante casi 10 horas en el edificio de la gerencia por una multitud que profería amenazas contra él. También dimitió la mayoría de la corporación municipal, presidida por el socialista José García Felipe, que fue sustituida por una comisión gestora. *Felipe, Guerra, Sagunto no se cierra* fue el grito más repetido en las manifestaciones contra la decisión del Gobierno socialista que había logrado mayoría absoluta en las elecciones de 1982.

Finalmente, y tras intensas negociaciones, muchas veces rotas y reanudadas, el 6 de octubre de 1984, los trabajadores acataron las órdenes de la dirección y el último horno alto que quedaba en funcionamiento, el número 3, fue apagado. Con ello concluía un conflicto que duró un año y ocho meses. José María Lucía, que también era presidente de la siderúrgica asturiana Ensidesa, había sido destituido el 28 de marzo de 1984 y sustituido por José Manuel Mateu de Ros, que condujo el tramo final de conflicto y su resolución. Desmantelada la cabecera, se modernizaron las instalaciones de laminación en frío y AHM pasó a ser Siderurgia del Mediterráneo, inicialmente dependiendo del Instituto Nacional de Industria y hoy propiedad de la multinacional francesa ArcelorMittal.

La lucha de los trabajadores y sus medidas de presión y protesta ocuparon las primeras páginas de los periódicos y abrieron con frecuencia los informativos de televisión. Como delegado de *El País* en València, seguí día a día los incidentes y las interminables asambleas de trabajadores, con el comité de empresa presidido por Miguel Campoy, de Comisiones Obreras, cuyo carácter impasible hizo que lo llamaran el Hombre de Hielo. En aquella época no existían los medios informáticos de que se dispone hoy. Yo pasé muchos días en el Port de Sagunt y acababa dictando de forma improvisada las crónicas por teléfono a última hora de la tarde, rozando la amenaza del cierre de la edición.

La "reconversión industrial"

El primer Gobierno socialista después de la dictadura, presidido por Felipe González, había emprendido lo que se dio en llamar "reconversión industrial". Recuerdo haber escuchado al entonces ministro de Sanidad, Ernest Lluch, explicar que esa denominación no es la más adecuada. Procede de lo que ocurrió en los países contendientes en la Segunda Guerra Mundial. La industria que se convirtió en bélica fue después reconvertida en industria de paz, por lo que sufrió una "reconversión", al ser convertida dos veces. La transformación de la industria siderúrgica por su escasa competitividad fue más bien solo una "conversión" o transformación, pero suele ser inútil intentar enmendar las inercias lingüísticas.

Los problemas de la siderurgia se habían iniciado en 1975, con la caída de la demanda generada por las crisis energéticas y AHM había sido nacionalizada en 1979. El Gobierno de Unión de Centro Democrático había logrado en 1981 un acuerdo con empresas y sindicatos para una reconversión del sector, que incluía la construcción de un nuevo tren de bandas en caliente, ya que los existentes en Ensidesa y Altos Hornos de Vizcaya estaban anticuados. Se pensó inicialmente en construirlo en AHM, pues era el paso intermedio que faltaba entre las instalaciones de cabecera y el moderno tren de laminación en frío que ya tenía. Se consideraba que la mejor ubicación era AHM también por su emplazamiento geográfico, en la costa, junto a un puerto y bien comunicada con las empresas automovilísticas de Almussafes, Barcelona y Zaragoza. En la misma dirección apuntaba un estudio externo, el *Informe Kawasaki*.

No obstante, el Gobierno socialista optó finalmente por reformar las instalaciones de Ensidesa y AHV. Las razones fueron no solo la fuerte resistencia de las factorías asturiana y vizcaína, sino también el recelo de la entonces denominada Comunidad Económica Europea ante la construcción de un moderno tren de bandas en caliente para Sagunt, pues habría supuesto una competencia con las fábricas europeas de bobinas en caliente, que vendían la mayor parte del producto comprado por España. El Gobierno pensaba también que la inminente entrada en la CEE, que se produjo en 1985, haría imposible la construcción del tren de bandas en caliente en Sagunt, prevista para 1989 según el *Informe Kawasaki*. Un estudio de la Universidad de Alicante, de Morlán, Escudero y Sáez García, asegura que "desde la perspectiva económica e industrial, la política de reestructuración siderúrgica de 1984-1990 constituyó un completo despropósito que solo sirvió para posponer el elevado coste social que Asturias y el País Vasco tuvieron que asumir finalmente en los años noventa".

La orden inicial de apagar el horno alto número 2, como inicio del cierre de las instalaciones de cabecera, fue revocada tras interceder el conseller de Industria y Comercio de la Generalitat Valenciana, Segundo Bru. Tras una huelga general y una manifestación en Madrid ante el Ministerio de Industria, el 18 de marzo José María Lucía acude a Sagunt para comunicar que si no se acata la orden de reducir en un 20% la producción de arrabio de los hornos altos habrá sanciones. Fue uno de los episodios más tensos del conflicto. El presidente de AHM llegó a las 11.45 al edificio de gerencia y no lo pudo abandonar hasta las 10.30 de la noche, acompañado por los miembros del comité de empresa, cuando se había disuelto una multitud que le impedía salir y que llegó a superar las 20.000 personas, entre las que había algunas con los trajes típicos de las fiestas falleras. Habían sido convocadas mediante coches con megafonía. La concentración se disolvió en su mayor parte una vez que dos miembros del comité de empresa comunicaron que la dirección había renunciado, por el momento, a reducir la producción. Un muñeco que representaba a Lucía fue colgado de un árbol y situado un ataúd debajo de él. Algunas de las consignas más coreadas eran: *Lucía, dimite, Sagunto no te admite; Lucía, asturiano, en el Puerto te matamos; Lucía, embustero, se te ha visto el plumero; Lucía, baja, te espera la caja, y Lucía, marrano, si bajas te capamos.*

Otro incidente de extrema tensión fue el que se desarrolló el 27 de abril del mismo año. Una multitud que la policía estimó entre 6.000 y 7.000 personas, concentradas en torno al cine Oma, impidió al presidente de la Generalitat Valenciana, Joan Lerma, pronunciar un mitin que estaba previsto a las ocho de la tarde. El edificio fue rodeado por la multitud, mientras en su interior se protegían Lerma y otros dirigentes socialistas, que consiguieron entrar con dificultad. Algunos de los concentrados les lanzaron manzanas, naranjas y piedras. A las diez de la noche, la policía, con una operación durante la que cargó contra los concentrados y en la que intervinieron 30 vehículos, logró sacar a Lerma del cine. Tanto el presidente como las personas que lo acompañaban llegaron a ser agredidos y uno de los escoltas del presidente hizo dos disparos al aire con su pistola.

La 'sovietización' del Port

Un año después de la incumplida orden de cierre del horno alto número 2, el Port de Sagunt había experimentado una peculiar revolución. En un cuarto de hora se convocaban asambleas multitudinarias, que constituían una rutina porque cada semana había al menos dos. Con tres horas se preparaban manifestaciones de miles de personas en València y con un día en Madrid. Hay que tener en cuenta que entonces casi toda la población dependía económicamente en forma directa o indirecta de la factoría de AHM, con más de 4.000 puestos de trabajo.

Ese estado de permanente movilización consolidó colectivos singularizados que celebraban sus propias asambleas para programar acciones diferenciadas de las del conjunto del pueblo, pero que apoyaban su lucha. Eran los grupos de mujeres, muy conocidas por las manifestaciones que realizaron vestidas con camisolas negras en diversos lugares de España, y la llamada Coordinadora de Jóvenes, integrada en su casi totalidad por los estudiantes de bachillerato. También surgieron medios informativos propios para informar del conflicto. Todas las noches, a partir de las diez, se podía sintonizar Radio Unidad, "la única emisora que dice la verdad sobre Sagunt", a decir de muchos habitantes. Se montó en junio de 1983 con 90.000 pesetas recogidas al final de una asamblea. En el campo de la prensa escrita, la revista *La Estaca*, confeccionada por los jóvenes, era el órgano oficioso de .a localidad.

La dinámica de continua celebración de asambleas se impuso en torno al comité de empresa de AHM, que se convirtió en una especie de consejo director del pueblo. Dirigido po⁻ su presidente, el sindicalista de CC OO Miguel Campoy, era el órgano coordinador de las movilizaciones y las acciones que emprendía la población. Y no solo eso. El comité, como receptor de la voluntad del conjunto de los trabajadores de la fábrica, desempeñaba en la práctica las tareas de dirección, pues durante muchos meses en AHM se hacía, en relación ccn la producción y el trabajo, lo que decía el comité de empresa y no lo que pedía la dirección, ccn sede en Madrid. Hubo, en el sentido clásico, una *sovietización* de la vida de la fábrica.

Campoy rechazaba el término. "No se ha intentado en absoluto montar un *soviet*, aunque pueda dar la impresión de que sea así", decía. Aceptaba, sin embargo, que el comité desempeñaba en la práctica el papel de coordinador del pueblo y recuerda que lo primero que hizo ese órgano cuando se dio la primera orden de parada del horno número 2 "fue trasladar al pueblo, como órgano unitario, la situación de la fábrica". A juicio de Campoy, "ése fue el germen que organizó todo este conglomerado: el que el pueblo fuese receptor del conflicto ce AHM. Se crearon las condiciones para que la lucha no fuese solo de los trabajadores".

El cierre definitivo

La dirección de Altos Hornos del Mediterráneo (AHM) ordenó a las 13.50 horas del 5 de octubre de 1984 el inicio de los trabajos para el cierre definitivo de las instalaciones de cabecera de la siderúrgica de Sagunt. La decisión de la empresa obedecía a la resolución de la Dirección General de Empleo favorable al expediente de regulación para los trabajadores de la factoría que resultan excedentes, aunque no hubo acuerdo con el comité La suspensión de contratos afectó a 1.794 operarios de los 3.613 de la plantilla, que pasaron al fondo de promoción de empleo. El cierre de las instalaciones de cabecera afectó al horno alto número 3, el único entonces en funcionamiento, la acería, la fábrica de oxígeno, las baterías de coque y las instalaciones de colada continua y sinterización. En consecuencia, los trabajadores que continuaron en activo en el tren de laminación en frío, única sección de la siderúrgica que siguió en funcionamiento, fueron 1.819, número superior en 64 a los 1.755 que solicitaba la empresa. El horno alto número 3 realizó su última colada a las 11. 30 de la noche del 5 de octubre. A partir de ese momento se le fueron introduciendo cargas blancas (coque y calizas) hasta que el día 6 se hizo entrar agua en el interior para enfriarlo y paralizar su actividad.

_**Pág.18**

El 16 de febrero de 1983 se convocó
la primera huelga general y más de
30.000 personas marcharon del Port a
Sagunt en manifestación.
Foto: Ana Torralva.

_**Pág.20**

"No a la muerte de un pueblo" fue el
lema de la resistencia al cierre
de AHM.
Foto: Antonio Tiedra.

Las asambleas populares reunían a
todas las generaciones en el campo
de fútbol .
Foto: Jesús Císcar.

_**Pág.22**

El gobierno autonómico centró buena
parte de las críticas durante las
protestas.
Foto: Manuel Molines.

Altos Hornos del Mediterráneo: un mundo perdido

__Miguel Ángel García Calavia
__Universitat de València

El 5 de octubre de 1984, salió el último lingote de hierro de la cabecera de Altos Hornos del Mediterráneo (AHM) marcando así la culminación del Real Decreto Ley 8-1983 de Reconversión y Reindustrialización, promulgado el 30 de noviembre de 1983. La decisión de desmantelar los altos hornos ya había sido aprobada por el Consejo de Ministros el 4 de febrero de 1983, aunque se optó por mantener la planta de laminación.

Durante los veintiún meses que transcurrieron entre el decreto de desmantelamiento de los altos hornos por parte del gobierno y su ejecución, se llevaron a cabo numerosas acciones de rechazo y protesta con el fin de evitarlo. Sobre todo hasta que la falta de aprovisionamiento de mineral y los cientos de despidos disciplinarios contribuyeron al debilitamiento de la protesta colectiva, al mismo tiempo que se abrió paso la búsqueda de una solución negociada para los afectados por el desmantelamiento. Hasta entonces, se registraron huelgas generales, manifestaciones y concentraciones masivas en Sagunt, València o Madrid, así como cortes en la N-340 y la A-7 que resultaron en heridos e incidentes violentos, incluyendo el incendio de tres vehículos policiales. También se llevaron a cabo retenciones del presidente de la empresa y de las autoridades autonómicas, así como actos de desobediencia en relación con la paralización de la producción del horno alto o del tren de laminación estructural.

Unas acciones que no impidieron finalmente el desmantelamiento de AHM si bien pusieron de manifiesto una extraordinaria capacidad de movilización por parte de los más de tres mil setecientos trabajadores y sus familias, así como de la población de Sagunt y los pueblos cercanos. Además, contaron con un amplio apoyo social, que trascendió sus límites geográficos, en oposición a las decisiones tanto de los sucesivos presidentes de la empresa como de los políticos involucrados en el desmantelamiento, a nivel autonómico y nacional. Estas acciones reflejaban con frecuencia un profundo resentimiento no solo hacia los líderes políticos de ese momento, sino también hacia el orden social, apenas unos años después de recuperar la democracia.

Altos Hornos del Mediterráneo. La industria del acero

AHM se puede considerar representativa de una serie de grandes empresas que han cerrado desde la restauración de la democracia, y cuyos trabajadores han resistido firmemente su cierre. La actividad principal de la empresa consistía en la transformación del hierro en acero, seguida de su laminación, utilizando maquinaria pesada que incluía altos hornos. El trabajo exigido y ejercido consistía en cargar los materiales, supervisar el proceso de transformación y laminación, y realizar labores de mantenimiento en la maquinaria. Aunque el trabajo no era altamente cualificado, requería responsabilidad. Se desarrollaba en ambientes extremadamente calurosos, con ruidos constantes de metales y vagones, y con un olor persistente a dióxido de azufre. Además, los entornos de trabajo eran sucios y potencialmente peligrosos. Más aún, tenían un horizonte estrecho de rutinas y las oportunidades de ascenso eran casi inexistentes, si bien los salarios estaban por encima de la media nacional.

Los trabajadores "siderúrgicos" eran personas, básicamente hombres, capacitadas específicamente y provenientes de generaciones de familias que vivían cerca de la planta siderúrgica, aunque originariamente procedían del País Vasco y de Aragón. La mayoría comenzó a trabajar muy joven, recién salidos de la escuela primaria. Recibieron cierta formación, si bien no era transferible en muchos casos a otras actividades, y estaban capacitados básicamente por la experiencia.

En este entorno, cuesta entender la fuerte resistencia que opusieron los trabajadores al desmantelamiento de una empresa que ofrecía condiciones laborales penosas y poco envidiables. Además, sorprende la nostalgia expresada por muchos después del cierre. El descontento no solo se debía a motivos materiales, como la pérdida del salario que proporcionaba un empleo estable, sino también a otros aspectos relacionados con la ruptura de una vida laboral, social y personal establecida. A pesar de ser modesta, esta vida era considerada digna y ofrecía perspectivas y garantías de futuro.

Los trabajadores de AHM contaban con la seguridad de un empleo que les permitía organizar su vida materialmente y también servía como una garantía de reserva de empleo para sus hijos en caso de que no encontraran oportunidades laborales mejores. Desde el momento en que ingresaban en la empresa, sabían que enfrentarían la dureza del trabajo, incluyendo fatiga, calor, ruido y la jerarquía de mando. Pero, al mismo tiempo, tenían la certeza de contar con un empleo estable, lo que les proporcionaba seguridad contra la precariedad, la incertidumbre y el miedo al futuro. Además, este empleo representaba una protección para sus familias ante las vicisitudes del mercado laboral. De ahí que asociaran su destino con la empresa a la que pertenecían. Por otro lado, aunque sus jornadas laborales eran extenuantes, tenían la suficiente estabilidad como para programar su vida más allá del trabajo. Pese a que tenían que adaptarse a las limitaciones impuestas por los horarios diarios o semanales, aún tenían cierto control sobre su vida privada y podían planificarla.

El trabajo en la industria del acero, y por tanto en AHM, poseía y aún posee una marcada dimensión colectiva derivada de la organización y división del trabajo en grupos supervisados por una jerarquía de mandos. Esto favorecía la formación de colectivos que compartían un destino profesional común, tanto en su actividad laboral como en las oportunidades de promoción. Estos colectivos constituían la base de experiencias compartidas a lo largo de las cuales se desarrollaban valores, normas y una cultura propia, que influían en la forma en que realizaban su trabajo y utilizaban la maquinaria, de acuerdo con una racionalidad propia y en su valoración, justicia en la distribución de tareas, ayuda mutua, solidaridad frente a la jerarquía. Además, estas experiencias colectivas se veían enriquecidas por las tradiciones de la vida comunitaria en barrios como Churruca o Wichita, construidos a partir de bloques de viviendas proporcionados por la empresa, e incluso dotados de escuela. En estos barrios, la mayoría de los trabajadores siderúrgicos crecían y trabajaban juntos durante la mayor parte de sus vidas laborales.

Se trataba de un proceso de socialización en el que se forjaban valores y planteamientos propios que singularizaban las relaciones laborales y subyacían a una identidad colectiva singular. La cultura obrera generada difería de la cultura de la empresa y de la racionalidad organizativa que la inspiraba. Además, este proceso de socialización de los trabajadores también llevaba a la formación de un contrapoder, ya que estaba moldeado en la cultura sindical que facilitaba. En este sentido, los grupos establecidos, firmemente arraigados en sus planteamientos y valores que fomentaban la formación de identidades colectivas, se confundían con el mismo movimiento sindical en la empresa.

En AHM, el movimiento sindical era muy amplio y activo. Casi todos los trabajadores estaban afiliados, mayoritariamente a CCOO, aunque también a UGT y a otros sindicatos, y participaban en las elecciones de sus representantes en el Comité de Empresa. Aunque los sindicatos tenían programas distintos, su presencia reforzaba el sentimiento de dignidad y de poder del trabajador, lo que le daba un sentido a la jornada de trabajo muy diferente del de simple dependencia y subordinación a la empresa. Además, la vida sindical, fuente a su vez de sociabilidad, representaba un medio para afirmar la perspectiva de los trabajadores, contrarrestar el poder empresarial e inscribir la especificidad de sus valores en la vida de la empresa.

A la construcción de esta cultura obrera y al desarrollo de esta forma de sociabilidad contribuían los líderes sindicales, carismáticos y eficientes. Estaban cerca de la plantilla y formaban parte de la comunidad extensa existente más allá de AHM. A este respecto, eran sensibles a los problemas que afectaban cotidianamente a los trabajadores, así como a la defensa y mejora de derechos relacionados con la ciudadanía social y política recientemente adquiridos y eran capaces de movilizarlos promoviendo acciones de distinto tipo. Constituían uno de los elementos básicos del sindicalismo cotidiano existente en la empresa, pero también fogueado durante la dictadura y la transición a la democracia, del denominado "sindicalismo de clase".

La batalla de AHM

El anuncio del cierre de AHM el 4 de febrero de 1983 asomó a los trabajadores al vacío, no solo económico sino vital. No solo los salarios regulares y las garantías asociadas a un empleo permanente y de por vida corrían riesgo sino también una forma de socialización, tejida a partir de la proximidad, la complicidad, la ayuda mutua, la producción de creencias y valores propios. En suma, una forma de vida que les ofrecía vías para una cierta independencia, así como una determinada identidad obrera y una forma de sociabilidad reforzada e instrumentalizada por un sindicalismo singular.

La industria siderúrgica española estaba iniciando por aquellos años una profunda reestructuración empresarial que ya se había iniciado en otras partes del planeta, como Estados Unidos o Europa. Este proceso no era nuevo en la historia de Sagunt ya que durante la crisis de 1929 algunos altos hornos de la Siderúrgica del Mediterráneo, precedente de AHM, dejaron de funcionar y tuvieron lugar despidos y amenazas de despidos. Esta nueva reorganización presagiaba miles de despidos en un tiempo en el que todavía no se había superado los efectos de las sucesivas crisis de los años 70, entre otros en forma de paro. Los sindicatos intentaban paralizarlos o al menos mitigarlos; también en la industria siderúrgica. A este respecto, existía un acuerdo, de mayo de 1981, que buscaba aumentar la productividad reduciendo costes financieros y laborales, mejorando la calidad de los productos y diversificándolos. Esto requería, por un lado, inversiones para renovar y mejorar la tecnología y, por otro, ajustes de plantilla y moderación salarial. Esto último se llevó a cabo, pero no sucedió lo mismo con las inversiones. De este modo, el acuerdo para la reconversión industrial entró en vía muerta.

La extraordinaria oposición al desmantelamiento de AHM fue articulada por los sindicatos en torno al comité de empresa, institución de representación colectiva compuesto por trabajadores afiliados a CCOO y UGT, aunque con mayoría del primero, y de la Coordinadora Sindical del Camp de Morvedre, una entidad creada por CCOO, UGT y CNT-AIT con el fin de promover la participación de numerosos sectores de las poblaciones de la comarca. Por lo que se refiere al comité de empresa, sus integrantes persiguieron la cohesión interna con el fin de dar una respuesta unánime de rechazo al desmantelamiento en torno a unos planteamientos de carácter social, pero también económico, a cuya redacción contribuyeron dirigentes de las respectivas federaciones estatales del metal; además, pusieron de manifiesto una voluntad de actuar coordinadamente en todos los ámbitos implicados en la reestructuración.

En cuanto a la Coordinadora Sindical, sus miembros buscaron la solidaridad externa. Así, no solo se movilizarán masivamente los trabajadores afectados, sino también las mujeres, los jóvenes, estudiantes o no, así como trabajadores de otras industrias locales, comerciantes, trabajadores de servicios. De este modo, los sindicatos locales evidenciaron perspectiva y capacidad organizativa para impulsar una respuesta colectiva, capitalizando un sentimiento de injusticia y perdida social, así como una preocupación por los empleos de ese momento y del futuro. Se correspondía con las visiones y perspectivas de sus líderes que apostaban por la movilización masiva y contaban con el asesoramiento y apoyo de dirigentes estales.

Las sucesivas negativas de los trabajadores a cumplir las órdenes de la gerencia, junto con sus multitudinarias movilizaciones y el apoyo de otros sectores, impidieron el cierre de la cabecera de la siderurgia durante el primer año. También se evitó que ciertas instalaciones o trenes dejaran de funcionar. Pero a medida que la empresa promovía expedientes de despido por desobediencia, primero de forma reducida y luego de manera masiva, los trabajadores comenzaron a acatar las medidas a cambio de la suspensión de los despidos. El temor y la impotencia dieron paso al reconocimiento de que había que aceptar el cierre de la cabecera en las mejores condiciones posibles. Así, el 14 de abril de 1984 se firmó un preacuerdo entre el Instituto Nacional de Industria (INI), la dirección, el comité de empresa y las direcciones de las federaciones del metal de CCOO y UGT. Este preacuerdo preveía que el cierre se llevara a cabo a principios de octubre de ese mismo año, al mismo tiempo que se acordaba un plan de ajuste definitivo de la plantilla, con la voluntad de ofrecer salidas no traumáticas de la empresa y la recolocación de los trabajadores excedentes.

A partir de entonces, los trabajadores tuvieron que tomar decisiones sobre su futuro: aquellos mayores de 55 años podrían acogerse a las jubilaciones anticipadas, mientras que los demás tendrían la opción de integrarse en los Fondos de Promoción de Empleo, con garantías de recibir el 80% de los salarios medios que tenían anteriormente durante tres años. También se ofrecía recualificación para acceder a los nuevos empleos que pudieran surgir como resultado de las políticas industriales promovidas por el INI en colaboración con instancias comarcales o autonómicas. Sin embargo, el mundo que se abría en el horizonte sería muy diferente al que habían experimentado, excepto para aquellos que se recolocaron en la Siderúrgica del Mediterráneo, la nueva sociedad heredera de AHM cuya base era la antigua planta de laminado.

Un mundo laboral distinto

Los trabajadores de AHM, que estaban a punto de ser desmantelados, se enfrentarían a un mundo laboral diferente al suyo, caracterizado por una fuerte individualización en las relaciones entre empresarios y empleados. Este nuevo entorno laboral a menudo implicaba competencia entre los propios empleados, horarios flexibles y una mayor movilidad en todos los aspectos. Además, se observaba un menor interés por parte de las empresas en mantener a los trabajadores a largo plazo o en ofrecer una remuneración uniforme para todos. Este nuevo mundo laboral, que tiende a difuminar la separación entre la vida laboral y la vida privada, precarizando la primera y condicionando la segunda a las exigencias de la empresa, es el modelo que se ha impuesto y prevalece en la sociedad actual.

Además, desde entonces se han impuesto nuevos enfoques y habilidades en la gestión de recursos humanos, promoviendo una ideología centrada en la ausencia de conflictos de valores en la empresa, el consenso y la necesidad de que los trabajadores se esfuercen por maximizar su dedicación laboral. Esto ha limitado considerablemente el espacio para la existencia de colectivos con valores alternativos a los de la empresa, que anteriormente se habían desarrollado en un proceso de socialización singular. Estos colectivos solían ser solidarios entre sí y tenían una identidad propia en relación con el orden establecido dentro de la empresa.

En este nuevo orden empresarial, donde la productividad es prioritaria, hay menos espacio para la negociación colectiva, y su contenido y ambición se ven reducidos. Tampoco hay espacio para un sindicalismo próximo y alternativo, que ha perdido afiliación a pesar de mantener y utilizar los recursos institucionales, como la representación y la negociación colectiva. Las nuevas circunstancias empresariales debilitan aún más al sindicalismo. Sus líderes y activistas son menos numerosos y tienen que atender una gama más amplia de tareas, lo que da lugar a unas relaciones más distantes y menos cálidas con sus compañeros, en las que pierde fuerza la dimensión colectiva. Todo esto afecta la forma y los resultados de su acción, y en ciertas circunstancias, reduce su eficacia.

Ahora bien, al igual que sucedió en el pasado, y basándose en recursos de aquel pasado, hay que confiar en que las trabajadoras y los trabajadores encontrarán las vías para recuperar esa sociabilidad y mejorar las condiciones de trabajo y vida. Y esto es al algo a lo que no son indiferentes los sindicatos.

_Pág.24
Asamblea de trabajadores dentro de la
factoría el 10 de marzo de 1984.
Foto: Manuel Molines.

_Pág.26
La fábrica vertebraba toda la vida
laboral, social y personal de los
trabajadores siderúrgicos.
Foto: Jesús Císcar.

_Pág.28
La mayoría de los trabajadores
estaban afiliados a sindicatos de
clase. **Foto:** Jesús Císcar.

Los siderúrgicos construyeron una
cultura del trabajo propia.
Foto: Antonio Tiedra.

Crónica sentimental de la reconversión industrial con apuntes cartográficos hacia el infinito y más allá

__Carles Xavier López Benedí
__Miguel Angel Martín
__Universitat de València

"Todo lo sólido se disuelve en el aire, todo lo sagrado es profanado"
Karl Marx y Friedrich Engels. *Manifiesto Comunista* (1848)

El 26 de septiembre de 1983, Stanislov Petrov estaba de guardia en el búnker Serpukhov-15, ubicado a unos 100 kilómetros de Moscú. Este teniente coronel del Ejército Rojo era el responsable de aplicar el protocolo de respuesta en caso de un ataque nuclear de Estados Unidos. Aquella jornada, pasada la medianoche, sonaron todas las alarmas. Y él tenía que tomar una decisión. A pesar de que los satélites soviéticos informaban de un ataque inminente, Petrov no activó el protocolo que hubiese supuesto la destrucción nuclear del mundo tal y como lo conocemos. Su decisión fue correcta, pues los satélites habían confundido un destello solar con unos misiles que se dirigían hacia la Unión Soviética. Sin embargo, esto no evitó que nuestro héroe fuera arrestado y degradado.

En los años ochenta, ese era el escenario preapocalíptico en el que crecíamos los adolescentes del mundo "libre". Una terrible sensación de depender de un botón que se entrelazaba con nuestras inquietas hormonas. Aquella doctrina de la Destrucción Mutua Asegurada nos caló hondo. La Guerra Fría podía calentarse en cualquier momento. Y no ayudaba a tranquilizar los ánimos la lectura de magníficos cómics como *Cuándo el viento sopla*, de Raymond Briggs (aquellas trescientas pesetas valían mucho la pena), o de libros como *1984* de George Orwell. O películas "made in USA" como *Juegos de Guerra*, protagonizada por un adolescente Matthew Broderick.

Los centros educativos, en especial los institutos de bachillerato, seguían estando en aquellos años, como diríamos ahora, "polarizados políticamente". Más si cabe en una ciudad eminentemente obrera. La juventud que militaba en partidos o colectivos de izquierda se cruzaba por los pasillos con el pequeño grupúsculo de engominados con zapatos castellano, con o sin borlas, *Levi´s* etiqueta roja y bandera con aguilucho en el reloj de pulsera. Canciones de Golpes Bajos como *Cena recalentada* (1984), ilustran perfectamente aquella adolescencia. Hasta las drogas estaban cambiando por aquellos años: la heroína iba pasando el testigo con paso firme a la droga de los nuevos tiempos, la que te enchufaba a los negocios y a la fiesta, la *farlopa*.

En las elecciones generales de octubre de 1982, uno de cada dos votantes apoyó a Felipe González. En total 10 millones de votos. "Por el cambio", ese era el lema de campaña del PSOE. En ese momento ignorábamos que la frasecita nos fuese a afectar tan pronto y con tanta intensidad. En cualquier caso, salvo por la amenaza nuclear, 1983 comenzaba bien.

El PSOE estaba en el poder y la izquierda gobernaba. Se respiraba una gran ilusión colectiva, daba igual que tu familia estuvieran más a la izquierda.

Pero el 4 de febrero de 1983, José María de Lucia, presidente de AHM, ordenaba el cierre del Horno Alto nº 2. Y, de repente, todo saltó por los aires. En ese momento, hubiéramos confundido a Bauman con un delantero centro del Bayern de Múnich, pero lo cierto es que la vida se nos estaba licuando en un tiempo récord. Estábamos acostumbrados a las huelgas de más de un mes sin colegio (en el colegio de la empresa), pero lo que se iniciaba parecía otra cosa. Era serio, se palpaba en casa; muchos nervios, pocas alegrías. Pronto comenzaron las movilizaciones y las asambleas de ciudad en el Campo de Fútbol del Fornás (propiedad de la empresa). Casi de inmediato, parte de esta movilización se trasladó también a los centros educativos de formación profesional y de bachillerato. Especialmente a este último. Allí nos hacíamos las mismas preguntas en pasillos y recreos: ¿Qué pasará? ¿Dónde iremos si cierra? Dábamos por sentado que sin la fábrica el pueblo desaparecería. La gran mayoría de personas que te rodeaban trabajaban para Altos Hornos del Mediterráneo (AHM) de manera directa o indirecta. Decía la filósofa Simone Weill que el arraigo es tal vez la necesidad más importante y menos reconocida del alma humana. Eso era lo que nuestras abuelas y abuelos habían conseguido al llegar al Port de Sagunt: el arraigo. Y ahora íbamos a perderlo. Comenzamos a notar que, entre las malas noticias del telediario de la única televisión, presentado por un joven Manuel Campo Vidal, también había un espacio para nuestra ciudad. Nuestras huelgas generales, recogidas de firmas, desobediencia a las instrucciones de la empresa, cargas policiales o cortes de carreteras, compartían titulares con Margaret Thatcher doblegando a los duros mineros del NUM, con los últimos coletazos de la dictadura argentina, con la sangrienta represión en Chile de Pinochet y con un actor metido a presidente jugando a la Guerra de las Galaxias con las botas de *cowboy* bien calzadas. También con las noticias que llegaban de una joven revolución acosada en Nicaragua.

De repente, Port de Sagunt era un territorio vulnerable, podíamos sufrir alteraciones en nuestro modo de vida de un momento a otro. Éramos frágiles. O en todo caso, éramos una coalición de frágiles, pero capaces de resistir aparentemente todo lo que se nos venía encima. La ciudad fue consciente de su soledad desde el primer momento, sabiendo que la decisión de nuestro futuro no estaba basada en argumentos técnicos o económicos. Se trataba de una decisión política al servicio de la nueva economía globalizada. No éramos conscientes de que la reconversión industrial –y la siderúrgica en particular– formaba parte de una gran transformación política, económica y social inspirada por esa nueva utopía neoliberal. Un mundo estaba desapareciendo bajo nuestros pies. Y ni lo veíamos venir, ni éramos capaces de vislumbrar lo qué vendría después.

La ciudad se enfrentó unida al todo poderoso Felipe González, al compañero "Isidoro", que tan solo unos meses antes, en un mitin realizado en uno de nuestros ya inexistentes cines, comprometió su palabra en defensa de los Altos Hornos del Mediterráneo. Al poder político, Felipe González añadía un apoyo incondicional de un *establishment* mediático y una intelectualidad divina de izquierdas que no discutía decisión alguna de ese primer gobierno del PSOE. El 14 junio de 1983, dos titulares compartían la portada del diario *El País* apuntando una inquietante conexión: "Bonn propone que las negociaciones España-CEE terminen antes de 1984" y justo al lado "La reconversión industrial eliminará 200.000 puestos de trabajo antes de 1986", tal y como destaca Arturo Lezcano en su libro *Madrid 1983*. Hasta principios de 1984, muchos trabajadores albergaban la esperanza de que Felipe González daría un golpe en la mesa en el último momento para poner orden en ese ala económica tan poco socialdemócrata de su gobierno. Nada más lejos de la realidad. El 11 de marzo de 1984, la primera comparecencia del nuevo presidente del gobierno en TVE tuvo como protagonista su defensa, sin titubeos ni dudas, de la reconversión industrial siderúrgica y naval impulsada por los ministerios de Industria y Economía. A partir de ahí se desencadenaría una fuerte negociación entre gobierno, empresa y sindicatos que se concretaría en julio de 1984. Aquel mes Miguel Boyer y Carlos Solchaga culminaron la obra de sus vidas: la Ley 27/84 de 26 de julio, conocida como la *Ley de la reconversión industrial*. Curiosamente, aquella ley que iniciaba el camino para convertir a España en un país de servicios, especialmente turísticos, sería sancionada por el Jefe del Estado en el Palacio de Marivent, residencia estival de los reyes en Mallorca. El viernes 5 de octubre de 1984 la dirección de AHM ordenó el inicio de los trabajos para el cierre definitivo de las instalaciones de la cabecera siderúrgica poniendo punto y final a casi veinte meses de resistencia. Al día siguiente se emitiría en TVE el primer programa de *La Bola de Cristal*. Y justo once días después, el 17 de octubre, impulsado por el Ministro de Trabajo, Joaquín Almunia, se publicaba en el BOE el Real Decreto 1989/1984, de 17 de octubre, por el que se regulaba la contratación temporal como medida de fomento del empleo: más de 14 tipos de contratos temporales que fomentarían una dualidad y temporalidad extrema del mercado laboral español que se alargaría hasta la reforma de 2022.

Quizás hoy más que nunca es importante que aprovechemos estos aniversarios para recordar lo que fuimos. Pero sobre todo para poner en valor que aquella batalla, por la envergadura del enemigo, era imposible de ganar. Fue la digna derrota de un pueblo que luchó valientemente unido en pro de un bien común. Aquella resistencia debería ser un símbolo para una ciudad que quiere seguir siendo un polo industrial de primer orden, y sobre todo para la juventud trabajadora. En aquellos días, tras el evidente protagonismo de los trabajadores, es crucial destacar el papel de las mujeres, hasta ese momento relegadas al hogar en un entorno laboral eminentemente masculino. Para ellas, aquellos cuatrocientos treinta días de resistencia supusieron una experiencia emancipatoria de primer orden. También para cientos de jóvenes que tuvieron la oportunidad de librar su primera batalla social, codo a codo con sus padres y madres, haciendo las mejores prácticas de lucha, solidaridad y dignidad que podría hacer un estudiante.

Los referentes son importantes pues si no sabemos de dónde venimos es imposible saber a dónde vamos. Este año nos toca con orgullo reivindicar que aquella lucha valió la pena, que gracias a ella se consiguieron no solo buenas condiciones laborales para quienes tuvieron que abandonar sus puestos de trabajo, sino que se sentaron las bases de un proceso de reindustrialización que ha llegado hasta hoy. Quizás la realidad económica actual de la ciudad sea la más dulce venganza de quienes lucharon hace cuarenta años contra aquella frase del ministro de Industria, Carlos Solchaga: "La mejor política industrial es la que no existe".

Pero la "rendición de Sagunt" también tuvo otras consecuencias no tan positivas. A nivel laboral, todo lo que vendría después en España. Lo contó perfectamente James Petras en su informe publicado por la revista *Ajoblanco* tras ser censurado por el gobierno de Felipe González en los primeros noventa: cómo el proceso de modernización de la economía del primer ejecutivo socialista impactó de manera negativa en la calidad de la vida y en la organización social de dos generaciones de trabajadores y trabajadoras, quebrando la solidaridad y la conciencia de clase. De aquellos barros estos lodos del presente. Los años desatados de neoliberalismo salvaje, donde el capitalismo financiero ha fagocitado al tradicional capitalismo industrial, han producido los niveles más altos de desigualdad, el empobrecimiento de la clase obrera, e incluso de la denominada clase media cada vez menos útil al sistema.

Esta ruptura del contrato social deriva en la desafección a los sistemas democráticos y en la aparición, de nuevo, de esos autoritarismos populistas que creíamos que jamás volverían. Visto lo visto con perspectiva, es una pena que, desde la reconversión industrial de los ochenta, Port de Sagunt no hubiese sido observado más detenidamente como laboratorio sociopolítico y económico que hubiese permitido ver con alguna antelación tendencias en los diferentes niveles de análisis social, económico e incluso político, que se adelantaron al contexto global. Los últimos cuarenta años de la ciudad de Sagunt han sido como un manual de implantación del credo neoliberal: la propia reconversión industrial, producto de una reorganización del trabajo a escala global (globalización); el culto al individualismo frente a lo colectivo; la renuncia a la utopía social por el sueño del individuo; la profundización de las desigualdades; el deterioro del sentimiento de comunidad, e incluso la aparición del populismo político en el ámbito político local.

Comprender el mundo en que vivimos es una necesidad a la que nos enfrentamos en todo momento como sociedad. Esa tradición es la que nos ha hecho mejorar. Por ello, parafraseando a G.K Chesterton, la tradición es la transmisión del fuego, no la adoración de las cenizas. En este sentido, quizás nuestra mejor contribución sea transmitir nuestra modesta llama, describir cuáles fueron los retos de aquel pasado solidario que comenzaron a reconstruirse y las claves que lo hicieron posible. Los estudios sobre el vínculo social –como el clásico de Robert Putnam, *Solo en la Bolera* (2002)– destacan que durante los años del *New Deal* estadounidense y hasta la llegada del movimiento neoliberal en los primeros años setenta, la participación en colectivos y asociaciones, así como el vínculo social, se habían fortalecido. Curiosamente su declive coincide con la contrarrevolución neoliberal inspirada por el economista Milton Friedman y liderada en lo político por Ronald Reagan.

En nuestra ciudad, la bandera de lucha ante ese individualismo competitivo de los noventa, la mantuvo fundamentalmente el movimiento ecologista. A él se le irían sumando colectivos feministas, de defensa del patrimonio, así como las veteranas asociaciones vecinales y los sindicatos. De manera espontánea fue surgiendo la necesidad de reconstruir aquel *nosotros* de los años de la lucha obrera. Lo misterioso de las soluciones es que se las encuentra siempre que se quiere, que diría el gran Rafael Sánchez Ferlosio. Para ello era necesario retomar la senda de la cohesión social que, como señaló Émile Durkheim, surge a través de la participación en proyectos compartidos más que en la transmisión de valores abstractos. En Port de Sagunt, ese proyecto compartido tuvo una relación directa con los Altos Hornos y con la cultura.

Tras una década en blanco después del cierre de la fábrica, la ciudad volvió la mirada sobre los antiguos edificios y espacios industriales que se encontraban desde mediados de los ochenta inutilizados. En concreto, sobre la Gerencia, la ciudad jardín de los antiguos directivos de la *Fábrica*. En total, más de cuarenta mil metros cuadrados de jardines, chalés, oficinas y el antiguo economato, que en ese momento pertenecían a una empresa heredera de AHM. Corría el año 1995 cuando, frente a los planes de especulación inmobiliaria que amenazaban aquel conjunto, una Comisión Ciudadana por la Defensa de la Gerencia –formada por una veintena de entidades sociales, deportivas y culturales– lanzó la reivindicación de que aquellos espacios pasasen a manos públicas para uso sociocultural. Tras más de veinte años de lucha se consiguió que fuesen públicos. Fue la primera victoria desde la reconversión; nada más y nada menos que ante el poderoso ladrillo. Para los hijos e hijas de los prejubilados fue un orgullo participar en aquella lucha y saldar una deuda que contribuía a devolver la dignidad a un pueblo muy tocado desde 1984. Durante esos años, aquella plataforma fue un despertar de un sentir comunitario que gracias a la reactivación de la confianza social, consiguió iniciar un proceso de patrimonialización respecto al rico e invisible patrimonio industrial de la ciudad. Y también logró impulsar una aproximación colectiva a la memoria obrera que estaba desapareciendo al mismo ritmo que los veteranos sindicalistas y activistas.

En esa necesidad de volver a recrear ese *nosotros* fueron determinantes muchos activos locales. Pero es imprescindible que reconozcamos la labor de esa generación de *boomers* que abrió la primera ventana. Eran aquellos hijos e hijas de trabajadores siderúrgicos que, gracias a ese afán de futuro de sus padres y madres, iniciaron una carrera universitaria sin olvidar sus orígenes. Muchos de ellos iniciaron ese viaje hacia los cuidados y la memoria, tan importante en estos tiempos, para que antiguos territorios proletarizados volvieran a sentir ese orgullo de clase y no terminaran siendo pasto de ese viejo fascismo. Desde aquí nuestro reconocimiento y agradecimiento a personas tan determinantes como Evangelina Rodríguez, José Martí, Ximo Revert, Antonio Ortiz, Julio Bodí o nuestro querido y desaparecido compañero, Gonzalo Montiel. Pero esta es una historia inacabada. Y es, como diría Luis Garcia Montero, una historia de amor y amistad, nombres cargados de futuro.

Llegados a este punto solo nos resta agradecer a Stanislav Petrov que tuviese criterio propio y no activase aquel 26 de julio de 1983 el protocolo de respuesta que hubiese desencadenado la III Guerra Mundial. Quizás sea un dato irrelevante y no tenga nada que ver, pero no deja de ser curioso que, como él mismo recordaría después, de todas las personas que formaban aquel día el equipo responsable del búnker, el único que había tenido una educación civil era él.

_Pág.32

Los lazos personales reforzaban los vínculos de solidaridad dentro y fuera de la fábrica.
Foto: Jesús Císcar.

_Pág.34

Stanislav Petrov en una fotografía de principios de la década de 1980.

El cómic de Raymond Briggs se enmarca en el contexto de la Guerra Fría y la carrera de armamentos de los 80.

Las elecciones de 1982 propiciaron el primer gobierno de Felipe González con mayoría absoluta.

_Pág.36

La reconversión industrial y la integración en la CEE fueron procesos paralelos en la primera mitad de los años 80.

"¡Viva el Mal! ¡Viva el Capital!" sería el lema de la bruja Avería, personaje estrella de *La Bola de Cristal*.

_Pág.38

Jóvenes saguntinos protestan a las puertas del Ayuntamiento de València.
Foto: José Aleixandre.

La realidad manda

__Ana Torralva
__Fotógrafa, Universidad de Salamanca

Aquella tarde de primavera, miércoles 27 de abril de 1983, me dirigí con un colega fotógrafo en coche desde la ciudad de València al municipio de Sagunt a cubrir el mitin electoral que iba a dar el presidente de la Generalitat valenciana Joan Lerma. Como profesionales del periodismo sabíamos que el ambiente podría estar algo caldeado, pero lo no que imaginábamos era hasta qué punto iba a llegar la historia. El proceso del cierre de Altos Hornos ya estaba en marcha. Y Lerma, al fin y al cabo, era el político al que le había tocado torear esa situación por mandato de sus superiores del gobierno socialista estatal.

Cuando nos acercamos a varias calles del punto de encuentro, el cine Oma donde se celebraba el mitin, ya era dificultoso aparcar. La gente se amontonaba por las esquinas. En un momento dado me puse nerviosa y decidí saltar del coche con mi cámara para hacer fotos mientras mi colega, estoicamente, intentaba dejar el coche en algún lugar. Para atajar y evitar entrar por la puerta principal, cogí la calle lateral del cine. Y cuál fue mi sorpresa cuando, de repente, me vi venir de frente a Lerma con otros señores enchaquetados, andando muy rápido, casi corriendo, despavoridos y con las caras desencajadas. Poco después supe que los guardaespaldas tuvieron que disparar dos tiros al aire para poder salir del cine.

En la sorpresa, sin saber qué pasaba y con rapidez, atiné a *disparar* con la cámara que llevaba colgada al cuello. Si la llego a llevar en la bolsa con los objetivos, no habría podido captar esta imagen. Mi pulso trepidaba y se lo trasmití a mi cámara. No pude tener la certeza de que había captado o enfocado ese momento crucial. No lo supe hasta llegar esa misma tarde en avión a Madrid para llevar el carrete. En 1983 no teníamos cámaras autofocus, el enfoque solo era manual. Trabajábamos con película o *carrete*, no existía el proceso digital y había que revelar con químicos, era más complejo y el resultado no era inmediato como ocurre ahora; de ahí mis nervios por saber si realmente tenía la imagen.

Tampoco existía internet. Yo tuve que salir corriendo de Sagunt, casi a la par de los políticos, cuando previamente comuniqué al jefe de fotografía de *El País*, periódico para el que trabajaba desde la delegación en València, que estaba casi segura de que había captado ese *momento decisivo* que decía Cartier-Bresson. Tuve que dirigirme al Aeropuerto de Manises para coger el único avión de la tarde, que salía sobre las 18,30 horas a Madrid. Llegar, coger un taxi y plantarme en la redacción de Madrid con el carrete en mano.

La foto, en efecto, resultó ser una exclusiva y se publicó en la portada de *El País*. La dirección del periódico decidió levantar la portada previamente establecida en el consejo de redacción de la tarde. Eran casi las diez de la noche cuando se pudo ver la imagen de Joan Lerma con sus guardaespaldas saliendo a toda pastilla del cine Oma. La foto, con el papel casi húmedo y oliendo todavía a fijador, se llevó volando para hacer los fotolitos y entrar en las máquinas de impresión. Entró en la segunda edición del periódico, pues la primera edición ya estaba impresa.

Pasados tantos años de aquel acontecimiento de 1983, me pregunto si a Joan Lerma y a sus guardaespaldas les haría gracia, a la mañana siguiente del *día de marras*, encontrarse en el desayuno con la portada del periódico nacional más importante de esos años y verse sobre todo en esas circunstancias.

Esta imagen es, sin lugar a duda, una parte importante de la colección de fotos que configuran la identidad de un pueblo y da sentido al *álbum familiar* de la historia del cierre de Altos Hornos. El retrato fotográfico, con el paso del tiempo, se convierte en una seña de identidad que contribuye a gestionar nuestra memoria y que nos invita a volver a nuestro pasado con un tono reflexivo. Y sobre todo genera constancia de lo que fue. En este sentido, la escritora Susan Sontag en su libro *Sobre la fotografía*, comenta cómo "el paso del tiempo es crucial, para aumentar el valor estético de la fotografía y que es precisamente lo que la vuelve *surreal*: el irrefutable patetismo de un tiempo ido" (Sontag, 2022: 60).

Es evidente que el retrato de Joan Lerma no fue un retrato voluntario elegido por él, sino que se vio envuelto como protagonista en una situación que no esperaba. Este retrato social, con el paso del tiempo, es una muestra icónica de una realidad candente que se vivió en Sagunt en 1983. Lo que se mostraba en esa imagen era crispación y sufrimiento.

La historiadora de la fotografía Gisele Freund nos recordaba la vigencia de la definición que en 1931 hizo Erich Salomon del fotógrafo de prensa como alguien que está en continua lucha por conseguir su imagen: "Del mismo modo que el cazador vive obsesionado por su pasión de cazar, igual vive el fotógrafo con la obsesión por la foto *única*, que aspira a obtener. Es una batalla continua... contra la luz deficiente y las grandes dificultades que surgen a la hora de hacer fotos a gente que no para de moverse. Hay que captarlas en el momento preciso... También hay que pelear contra el tiempo, pues cada periódico tiene su *deadline* (la hora del cierre) al que hay que anticiparse. Ante todo, un reportero fotógrafo debe tener una paciencia infinita, no ponerse nunca nervioso; debe estar al corriente de acontecimientos y enterarse a tiempo de donde se desarrollan [...]" (Freund, 2011: 105).

Entre lo objetivo y lo subjetivo del retrato

La función social del retrato periodístico es extraer de la realidad los hechos de la forma más objetiva posible y plantearlo con ética. Aunque la fotografía *objetiva* esté cada vez más en entredicho, la *prensa diaria* sí busca mostrar los hechos de la realidad con la máxima *objetividad*. Y más en aquella época cuando, además, no existían herramientas como el Photoshop ni la inteligencia artificial, y la manipulación técnica era mucho más complicada de realizar.

El *retrato posado* es absolutamente diferente, está realizado en base a la subjetividad del fotógrafo o artista. Se construye a partir de un aspecto del personaje que bien le llama la atención al fotógrafo porque lo considera relevante o porque se identifica con él. La finalidad es mostrar algo de la personalidad, del carácter del personaje.

En un retrato de posado, el personaje y el fotógrafo o reportero gráfico pactan una situación, un lugar, un tiempo; se dialoga, hay un tira y afloja para conseguir algo, se ilumina. Se buscan unas formas o se crea un ambiente que tienden a acercarse al personaje que se va a retratar para así por un proceso de empatía poder captar algo de su mundo y trasmitirlo al lector o al espectador en una exposición.

El retrato de Joan Lerma fue un retrato improvisado, puro y duro, de *aquí te pillo y aquí te mato*. En la fotografía periodística son los hechos políticos o sociales los que mandan. Y en esta fotografía solo se puede entrever el miedo y descontrol de lo que estaba pasando.

_____

_Pág.40

Serie fotográfica el intento de agresión y la evacuación de Joan Lerma durante un mitin el 27 de abril de 1983 en Port de Sagunt.
Fotos: Ana Torralva.

Los fotógrafos en la batalla de Sagunt

__José Aleixandre
__Fotógrafo y comisario de la exposición

A principios de la década de 1980 nuevos medios de comunicación comenzaron a aparecer en València. Y con ellos llegaron nuevos fotógrafos de prensa. Se publicaban dos periódicos: *Levante*, que contaba con fotógrafos como Luis Vidal, tercero de la saga de los Vidal, y Pepe Palanca, y *Las Provincias* que tenía en su plantilla a José Penalva, Juan José Monzó y Manuel Lloret. Además, en octubre de 1982 surgió *Noticias al Día* —sucesor del *Diario de València*— cuya plantilla de fotógrafos estaba formada por Xavier Peiró, Carles Francesc, Jordi Vicent, Manuel Molines, y Victoria García. Así mismo, el periódico *El País* tenía una pequeña redacción que contó durante 1983 con los fotógrafos Ana Torralva, José Aleixandre, José Vicente Rodríguez, Jesús Císcar y Carles Francesc, si bien no estaban fijos en plantilla sino que cobraban por reportaje publicado. A este grupo de profesionales se añadirían los fotógrafos colaboradores de la prensa de Madrid y Barcelona: Jesús Císcar, integrado en la agencia Cover, y José Aleixandre, que vendía sus fotografías a la revista *Tiempo*, a *Diario 16* y a *El Periódico de Catalunya*. Estos fueron los profesionales que cubrieron la batalla de Sagunt. Todos ellos siguieron durante más de un año los acontecimientos que tuvieron lugar en Sagunt con la reconversión industrial y el cierre de Altos Hornos del Mediterráneo (AHM). Un conflicto industrial que tuvo tal repercusión que diferentes periódicos enviaron a sus propios fotógrafos a cubrir aquellas movilizaciones obreras, como Pepe Encinas, de *El Periódico de Catalunya*, o Antonio Tiedra, jefe de fotografía de la revista *Tiempo*.

Todos, incluso los que estaban en plantilla, utilizaban equipos propios. Por aquellos años, los equipos fotográficos habituales eran de la marca Nikon, unas cámaras de enfoque manual y totalmente mecánicas. Fundamentalmente se utilizaba la Nikon FM, aunque ya empezaban a aparecer las electrónicas como la Nikon FM2 La mayoría de los fotógrafos de prensa usaba la mítica película de fotografía la Tri-X 400. La formación de aquellos jóvenes fotógrafos era, en la gran mayoría de los casos, autodidacta.

Habitualmente varios compañeros quedaban para desplazarse juntos a Sagunt con el objeto de reducir los gastos desplazamiento. Algunos cobraban estos desplazamiento pero la mayoría no, de forma que así se ahorraba dinero. Una vez realizado su trabajo, los fotógrafos tenían que revelar los negativos que habían disparado para posteriormente positivar las fotografías seleccionadas. Esto se realizaba en su propio laboratorio o en el laboratorio del periódico. Tras el positivado se entregaban las fotos en redacción para su inclusión en la edición del día.

Si los fotógrafos que trabajaban para medios de fuera de València tenían *telefoto*, las enviaban a través de este medio. El aparato consistía en un cilindro, donde se colocaba la fotografía, que giraba a gran velocidad sobre sí mismo mientras una cédula leía las líneas de la fotografía y las convertías en impulsos eléctricos que eran enviados a la unidad de destino a través de la red telefónica. La duración estimada para la transmisión de una fotografía en blanco y negro era de doce minutos. Una de color tardaba cuatro veces más, unos cuarenta minutos.

Los que no teníamos *telefoto* enviábamos las fotografías por avión o autobús. En el caso del avión, tenías que desplazarte hasta el aeropuerto de Manises con las fotografías en un sobre; allí seleccionabas a un pasajero de la cola de embarque y, tras identificarte como fotógrafo de prensa, le pedías que te llevara el sobre. Una vez en destino, una persona del periódico, identificada con un cartel con el nombre del medio, recogía el sobre para llevarlo a redacción. En el caso del autobús, llevabas el sobre a la estación de autobuses, se lo entregabas al conductor que hacía la ruta y en la estación de destino le esperaba un trabajador del periódico para recogerlo.

Estos envíos de originales a los medios de comunicación resultó ser con el tiempo una mala solución para el futuro de las fotografías. El cierre de algunos de aquellos periódicos y de las agencias gráficas, condujo a la desaparición de muchas fotografías y consecuentemente a la pérdida de la información que aquellas imágenes guardaban. Esa es la causa, por ejemplo, de la carencia de fotografías en color sobre el conflicto de AHM en esta exposición.

En cualquier caso, guardados con mejor o peor fortuna, los negativos de los hechos que tuvieron lugar en Sagunt y València entre 1983 y 1984, nos permiten hoy, cuarenta años después, rememorar aquel duro año en que se cerró la siderúrgica saguntina. Entre esas imágenes están la agresión al presidente socialista de la Generalitat Valenciana, Joan Lerma, en el cine Oma de Port de Sagunt; los cortes de la carretera N-III y de la autopista A-7; las asambleas en el campo de fútbol; las concentraciones; las manifestaciones en Sagunt, València y Madrid; las caceroladas realizadas por los vecinos, o la quema de varios vehículos policiales en la comisaría de policía de Port de Sagunt. También, por último, la demolición de dos de los altos hornos.

En total, más de 4.000 negativos han sido escaneados para la selección recogida en esta exposición. Se han encontrado fotografías que nunca habían sido publicadas, como las de la agresión al presidente Lerma, tanto del ambiente que había alrededor del edificio como del interior del cine Oma, como de su salida protegido por sus guardaespaldas en un pequeño vehículo de la policía local. Lerma había acudido al cine Oma con la intención de dar un mitin electoral.

Espectaculares son también las imágenes de los cortes de autopista y carreteras que sobresalen en número al resto de las temáticas. Por un lado de la vía, obreros lanzando piedras y otros objetos; por el otro, policías armados con fusiles que lanzaban pelotas y bombas de humo. Y en medio de ellos, los profesionales de la información gráfica. Afortunadamente no pasó nada, aunque alguno de ellos guarda como trofeo una dura pelota que le dispararon sin llegar a darle. Los cortes de las vías ferroviarias son otro de los temas recurrentes que aparecen en las imágenes. La quema de neumáticos, maderas de cajones, ramas de árboles; cualquier cosa servía para hacer una barricada. Largos penachos de humo se elevan hacia el cielo como si fueran una película de indios. Sin olvidar los extraordinarios retratos de obreros de la fábrica. La interminable cola de manifestantes por la carretera que unía el Port y Sagunt. Las enormes naves llenas de bovinas de acero y las imágenes del interior de la factoría; las salidas de autobuses con destino a València o Madrid, la capital valenciana tomada por los manifestantes saguntinos, la niñita con cadenas y el puño en alto durante una manifestación. O aquellas imágenes de los obreros colocando piedras y rocas en medio de la carretera para evitar la circulación de vehículos. El visionado de negativos permitió también descubrir la fotografía original de la voladura del horno alto. En esta fotografía horizontal, el horno demolido aparece junto con el horno alto nº 2 que todavía hoy se conserva; una imagen muy distinta a las dos verticales que se publicaron en su día a partir de esta escena.

Para algunos de los fotógrafos implicados, la digitalización de los negativos utilizados en este trabajo puede ser el primer paso para organizar y documentar su propio archivo de fotografía. Para otros ha sido la oportunidad de digitalizar todo su archivo sobre AHM; para alguno de ellos ha supuesto la digitalización y documentación de más mil ochocientos treinta negativos. Todas estas fotografía han sido extraídas de los archivos particulares de los fotógrafos que las hicieron durante el conflicto.

Los archivos fotográficos se han convertido en notarios fidedignos del pasado tanto de los hechos como de los edificios y cuestiones sociales que marcaron cada época. Por desgracia, todavía en nuestros días el cuidado de estos archivos es muy pobre y las administraciones públicas no muestran interés en su conservación. De hecho, muchos de estos archivos fotográficos sobre el conflicto de AHM podrían haber acabado desapareciendo. Por fortuna, la preparación de esta exposición ha logrado, al menos en parte, impedirlo. Gracias a ello, hoy, cuarenta años más tarde, estas fotografías, entresacadas de miles de negativos, siguen dándonos testimonio de nuestra historia.

_Pág.44
Niña en una manifestación en València contra el cierre de AHM.
Foto: José Aleixandre.

_Pág.46
Un periodista gráfico cubre el corte de la autopista con barricadas.
Foto: Jesus Císcar.

Representantes políticos municipales y líderes sindicales encabezando una marcha de protesta.
Foto: Juan José Monzó.

Fotoperiodismo y conflicto social

__Pepe Baeza
__Fotógrafo y editor gráfico

Los conflictos sociales, como el que vivió Sagunt durante la reconversión industrial de los años ochenta, tienen su origen, aunque con diferentes variantes, en las relaciones entre capital y trabajo. El fotoperiodismo es una forma específica de adaptar la cultura visual documental y testimonial a los requerimientos de la prensa escrita y su función es dar visibilidad a las realidades socialmente significativas, sean coyunturales o estructurales. El fotoperiodismo necesita por tanto de soportes mediáticos para ejercer sus funciones.

Pero la propiedad de los medios de comunicación mayoritarios está en manos del gran capital y por tanto es inevitable que la visión que se ofrece de las luchas sociales esté permanentemente desvirtuada, anulada o disminuida por decisiones editoriales vendidas como decisiones profesionales. Los responsables redaccionales, convenientemente seleccionados de acuerdo a su docilidad ante los requerimientos del poder, saben que su cargo, sueldo y posición social, dependen de poner los intereses de los propietarios de su medio por encima de los intereses de los lectores. El objetivo: anular, o desvirtuar, en los autodenominados "medios de referencia", el origen y objetivos de cualquier conflicto que afecte los intereses del poder económico; borrar del imaginario colectivo la idea de que el conflicto social es, siempre, un conflicto de clases.

Los procesos de control de la información son conocidos: se ejecutan por la selección de las informaciones, por omisión de las no pertinentes, por desvirtuación de los contextos, por la extensión y ubicación de las mismas en el conjunto de la publicación, por gran cantidad de recursos tipográficos, de diseño o de presencia u omisión de imágenes –según convenga– y por un control estricto de la edición gráfica para evitar que el encargado de esta función, si no forma parte del grupo de control del *staff*, cuele mensajes visuales que contradigan o pongan en cuestión el sentido de la realidad que quiere darse desde la dirección.

El periodismo de los grandes medios no es un servicio público; sólo sirve a los intereses de sus propietarios y de sus compromisos económicos o ideológicos. Este control se da mayoritariamente a través del poder de la banca sobre los medios, merced a los generosos créditos que les concede para garantizar su supervivencia y por tanto el control del sentido de la información y del relato sobre la realidad. Pero la propia banca tiene sus servidumbres recíprocas con otros grupos económicos e ideológicos: los complejos militares-industriales, las grandes corporaciones tecnológicas, energéticas, farmacéuticas, etcétera; así como con los grupos de presión organizados, los *lobbies*, y con los centros de elaboración de ideas y estrategias persuasivas de los grupos económicos, ideológicos o religiosos que sostienen el control del pensamiento, los *think tanks*. Juntos construyen los manipulados argumentos que los agentes mediáticos reproducirán acríticamente.

Los políticos empleados del poder económico subvencionan por su parte la prensa afín con suscripciones masivas para todo tipo de organismos públicos: miles de ejemplares vendidos de antemano cada día que además distribuyen un relato sesgado de la actualidad: dinero público subvencionando el relato del gran capital privado.

La mayoría de los periodistas, cada vez peor pagados y más saturados de trabajo, se convierten en abnegados empleados y ejecutores de los designios empresariales. Muchos realizan esta función a disgusto, algunos incluso intentan rebelarse abierta o subrepticiamente; otros, en fin, adoptan una cínica acomodación y finalmente algunos se convierten en los perros guardianes de sus dueños, esperando que les señalen, si no lo saben de antemano, a quien deben morder. Estos últimos, cada vez más, son los que suelen llegar a los más altos cargos de control de la información y de su tratamiento, por encima de su valía profesional.

En este contexto, la representación fotográfica de las luchas sociales, la construcción de su memoria, queda desvirtuada en su difusión pública hasta el punto de que el relato generado cala incluso entre quienes deberían estar en primera fila de la defensa de los intereses mayoritarios frente a la codicia y las mentiras de las grandes corporaciones, de sus laboratorios de ideas, de los grandes grupos mediáticos a su servicio, de los gestores de alto nivel del capital, de sus métodos de vigilancia y de sus herramientas de castigo.

¿Cabe esperar que los conflictos sociales se vean representados en estos medios de acuerdo a los intereses de la mayoría de la población? Claro que no. La mayor parte de las veces ni siquiera se verán representados y cuando su impacto haga inevitable su visibilización, ésta se hará utilizando todos los recursos disponibles para acomodar el relato que se haga de ellos —mediante ocultaciones, alusiones e insinuaciones— a los intereses de la propiedad de los medios y de sus compromisos con el conjunto de las élites.

El fotoperiodismo, como imagen testimonial comprometida intrínsecamente con la representación de la realidad, sufre globalmente, como el periodismo escrito, múltiples presiones para desviarlo de su función clarificadora, para intentar llevarlo a formar parte del relato del poder o bien para anularlo en su eficacia de diferentes formas.

La primera de estas formas tiene simplemente que ver con hacerle cumplir una función ilustradora de unas agendas periodísticas previamente intervenidas, controladas y cuando es necesario censuradas por la dirección y el resto de la cadena jerárquica. Así, los conflictos derivados de las injusticias sistémicas serán en primer lugar arrinconados en la confección de la consideración de las noticias relevantes. Uno de los principales métodos para quitar visibilidad a un conflicto social tiene que ver con la presencia o ausencia de fotografías. Hay que señalar que las grandes agencias de prensa internacionales, como Reuters o Associated Press, tienen en el suministro, o no, de imágenes y en la cantidad y selección de las que sirven a los medios abonados, un procedimiento esencial para determinar las agendas periodísticas de la prensa y la televisión y construir así el sentido de la información sobre lo que ocurre en el mundo. A continuación, los límites y las estrategias de servicio al poder de cada medio concreto pone de su parte los rasgos a destacar o minimizar en función de su *target* de lectores/espectadores.

Las imágenes periodísticas, si no están sometidas a censura y si se ven acompañadas de un contexto riguroso y honesto, tienen una gran capacidad de incidencia en la toma de conciencia y en la activación de movilizaciones frente a la injusticia. Junto a unos textos honestos y libres forman un todo significante enormemente poderoso. De ahí que el poder, cualquier poder, quiera someterlas y ponerlas al servicio de sus intereses. Así encontramos una segunda forma de control del fotoperiodismo, la causa fundamental de que esta imprescindible función periodística se encuentre en una situación tan precaria. Se trata de su falta de valoración retributiva en los grandes medios que en las últimas décadas, en especial desde que el inicio de la ofensiva neoliberal y neoconservadora, iniciada a finales de los años 70, proscribió el reportaje de contenido crítico con el sistema y sus agresiones implícitas, haciendo desaparecer paulatinamente estos contenidos visuales de las revistas y dominicales.

Además, al reducir los precios por la publicación de los que a pesar de todo pasaban los filtros, hundieron económicamente a toda una profesión. Las agencias cooperativas de fotógrafos de prensa, que habían sido el plantel del fotoperiodismo más libre y variado que ha existido en la corta historia de la fotografía, fueron cayendo una tras otra al no encontrar salida en los medios para sus producciones. Buscando como alternativa la acción individual y la venta directa a los medios como *freelances,* los fotógrafos perdieron sus soportes de solidaridad, económicos, legales y morales, así como el fructífero intercambio de ideas y la defensa conjunta de una función socialmente indispensable.

Los grandes medios impresos sustituyeron el fotoperiodismo por la ilustración ficcional de la actualidad en forma de los espectaculares y banales fotomontajes digitales que en los años 90 llenaron las portadas de los *news magazines* y del conjunto de la prensa ilustrada. La sustitución masiva del testimonio fotográfico de centenares de miles de muertos en las guerras del Golfo por frías y asépticas infografías fue uno de los ejemplos más claros de que la imagen fotográfica o videográfica libre y plural, ejercida desde honestos planteamientos profesionales, era un estorbo en la estrategia global de adormecimiento de las conciencias.

Esta estrategia de no dejar ver para no encontrar oposición proviene igualmente de la Guerra de Vietnam, el último gran conflicto con una cierta dosis de libertad de movimientos para la inmensa *troupe* de fotógrafos, agencias y medios que se desplegaron en aquella ocasión. El resultado –del que el poder tomó buena nota– fue entonces una toma de conciencia de la pesadilla que representaba aquella agresión en la propia sociedad estadounidense, y sin duda imágenes ampliamente distribuidas –como las de la matanza de May-Lai– contribuyeron a la derrota moral norteamericana, paso previo a su derrota militar.

Hoy en día la revelación de documentos similares ha estado a punto de llevar a la muerte a Julian Assange: una sangrante derrota para la libertad de prensa –con la complicidad o la indiferencia de gran parte de la profesión periodística– que es sintomática del retroceso democrático en el occidente capitalista y del temor que suscitan en los poderes fácticos las imágenes testimoniales libremente circulantes.

Encontramos así otra forma de atacar el fotoperiodismo libre: la profusión de leyes, y decretos justificadores de la censura (por ejemplo, la Ley Mordaza) y la presión física, a veces hasta la muerte, sobre los fotógrafos y videógrafos que sortean con dificultad las barreras impuestas por los diferentes poderes. Al escribir este texto más de 100 periodistas han sido asesinados por el ejército de Israel desde el inicio de la masacre increíble que está perpetrando en Gaza.

Pero aún faltaba una última forma de completar el asedio contra el fotoperiodismo: inducir su desprestigio desde el terreno de la cultura. Y de ahí, convenientemente engrasados con mucho dinero, con conferencias, premios y exposiciones, nacen los planteamientos antifotoperiodísticos. Son posiciones que jamás cuestionan a las grandes estructuras de concentración mediática y su asedio al fotoperiodismo libre, sino que apuntan al reducido, amputado y descontextualizado tipo de imágenes que los grandes medios distribuyen como si constituyeran la esencia de lo que el fotoperiodismo es en sí mismo. Esta posición parece torpe pero no lo es en absoluto: forma parte de la estrategia de deslegitimación de las imágenes que socavan las justificaciones del poder. Se pueden llamar planteamientos posfotográficos o, en otra categoría deslegitimadora, neodocumentales.

Los primeros remiten a la posmodernidad acrítica, a la cínica negación de la posibilidad de un avance de la historia hacia estadios de paz, igualdad y justicia; es decir a una concienzuda desactivación del motor de las luchas sociales. La "posverdad", es decir, la mentira planificada, también definida como "verdad alternativa" es el correlato final de la secuencia historica "pos", de la que la posfotografía es parte. Los segundos, los neodocumentalistas, remiten a un tipo de fotografía que secuestra el significante "documental" para llevarlo a un callejón sin salida: los circuitos del coleccionismo artístico. Lógicamente en este registro visual, muy bien remunerado en premios, exposiciones y prestigio por las grandes fundaciones culturales del gran capital, sobra la realidad significativa del mundo. Y se sustituyen los conflictos que provoca la concentración acelerada del capital, por fotos de paisajes vacíos donde hace 500 años ocurrió una batalla, por ampliaciones gigantescas de fotos de estanterías de supermercado como las realizadas por Andreas Gursky y vendidas por dos millones de dólares, e incluso por imágenes de un fragmento de moqueta gris de oficina, de este mismo autor, que los responsables de su exposición en el Centro Reina Sofía valoraban así:

> Gursky sintetiza un ámbito marcado por su asepsia e impersonalidad, en el que sin embargo discurre la vida de muchos individuos en un mundo marcado por las transacciones económicas globalizadas. La moqueta se convierte en símbolo de ese mundo.

Es previsible ver a las masas indignadas saliendo a la calle a protestar por las transacciones económicas globalizadas gracias a que el trozo de moqueta ha sacudido sus conciencias. El símbolo banal, absurdo, de una moqueta en lugar del testimonio directo sobre las consecuencias del orden económico vigente. Ceguera inducida también por ese neodocumentalismo prestigiado por las élites que concuerda con el pensamiento neocon y cuyas imágenes pueden perfectamente presidir los consejos de administración de las grandes corporaciones que concentran la riqueza en pocas manos y amplían cada vez más la brecha entre ricos y pobres gracias a las "transacciones económicas globalizadas".

La publicidad es otro factor importante en el control de los contenidos visuales críticos por parte del mercado. En diferentes grados, según el tipo de publicación, los anuncios comerciales financian una parte fundamental del presupuesto de cualquier medio de comunicación privado. Los anunciantes, a través de las agencias de publicidad y la complicidad de los directores comerciales de los medios, tienen una enorme influencia en la determinación de los contenidos visuales, especialmente en revistas y dominicales. Sus intereses pasan en primer lugar por evitar mensajes visuales que contradigan sus técnicas de sugestión y de fascinación en la creación de una atmósfera del consumo como ideal de vida; en segundo lugar, exigiendo además la inclusión de contenidos visuales sinérgicos con los anuncios. A estos contenidos, que refuerzan la eficacia publicitaria, sus impulsores mediáticos los llaman "contenidos aspiracionales", lo que viene a querer decir que la inmensa mayoría de lectores jamás podrán acceder al producto o servicio que se ofrece como anzuelo, pero que la adquisición de otros productos de menor precio, los anunciados, podría compensar en alguna medida la frustración por no poder alcanzar el mundo idealizado del consumo absoluto.

La representación visual de la realidad del mundo se encuentra así ante los obstáculos más importantes que ha padecido jamás. En gran medida porque las estrategias de anulación o asimilación son cada vez más complejas e indetectables para la mayoría de la población que espera encontrar el conocimiento a través de unos medios que ocultan que su verdadera misión es desvirtuar y entorpecer precisamente la exigencia democrática de saber qué, cómo y por qué ocurren los hechos socialmente significativos

Y sin embargo numerosos fotógrafos y fotógrafas siguen persiguiendo la realidad con sus cámaras, aunque los canales para difundirla son tan escasos que hacen su existencia precaria: la realidad, el testimonio directo, el acceso al conocimiento compartido, son alicientes demasiado poderosos para que los comunicadores comprometidos con su sociedad renuncien a ejercerlos.

Los conflictos sociales y las luchas que los acompañan necesitan el registro y distribución de las mejores imágenes para generar en primer lugar posibilidad de transformación y, accesoriamente, para que sus participantes adquieran conciencia de la solidaridad que concitan; para que los que luchan por los derechos de todos y todas tengan la referencia externa de la importancia de su lucha; y para que quienes se incorporan a esa lucha tengan en mente la memoria de los y las que les precedieron, en el campo político, sindical o de la comunicación.

El documental de largo recorrido y el reportaje en profundidad siguen siendo los géneros más aptos para que la fotografía aborde la realidad. Los medios de referencia nunca más les van a dar cabida. Así que toca ingeniárselas para que los testimonios visuales libres se combinen con los mejores textos libres y juntos se apliquen a romper el muro de silencio y distorsión que levanta el poder frente a ellos.

Prensa visual alternativa en la Red, tal como van surgiendo interesantes modelos periodísticos alternativos; proyecciones en las calles y plazas con explicaciones contextualizadoras; carteles; fanzines críticos...Todo vale. El dinero es difícil de obtener y los obstáculos legales son insidiosos, pero resistir es la única opción para mantener vivo el fotoperiodismo y el documentalismo comprometidos con la realidad significativa del mundo.

Hoy más que nunca los y las fotoperiodistas y/o documentalistas, antes de actuar como tales, deben formarse una conciencia política y un conocimiento profundo del mundo en que viven para que sobreviva la imprescindible función de testimoniar la realidad de forma plural, pero críticamente analizada, sea con fotos, con vídeo, o con ambos en forma de poderosos productos multimedia. Muchos y muchas ya lo hacen, aunque nunca veamos sus trabajos en los "medios de referencia".

_Pág.48
Manifestantes cortan con barricadas el tráfico de una carretera a su paso por Sagunt. **Foto:** Pepe Encinas.

_Pág.52
Las relaciones cara a cara reforzaban los liderazgos sindicales dentro de la fábrica.
Foto: Jesús Císcar.

Un alto durante la jornada de trabajo para descansar y reponer fuerzas.
Foto: Juan José Monzó.

_Pág.54
Multitudinaria marcha de protesta del Port a Sagunt el 16 de febrero de 1983.
Foto: Pepe Encinas.

Obreros siderúrgicos participan en una cacerolada contra el cierre de AHM.
Foto: Jesús Císcar.

Asamblea de trabajadores en el interior de la fábrica.
Foto: Jesús Císcar.

Instantes decisivos de resistencia

__Frovi Morillas
__Fotógrafa y comisaria de la exposición

Tenía 13 años cuando la reconversión industrial de 1983 transformó Sagunt en un hervidero de protestas y esperanzas. Recuerdo la atmósfera densa, cargada de tensión y determinación, y cómo, cada mañana, me encontraba ansiosa por leer los periódicos. Las imágenes de las protestas parecían contener la esencia de nuestra lucha y nuestro espíritu colectivo. Fue a través de esas fotografías, impresas en blanco y negro en las páginas de los diarios, cuando empecé a pensar en la fotografía como una herramienta poderosa para mostrar lo que sucede. Aquellos fotógrafos capturaron la realidad de manera precisa y emotiva, lograron inmortalizar instantes que de otro modo se habrían desvanecido en la memoria colectiva. Las fotografías de aquellos días no son meros registros de un evento, son narraciones visuales que van más allá de las palabras. Cada imagen cuenta una historia completa, un microcosmos de emociones y significados.

La exposición *La batalla de Sagunt* es un homenaje a todos esos instantes decisivos. A través de las fotografías podemos revivir la intensidad de aquellos días, sentir la esperanza y el miedo, la determinación y la desesperación; son una parte imprescindible de nuestra historia. Hoy, como fotoperiodista, llevo conmigo las lecciones aprendidas en aquella lucha. La importancia de estar presente, de observar con empatía y de capturar la verdad sin adornos. Estas fotografías son un testimonio de la resistencia humana y de la capacidad del fotoperiodismo para conectar, emocionar y provocar reflexión. En esta exposición celebramos no solo la valentía de los trabajadores de Sagunt, sino también la mirada aguda y el compromiso de los fotoperiodistas que nos permiten ver y entender el mundo.

_Pág.56

El 18 de marzo de 1983 miles de
ciudadanos retienen al presidente de
AHM en las oficinas de la empresa.
Foto: Manuel Molines.

Fotografies de l'exposició
La batalla de Sagunt 1983-1984.
Lluita social i fotoperiodisme.

Fotografías de la exposición
La batalla de Sagunt 1983-1984.
Lucha social y fotoperiodismo.

La fàbrica / La fábrica

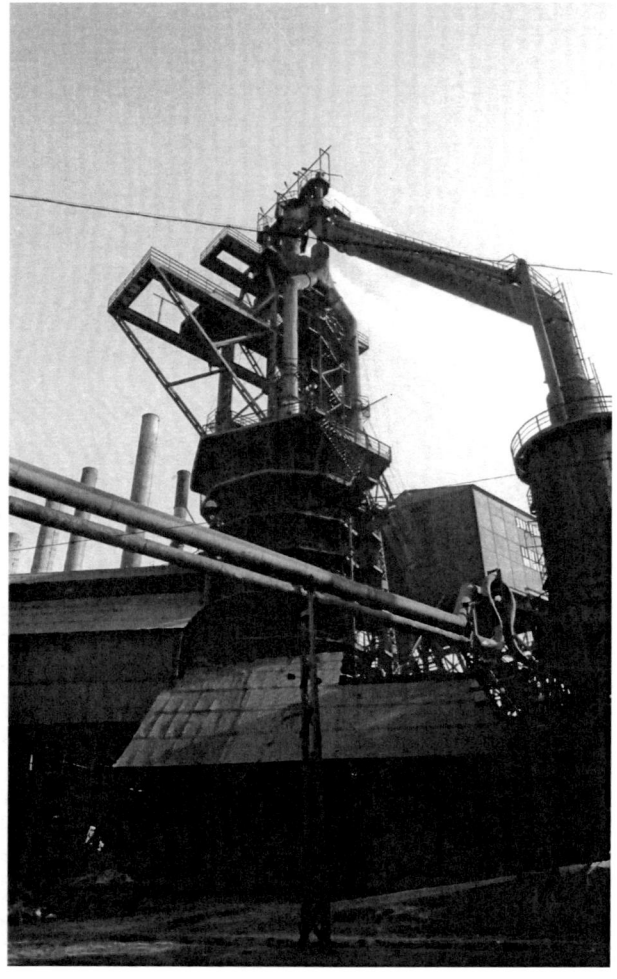

© 1983 Jesús Císcar_EL PAÍS

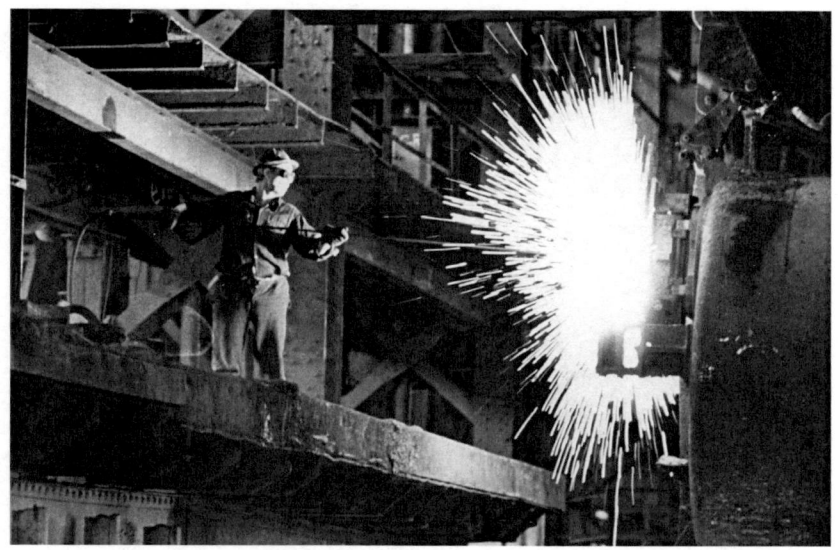

© 1983 José Aleixandre_EL PAÍS

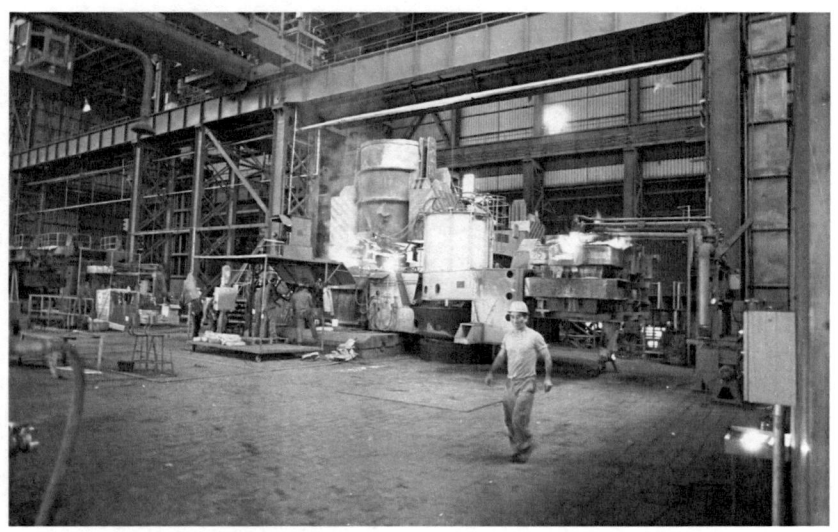

© 1983 José Aleixandre_EL PAÍS

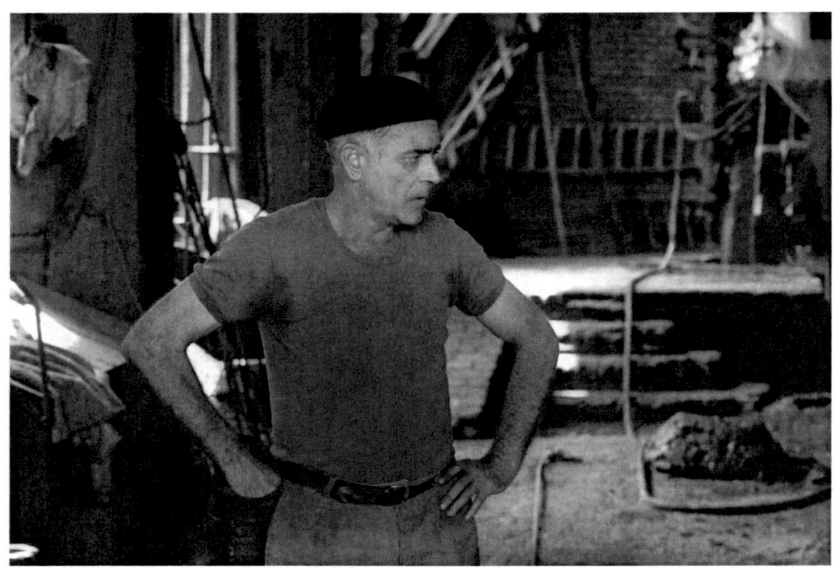

© 1983 Antonio Tiedra_TIEMPO (Grupo Zeta)

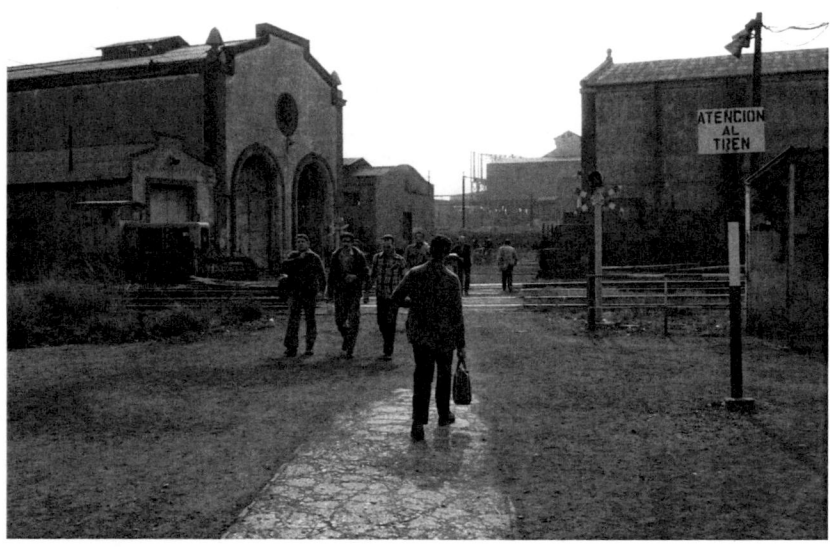

© 1983 Manuel Molines_NOTICIAS AL DÍA

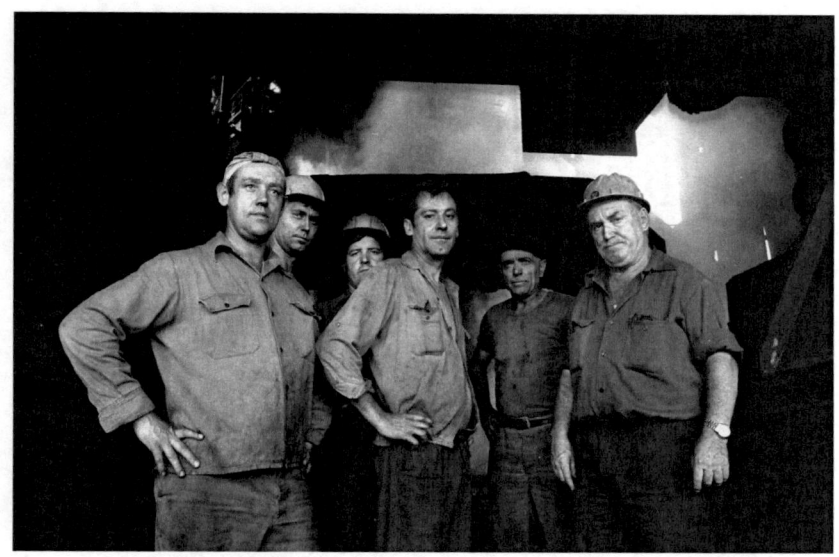

© 1983 Antonio Tiedra_TIEMPO (Grupo Zeta)

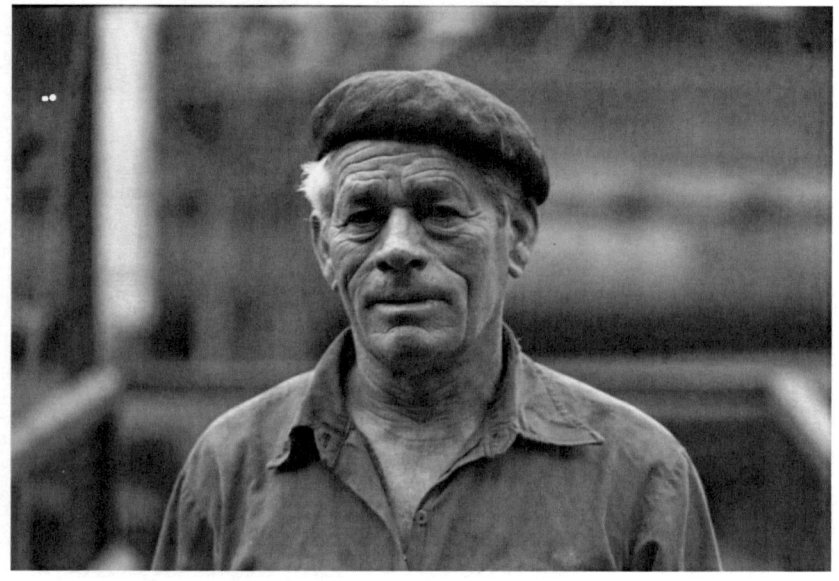

© 1983 Tomás Bueno_FREELANCE

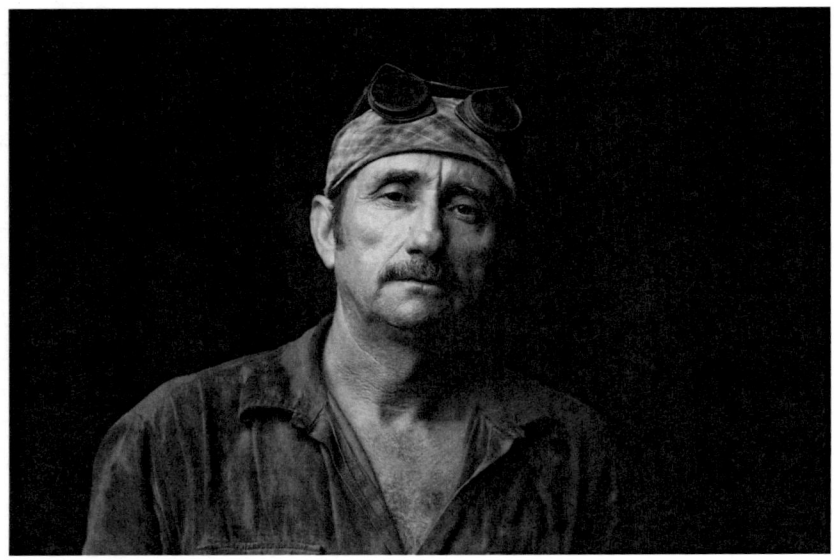

© 1983 Tomás Bueno_FREELANCE

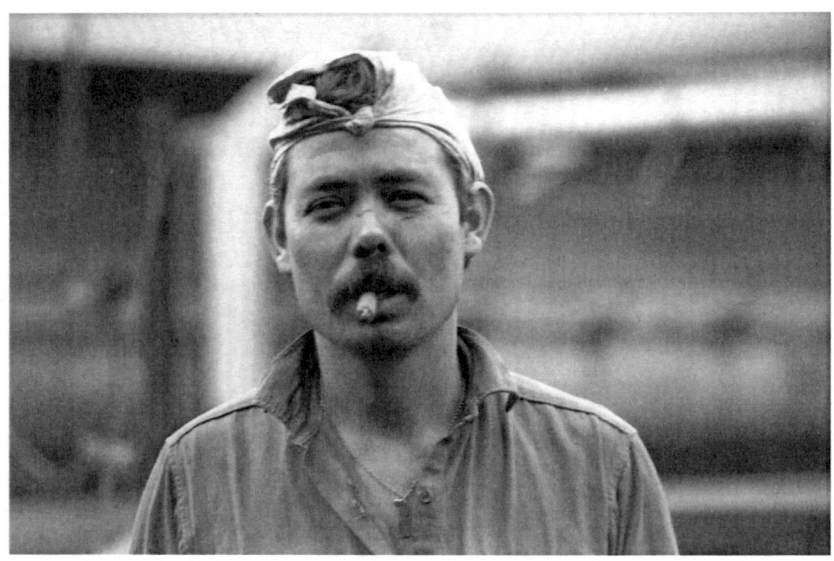

© 1983 Tomás Bueno_FREELANCE

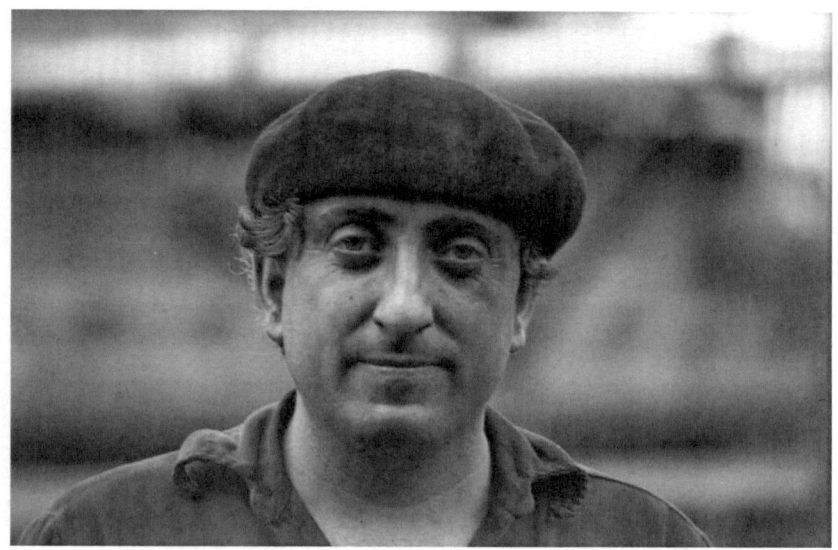

© 1983 Tomás Bueno_FREELANCE

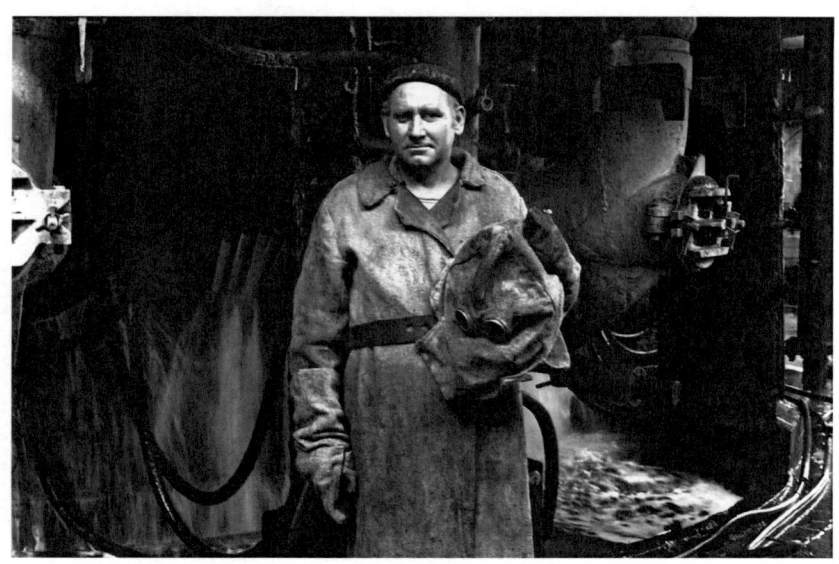

© 1983 Tomás Bueno_FREELANCE

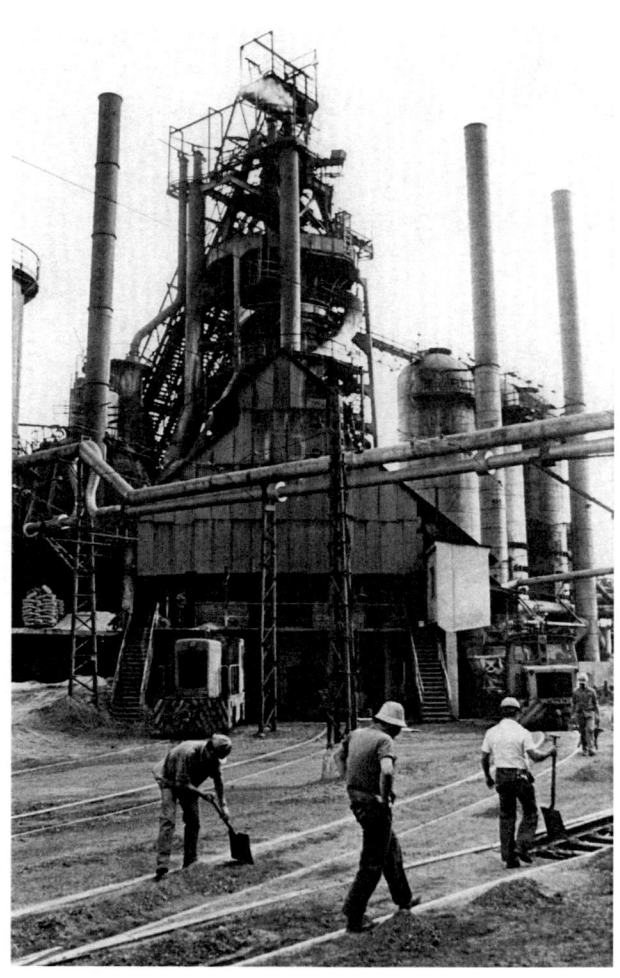

© 1983 José Aleixandre_EL PAÍS

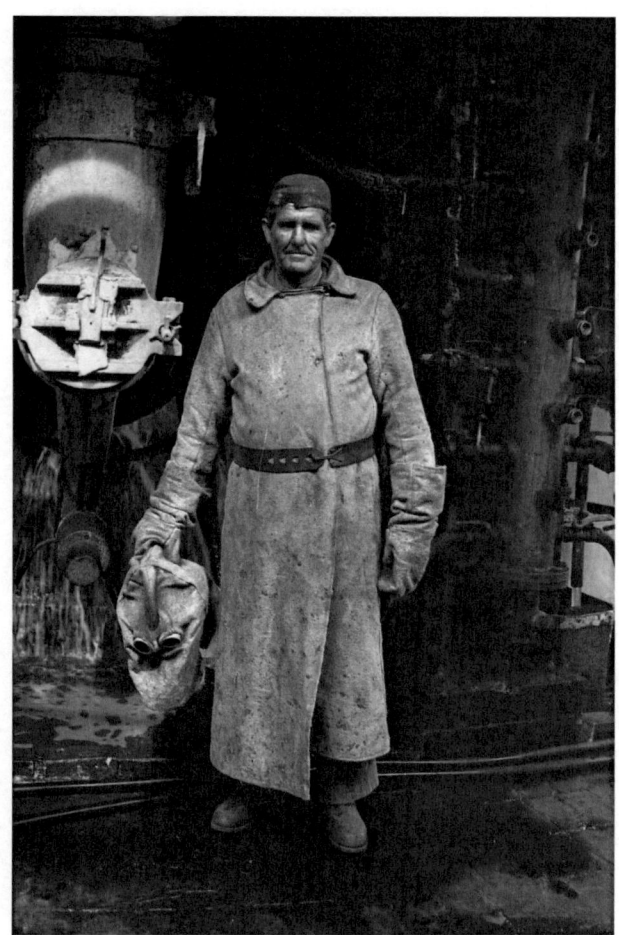

© 1983 Tomás Bueno_FREELANCE

La resistència / La resistencia

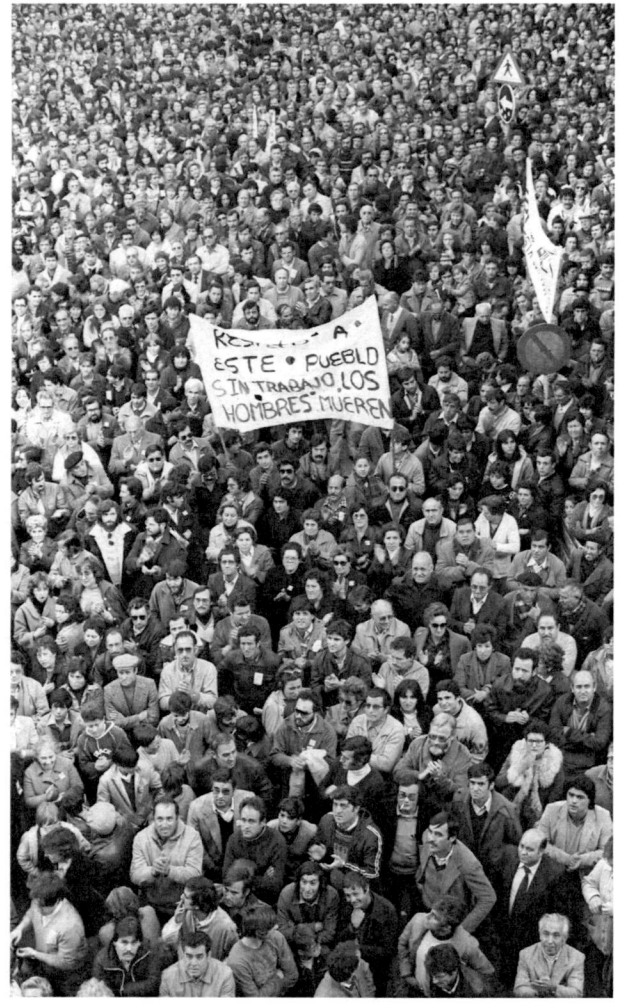

© 1983 Enrique Tort_FREELANCE

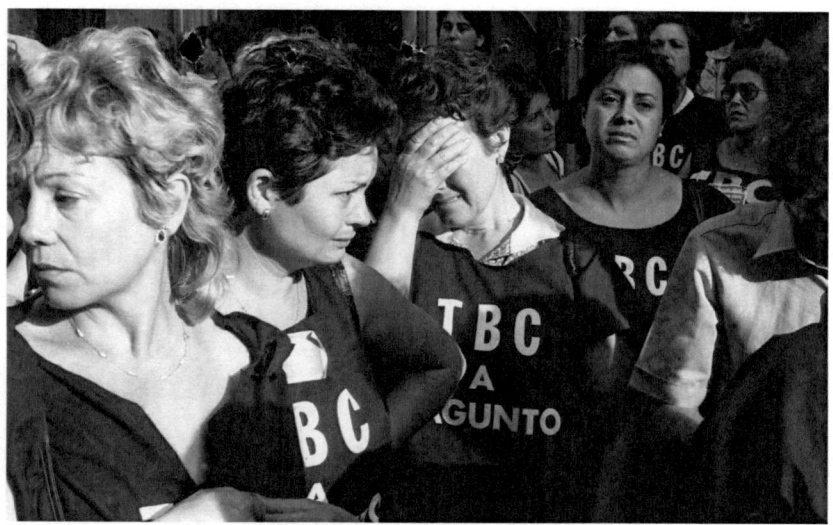

© 1983 Juan José Monzó_LAS PROVINCIAS

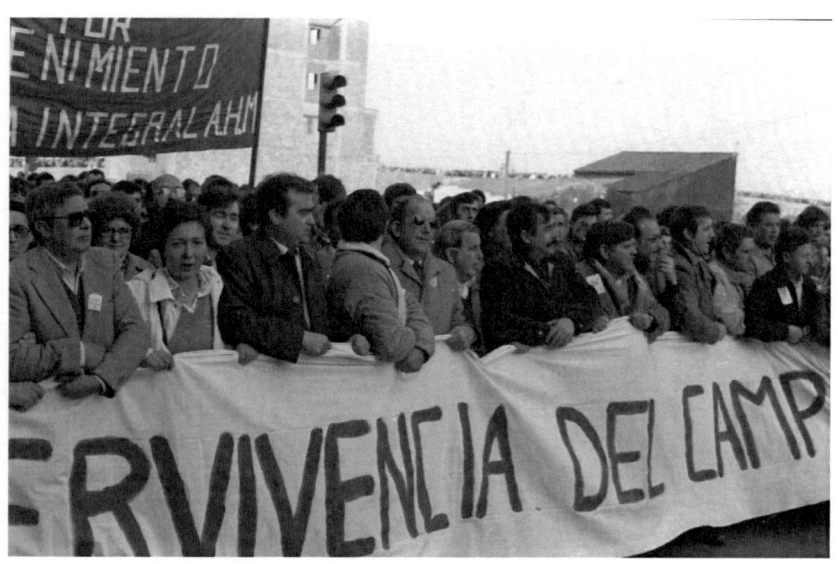

© 1983 Enrique Tort_FREELANCE

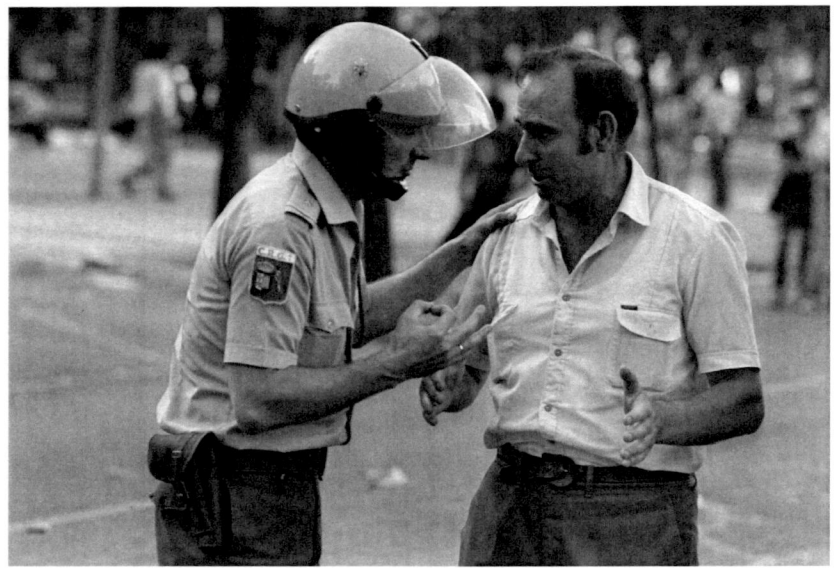

© 1983 Antonio Tiedra_TIEMPO (Grupo Zeta)

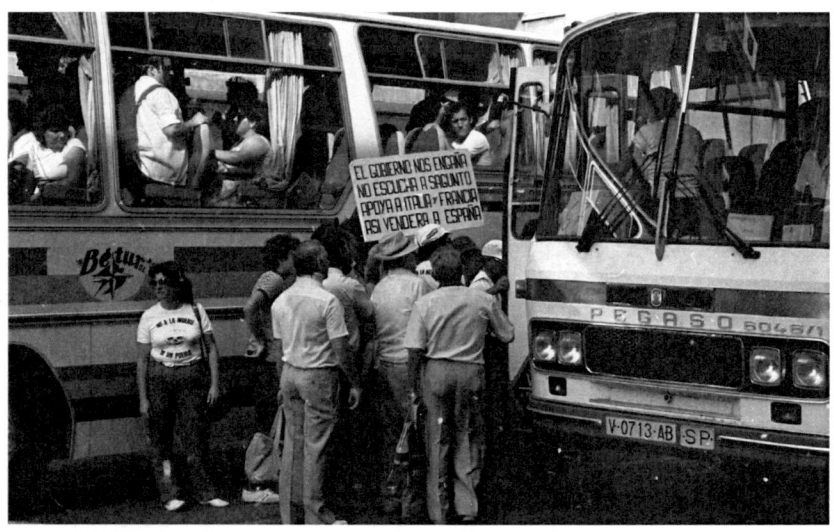

© 1983 José Aleixandre_EL PAÍS

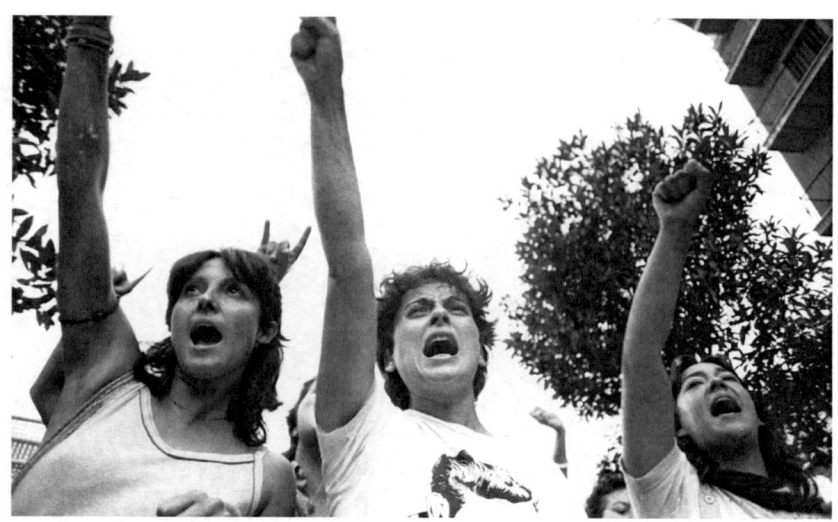

© 1983 Jesús Císcar_EL PAÍS

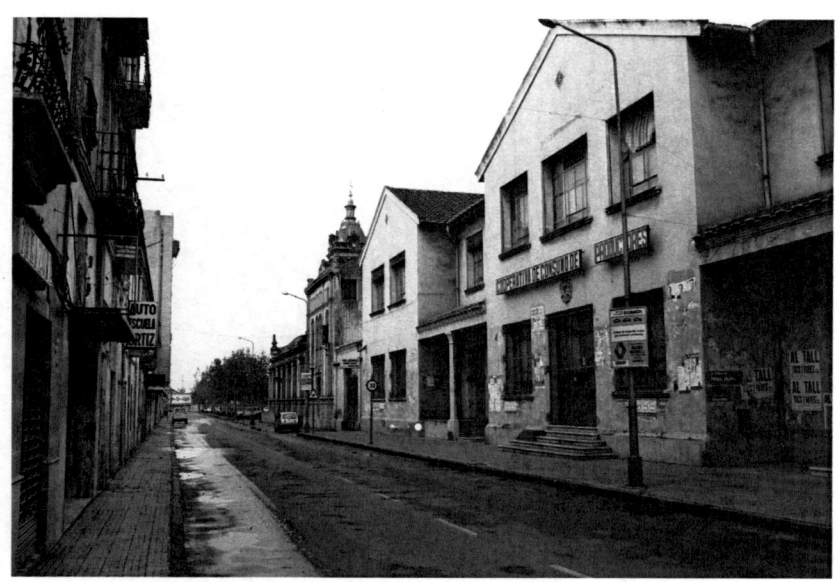

© 1983 Manuel Molines_NOTICIAS AL DÍA

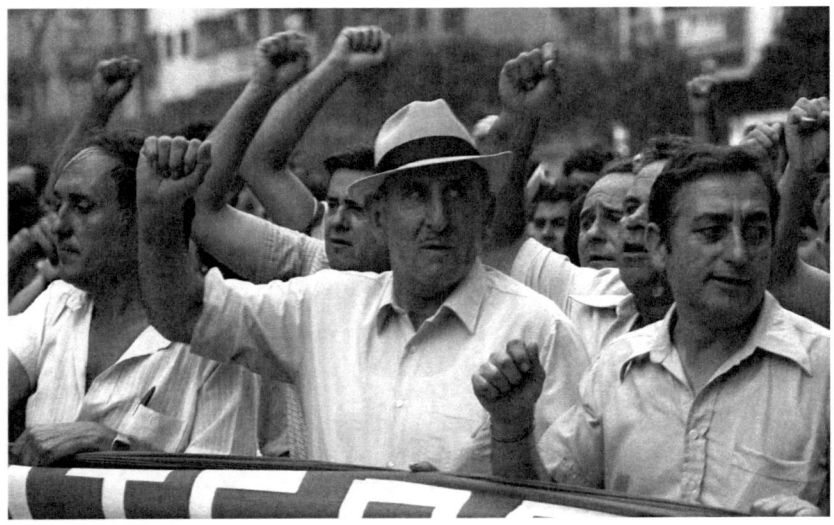

© 1983 Jesús Císcar_EL PAÍS

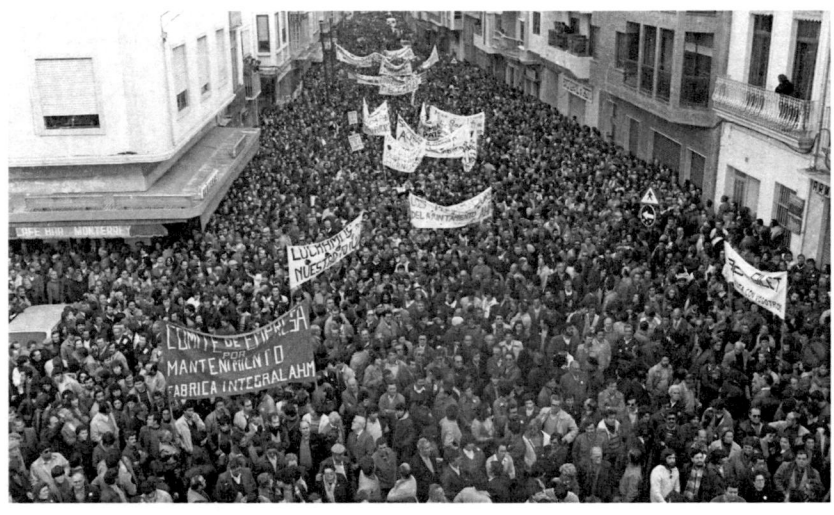

© 1983 José Aleixandre_EL PAÍS

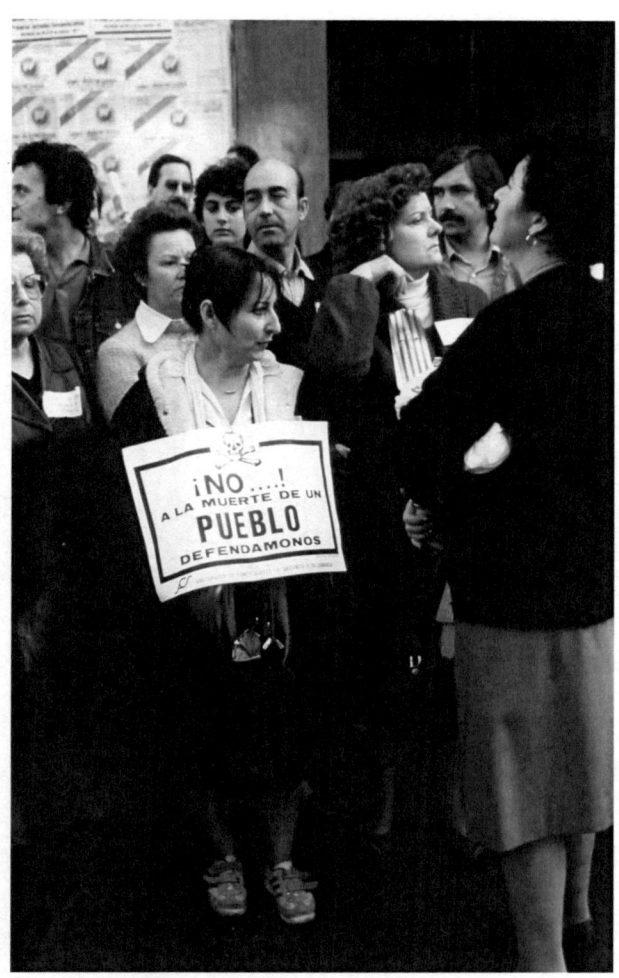

© 1983 Jesús Císcar_EL PAÍS

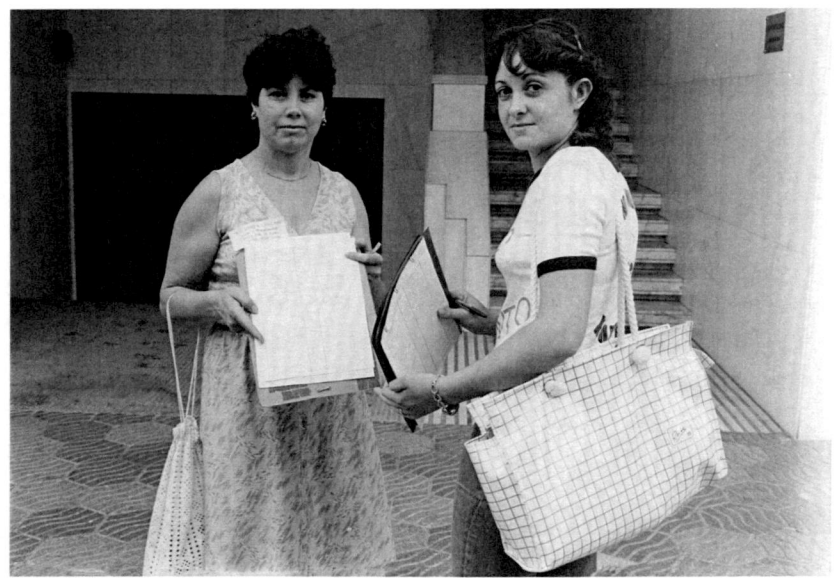

© 1983 Jesús Císcar_EL PAÍS

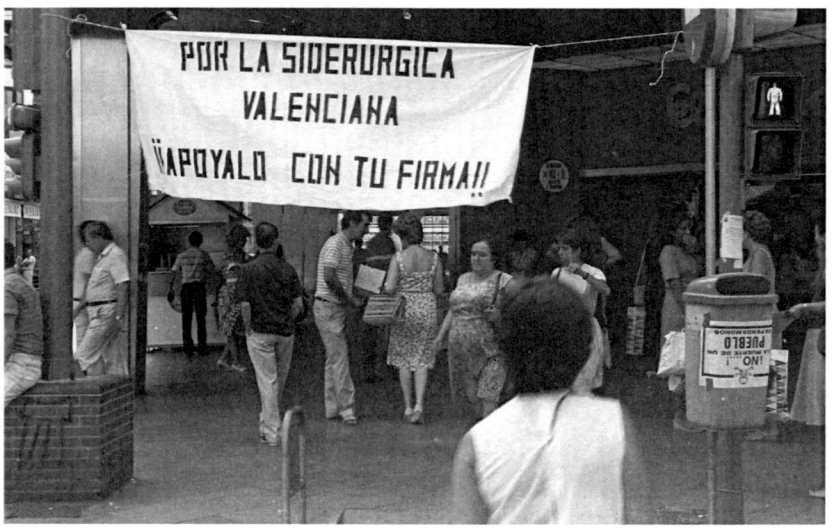

© 1983 José Aleixandre_EL PAÍS

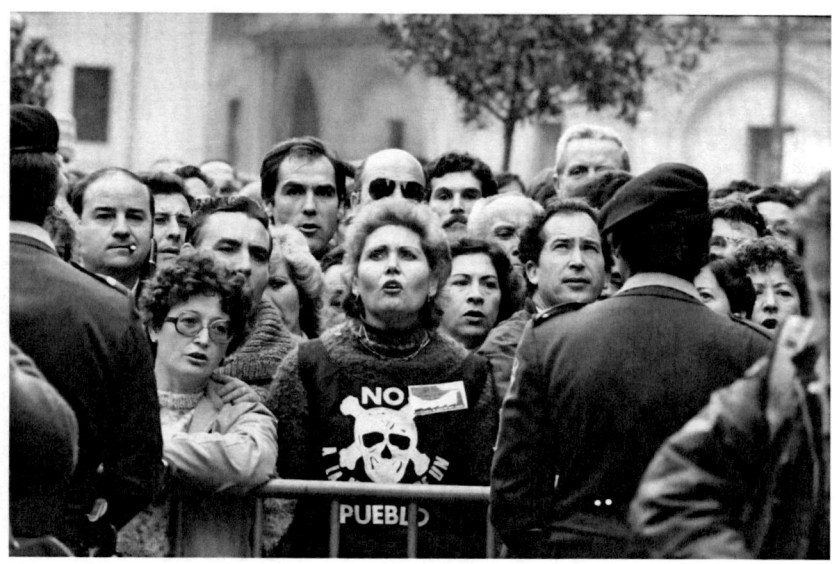

© 1983 Luis Vidal_LEVANTE

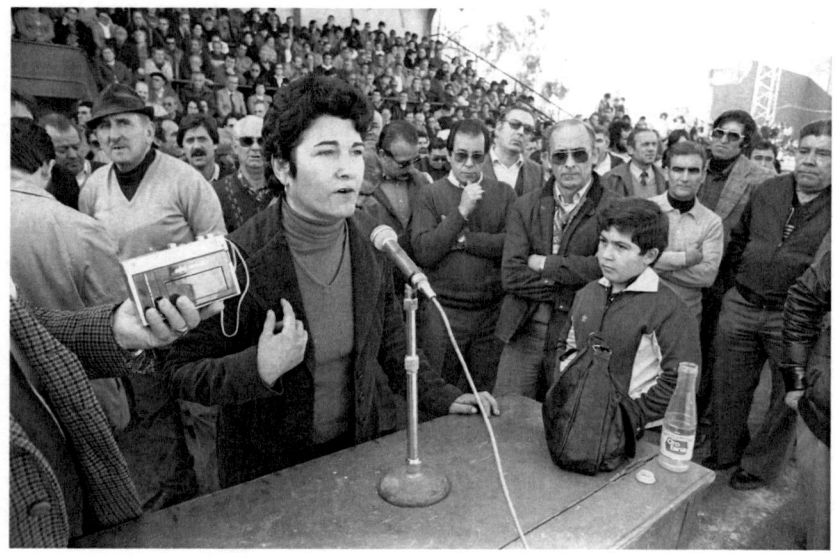

© 1983 Jesús Císcar_EL PAÍS

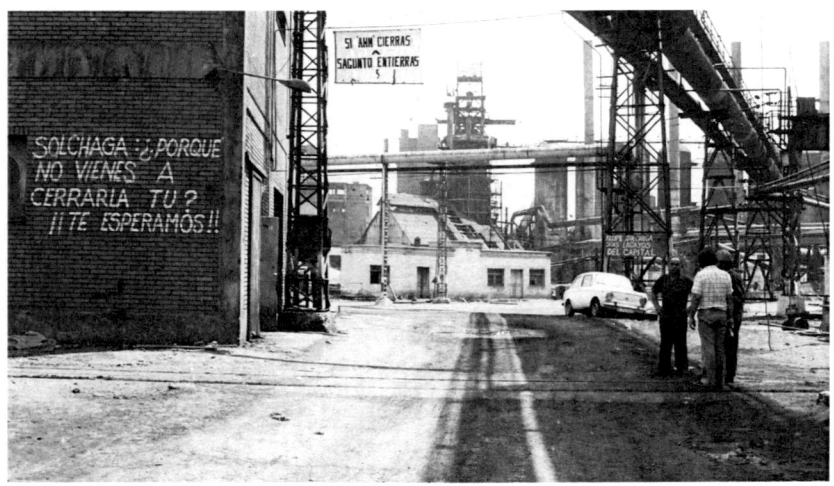

© 1983 José Aleixandre_EL PAÍS

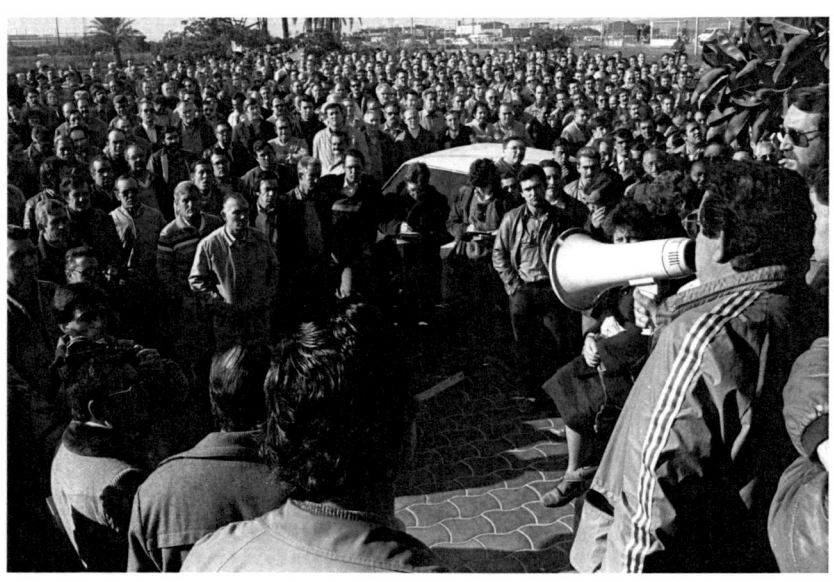

© 1983 Manuel Molines_NOTICIAS AL DÍA

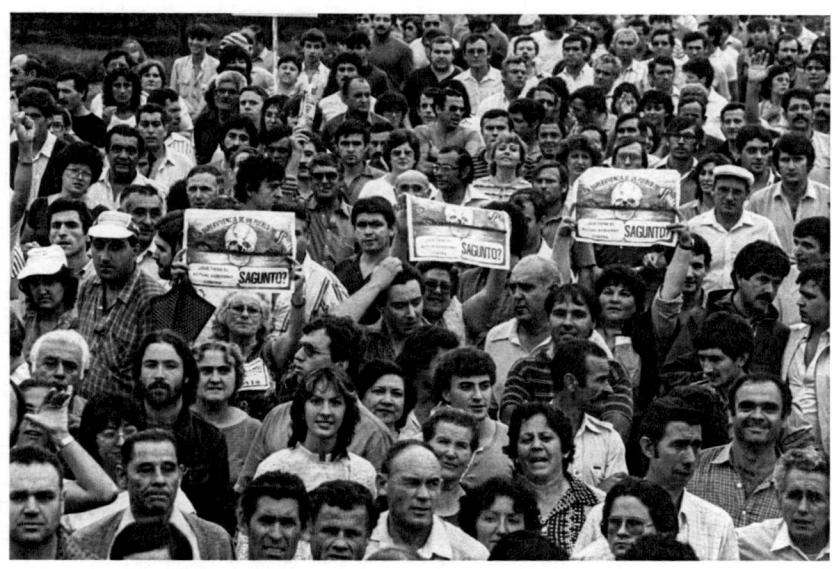

© 1983 Pepe Encinas_EL PERIÓDICO DE CATALUNYA

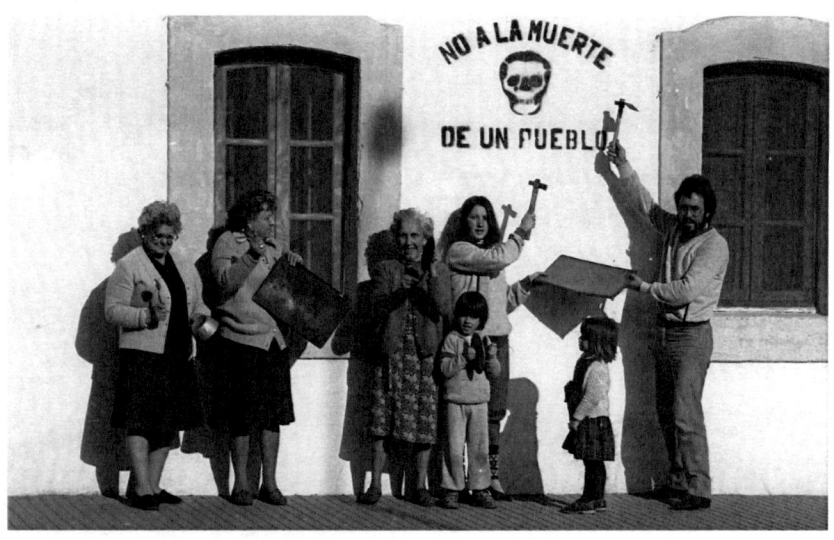

© 1983 Jesús Císcar_EL PAÍS

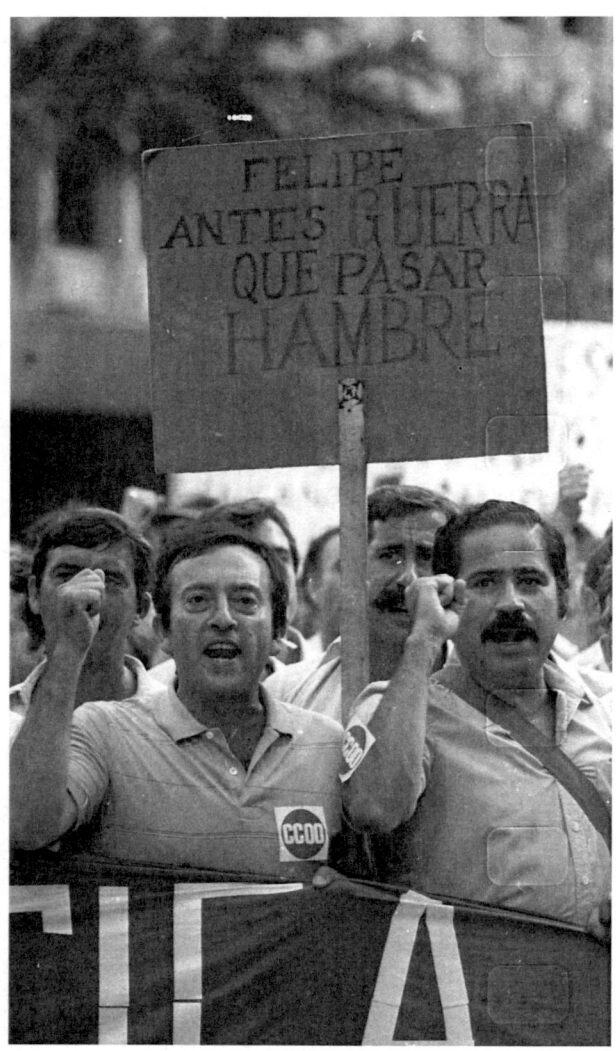

© 1983 José Aleixandre_EL PAÍS

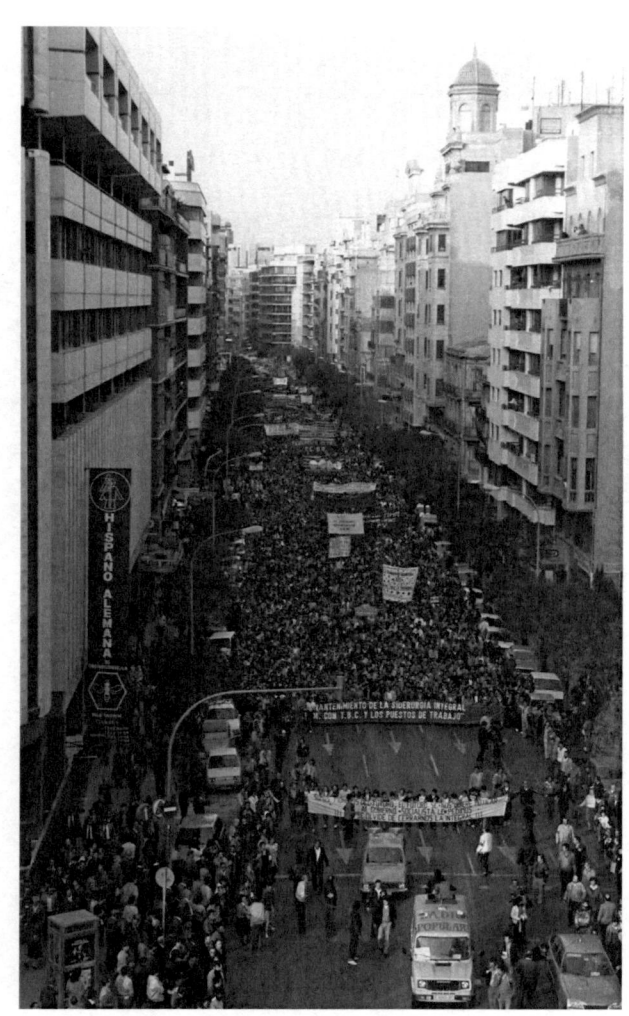

© 1983 José Aleixandre_EL PAÍS

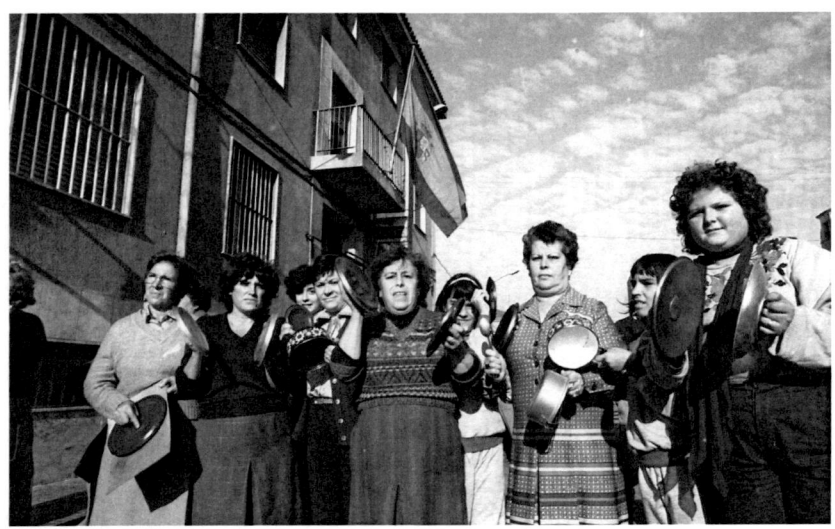

© 1983 Jesús Císcar_EL PAÍS

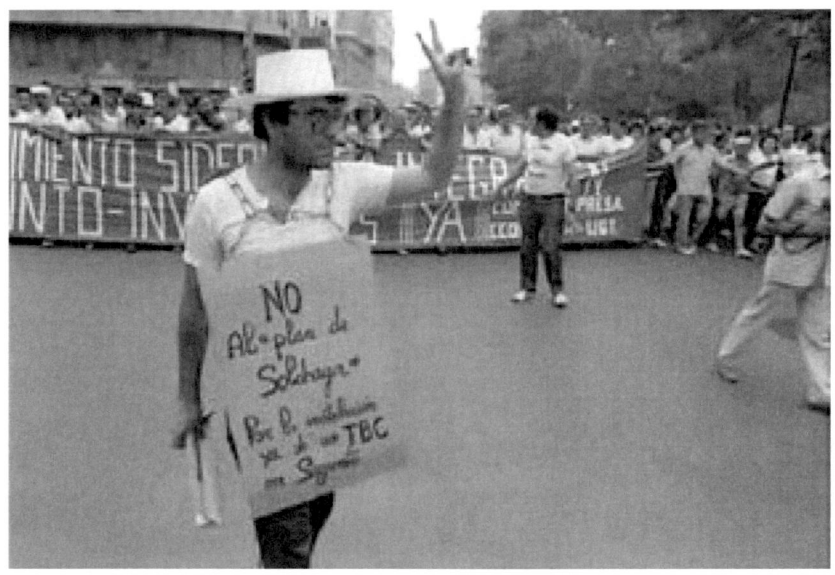

© 1983 Jesús Císcar_EL PAÍS

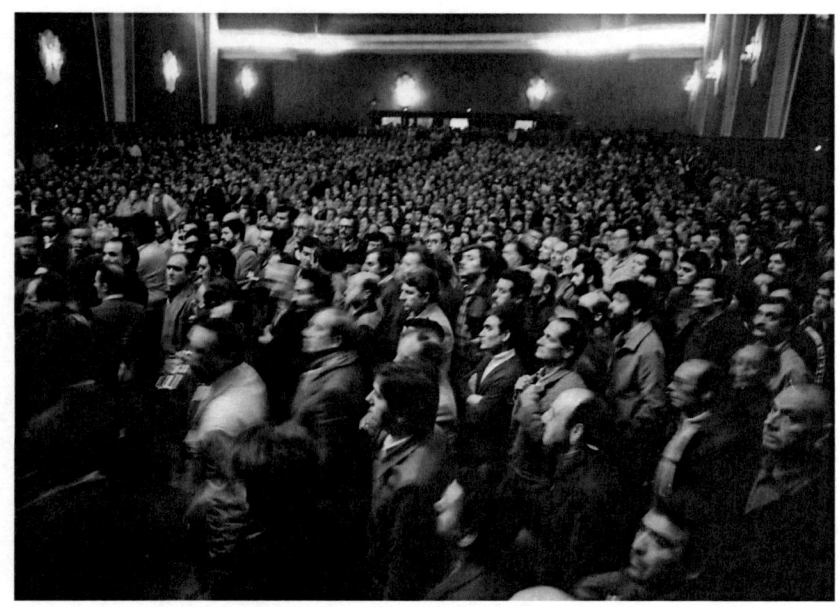

© 1983 Luis Vidal_LEVANTE

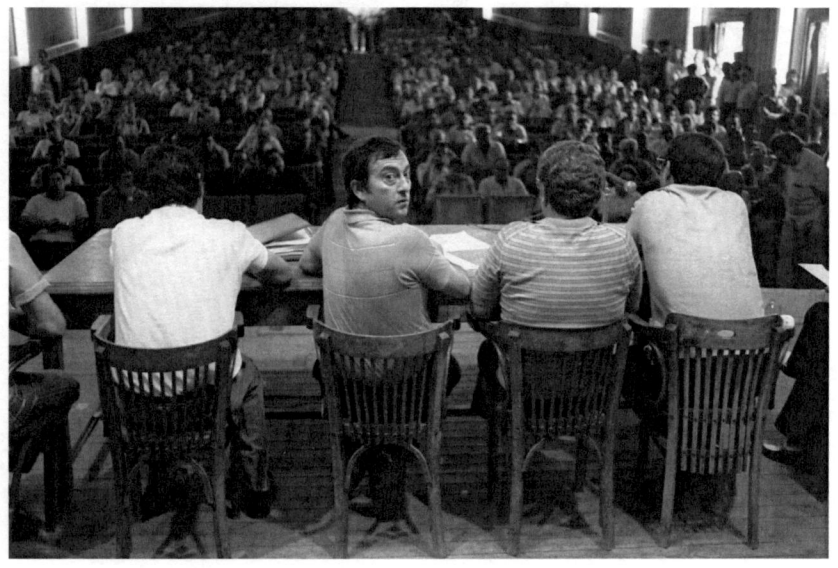

© 1983 Jesús Císcar_EL PAÍS

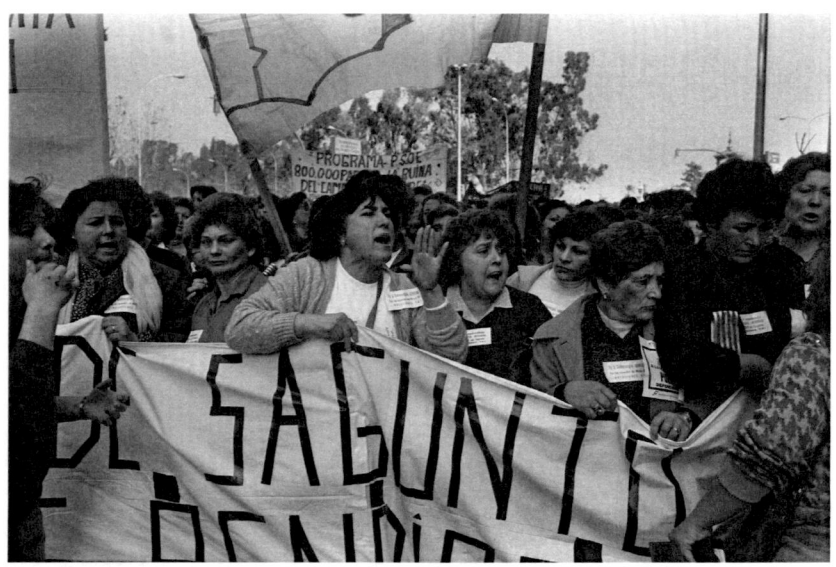

© 1983 J.V Rodríguez_NOTICIAS AL DÍA

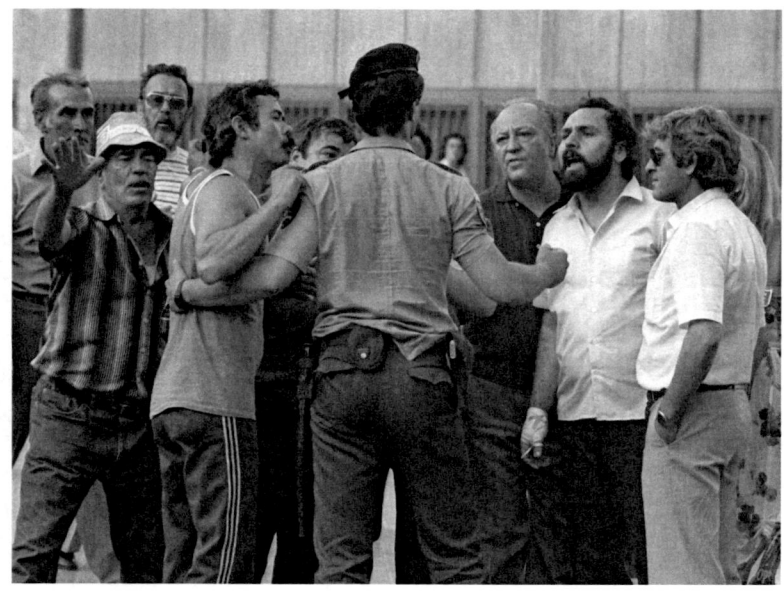

© 1983 Antonio Tiedra_TIEMPO (Grupo Zeta)

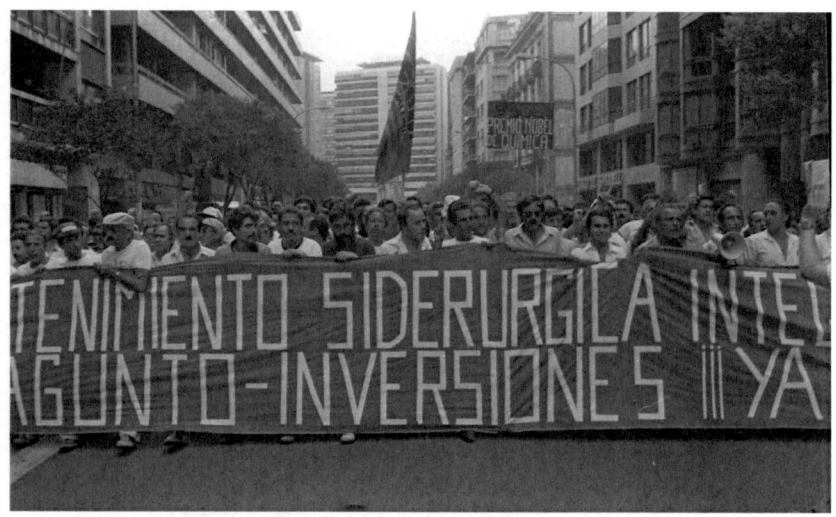

© 1983 José Aleixandre_EL PAÍS

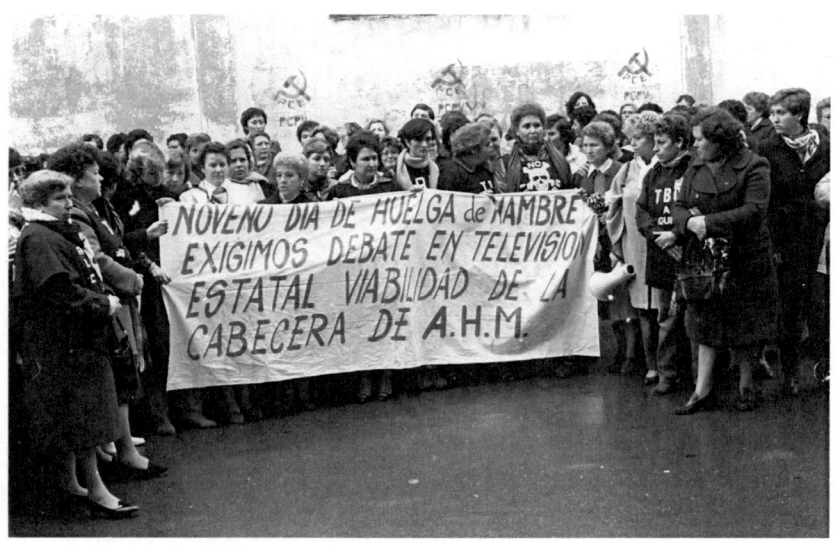

© 1984 José Aleixandre_EL PAÍS

Les barricades / Las barricadas

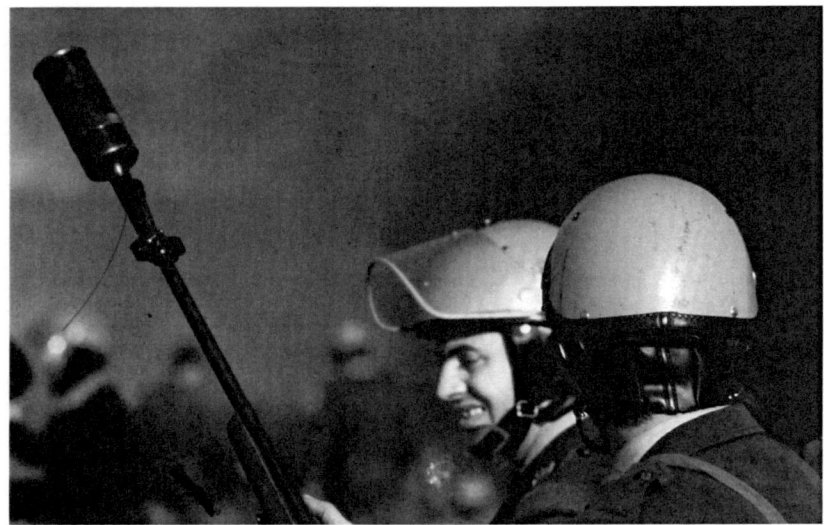

© 1983 José Aleixandre_EL PAÍS

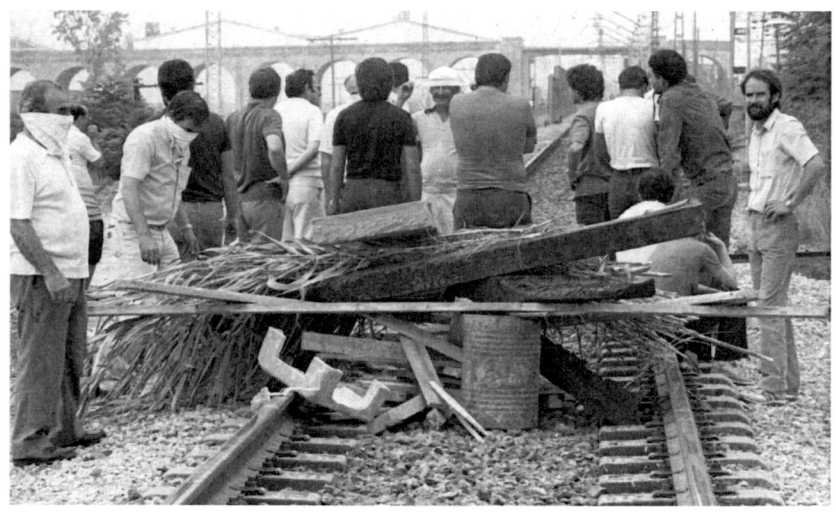

© 1983 Juan José Monzó_LAS PROVINCIAS

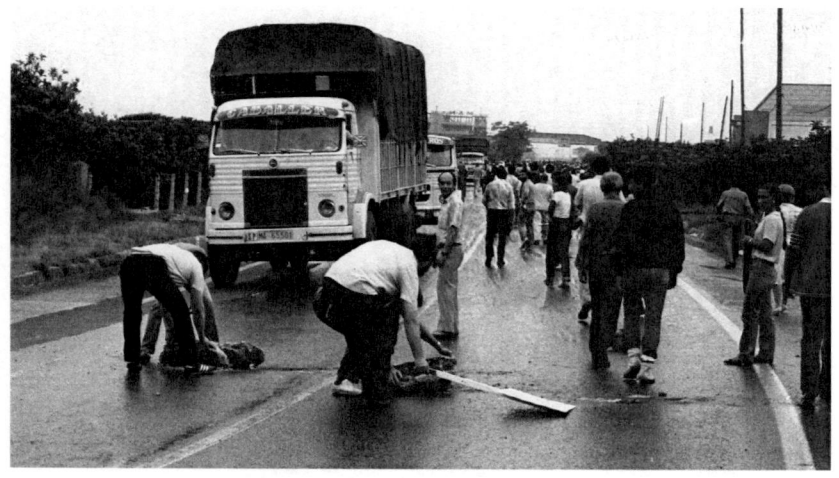

© 1983 José Aleixandre_EL PAÍS

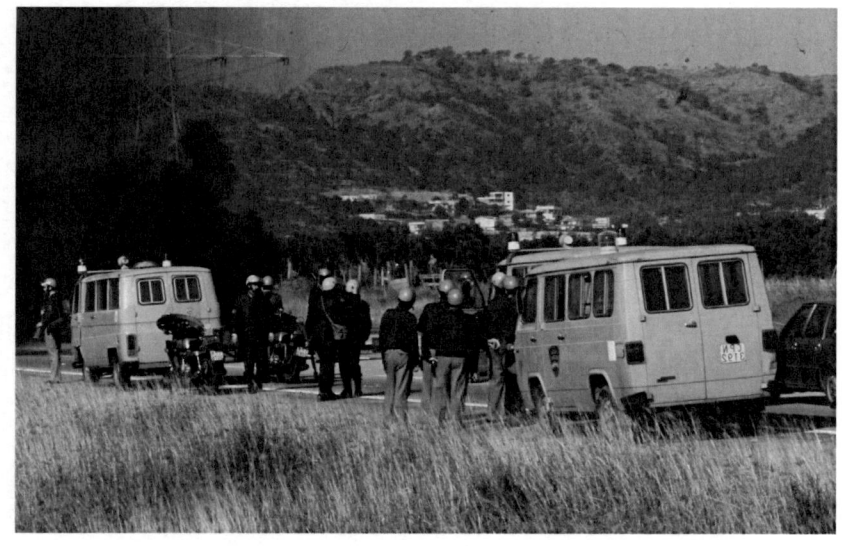

© 1983 José Aleixandre_EL PAÍS

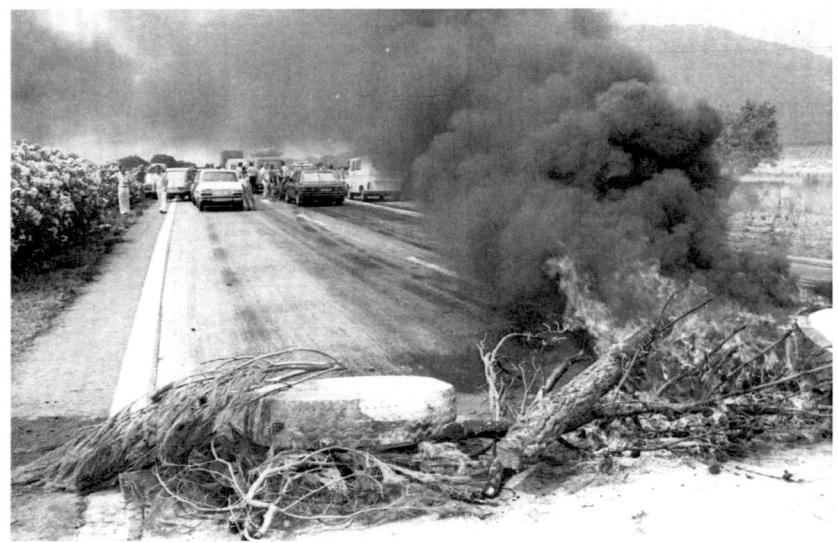

© 1983 Juan José Monzó_LAS PROVINCIAS

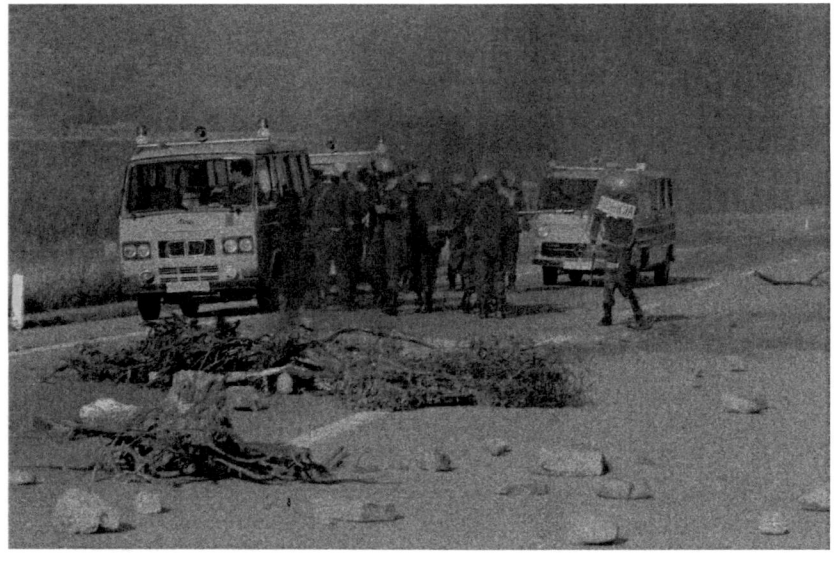

© 1983 Jordi Vicent_NOTICIAS AL DÍA

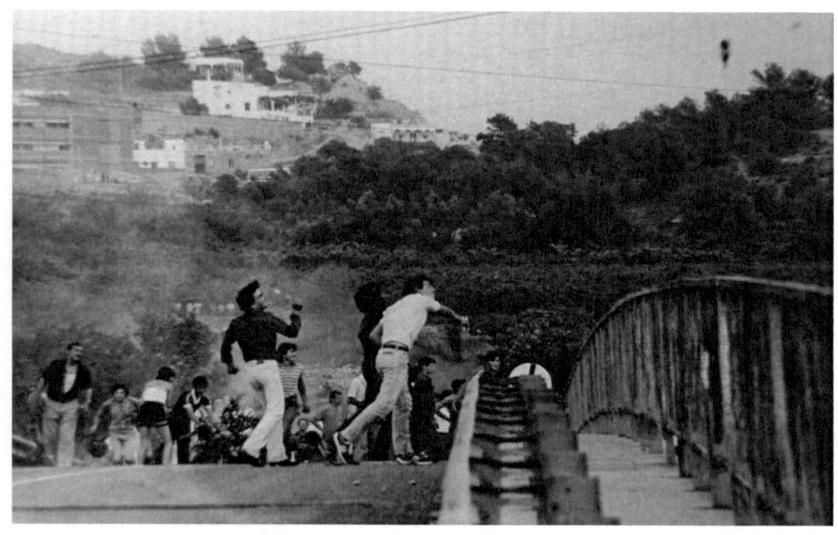

© 1983 Ana Torralva__EL PAÍS

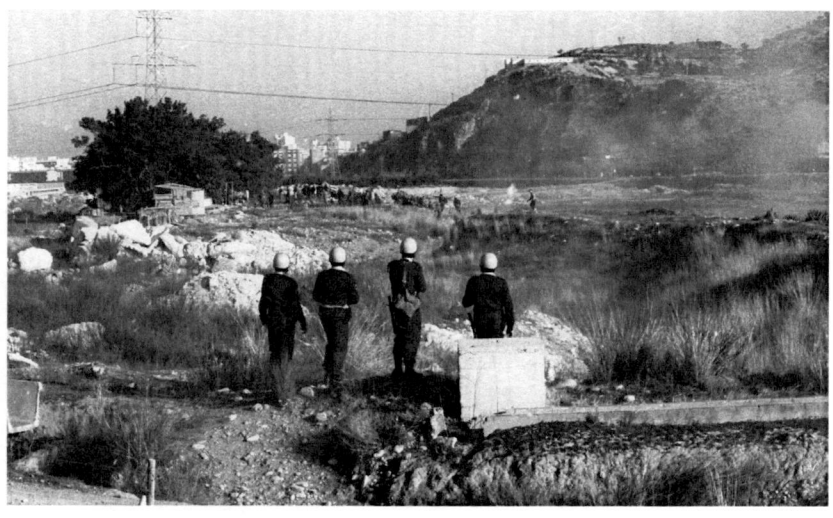

© 1983 Jordi Vicent_NOTICIAS AL DÍA

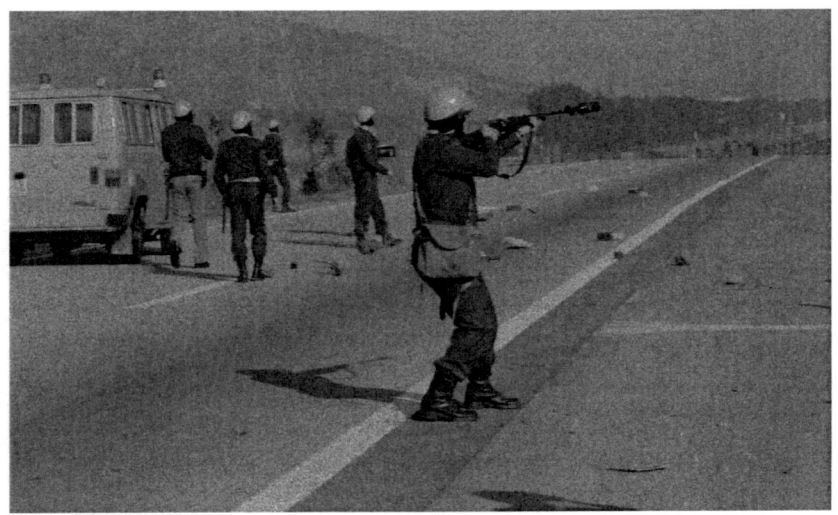

© 1983 Jordi Vicent_NOTICIAS AL DÍA

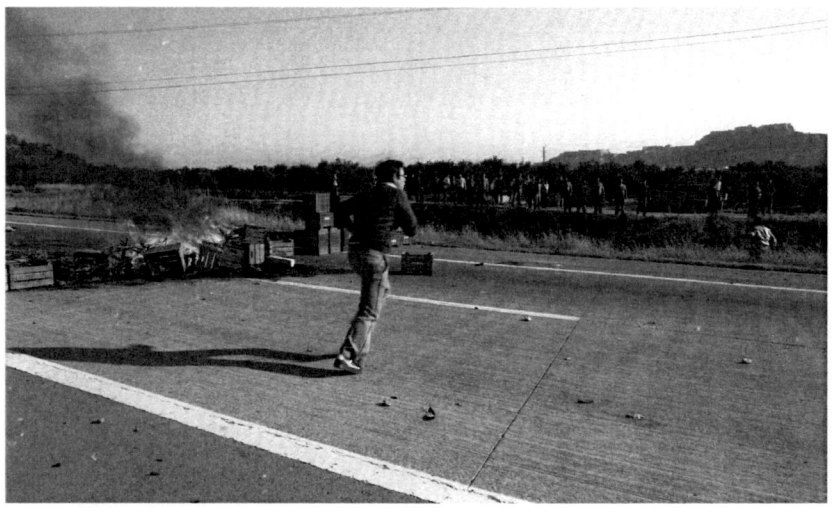

© 1983 Jordi Vicent_NOTICIAS AL DÍA

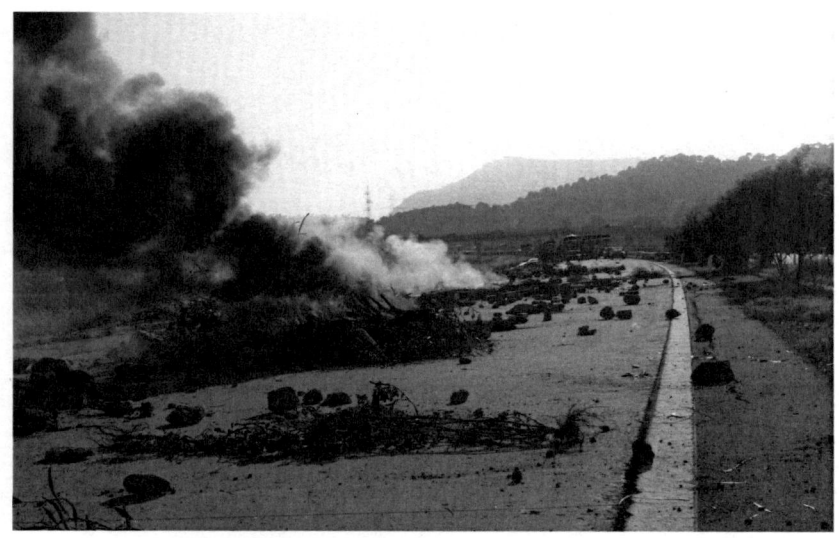

© 1983 Jordi Vicent_NOTICIAS AL DÍA

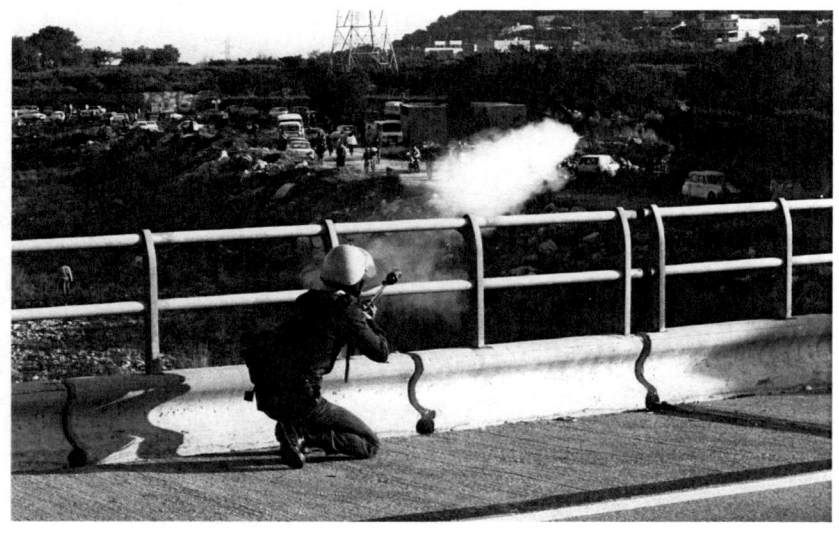

© 1983 Jordi Vicent_NOTICIAS AL DÍA

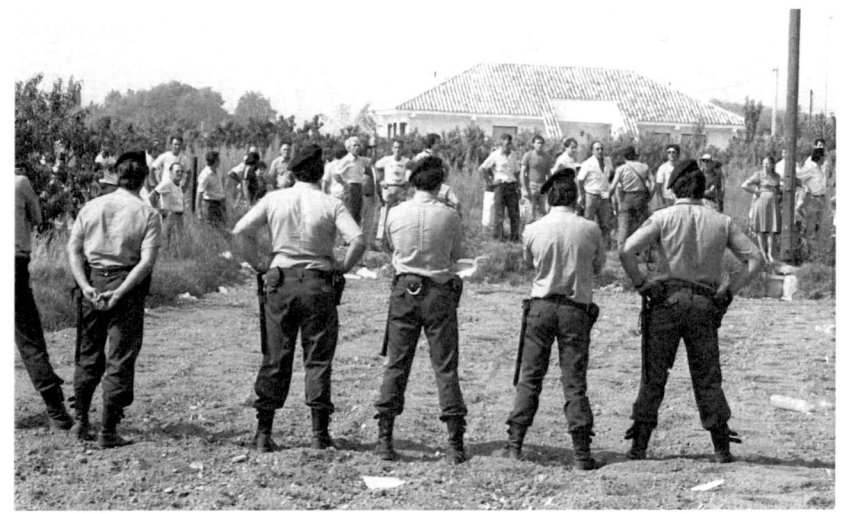

© 1983 Jesús Císcar_EL PAÍS

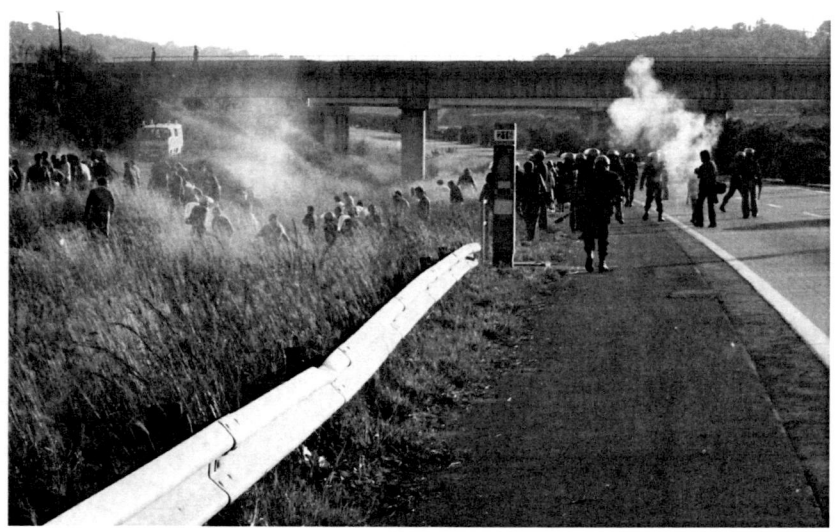

© 1983 Jordi Vicent_NOTICIAS AL DÍA

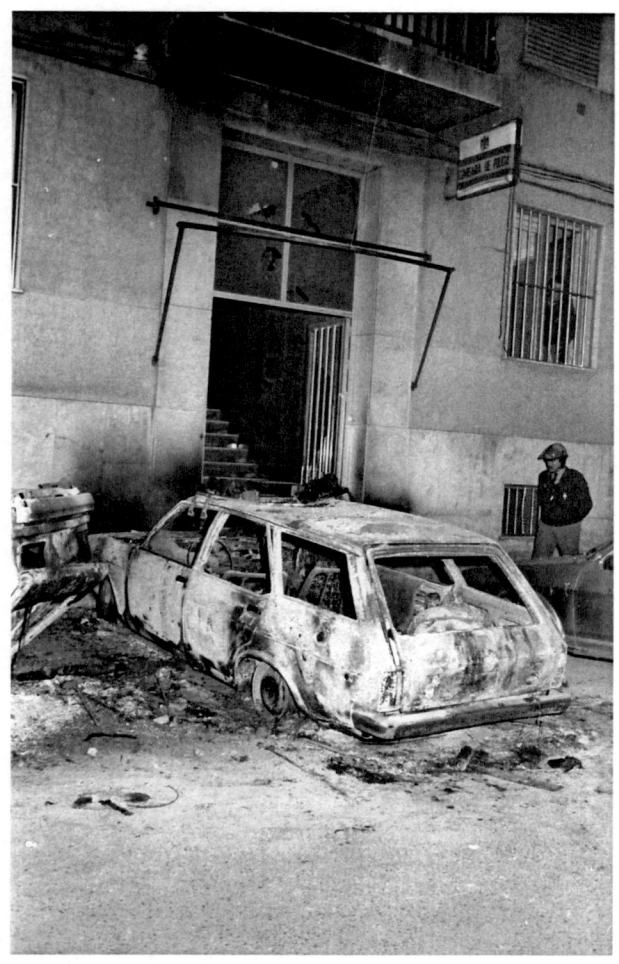

© 1983 Luis Vidal_LEVANTE

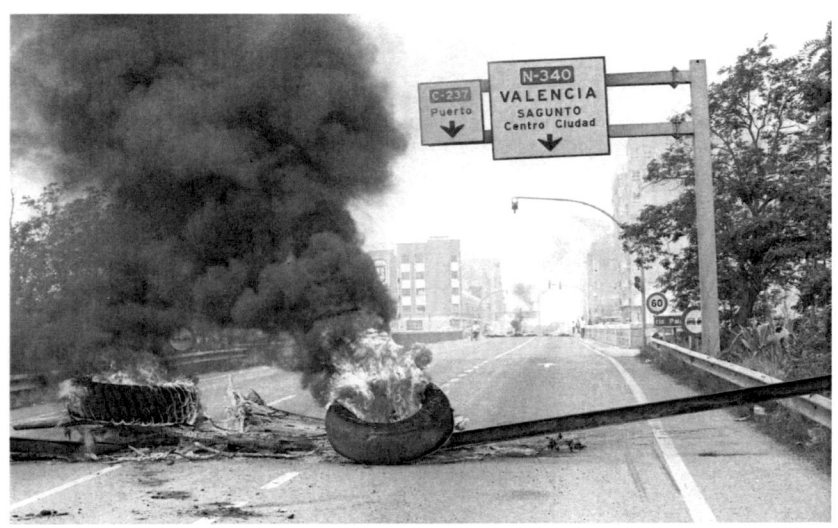

© 1983 Juan José Monzó_LAS PROVINCIAS

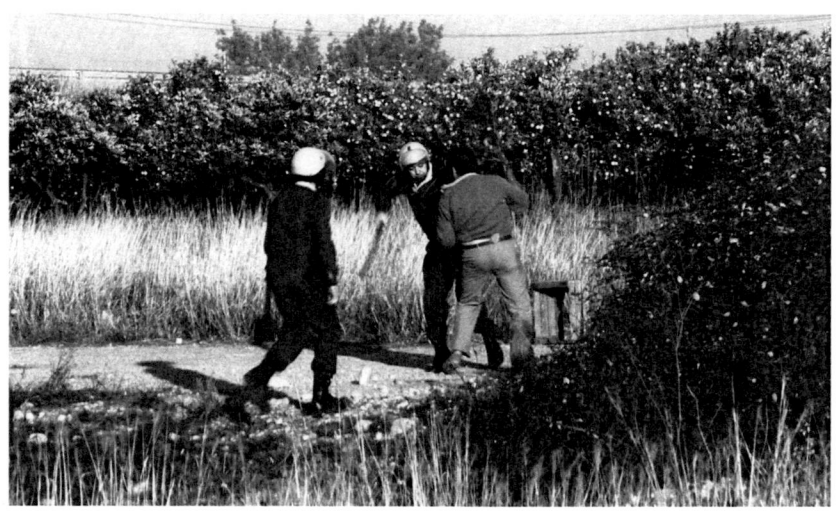

© 1983 Jordi Vicent_NOTICIAS AL DÍA

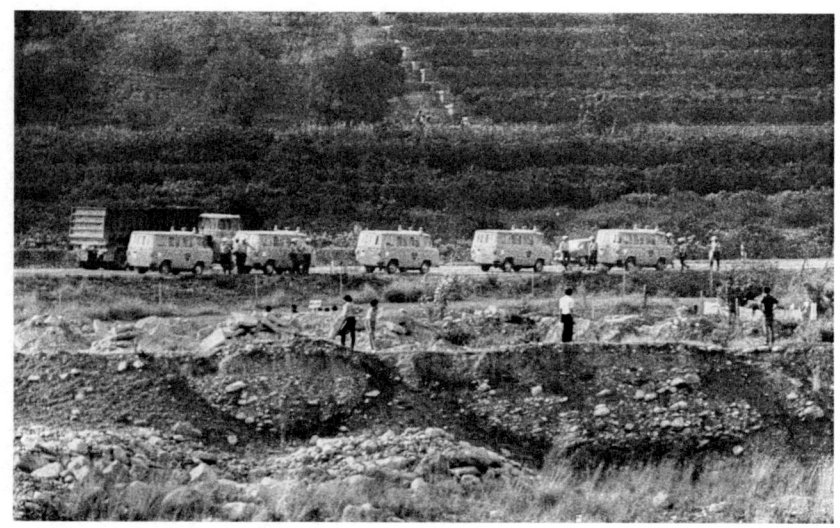

© 1983 Pepe Encinas_EL PERIÓDICO DE CATALUNYA

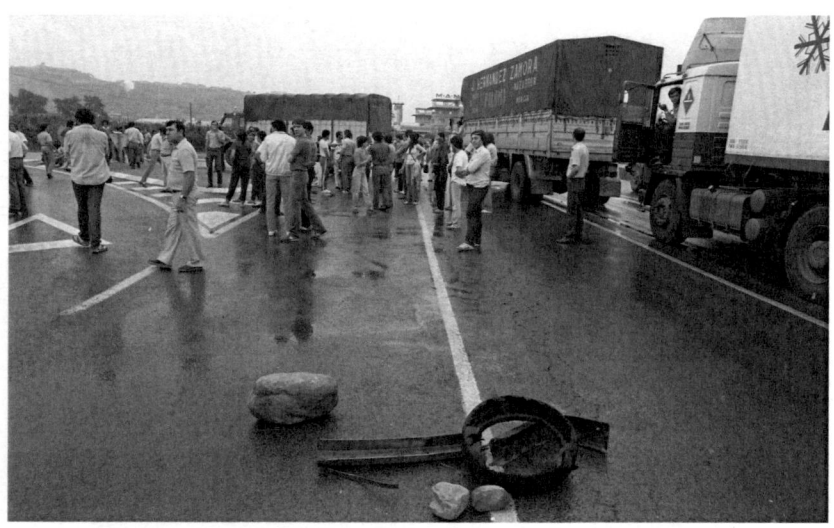

© 1983 Jesús Císcar_EL PAÍS

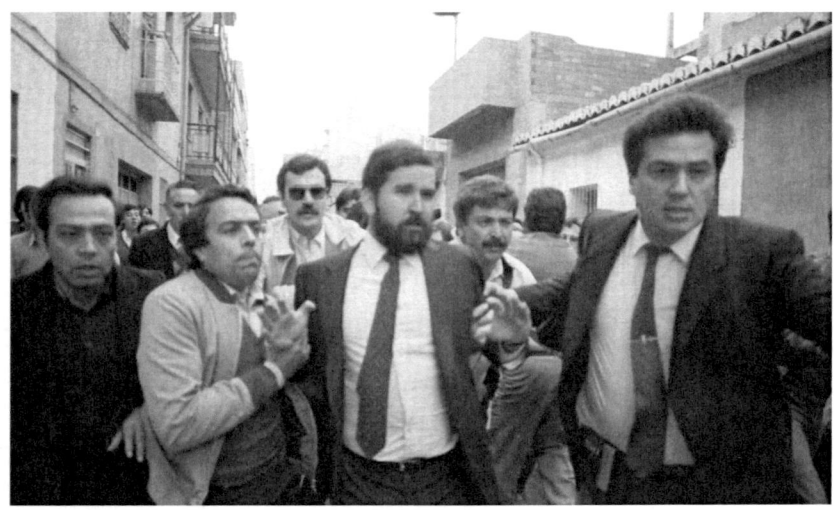

© 1983 Ana Torralva_EL PAÍS

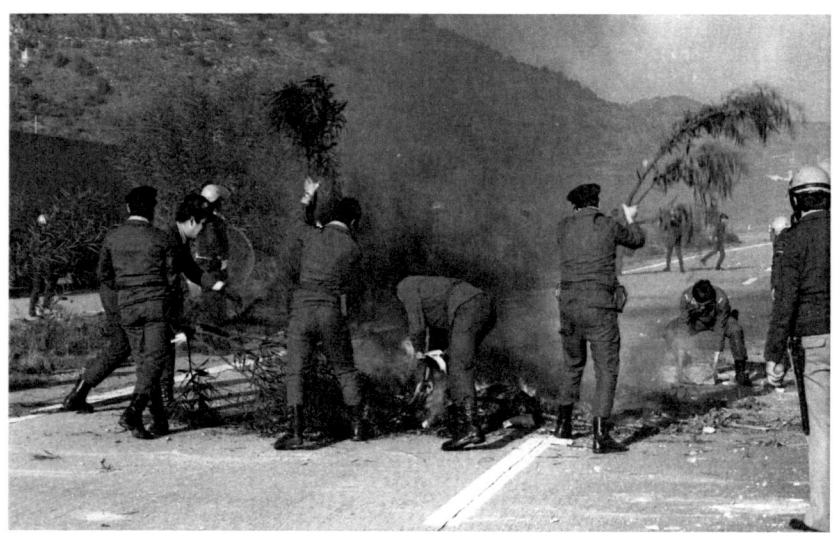

© 1983 Jordi Vicent_NOTICIAS AL DÍA

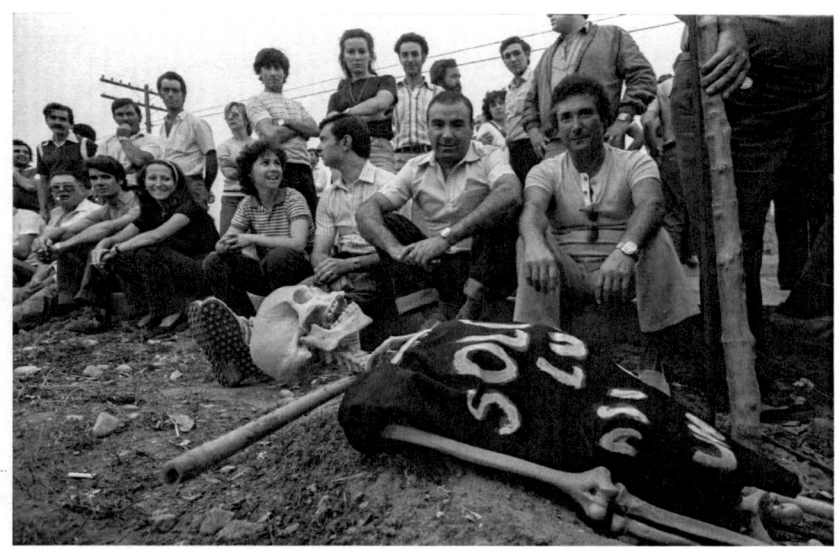

© 1983 Pepe Encinas_EL PERIÓDICO DE CATALUNYA

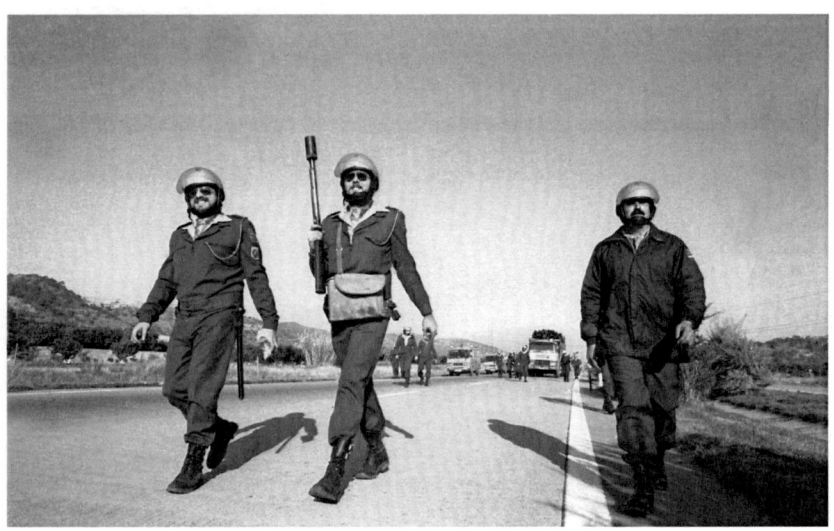

© 1983 Jesús Císcar_EL PAÍS

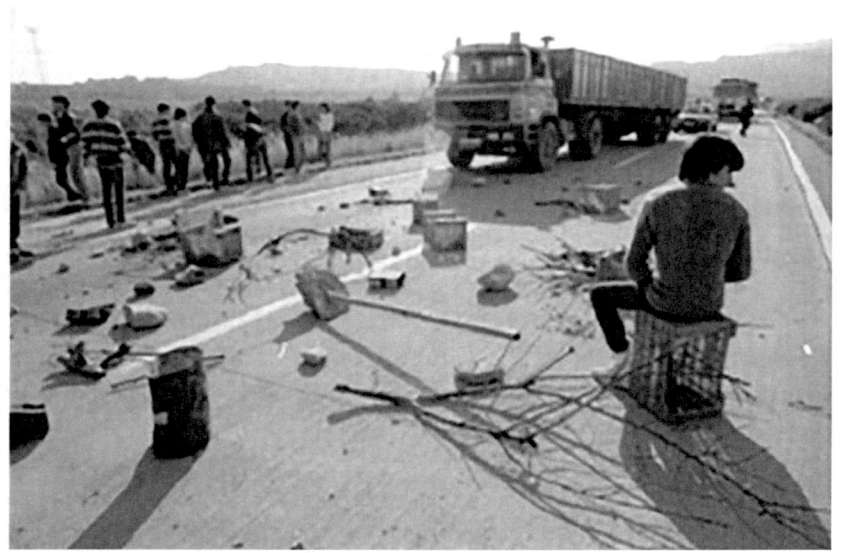

© 1983 Jesús Císcar_EL PAÍS

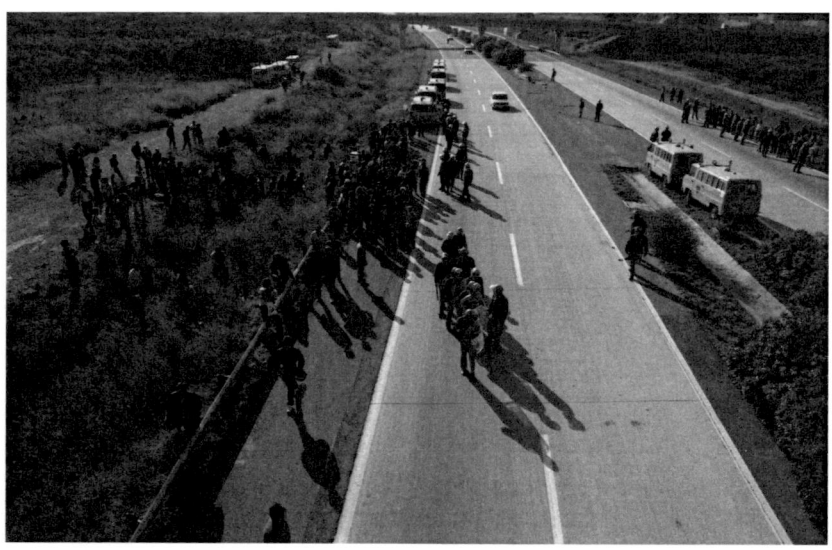

© 1983 Jordi Vicent_NOTICIAS AL DÍA

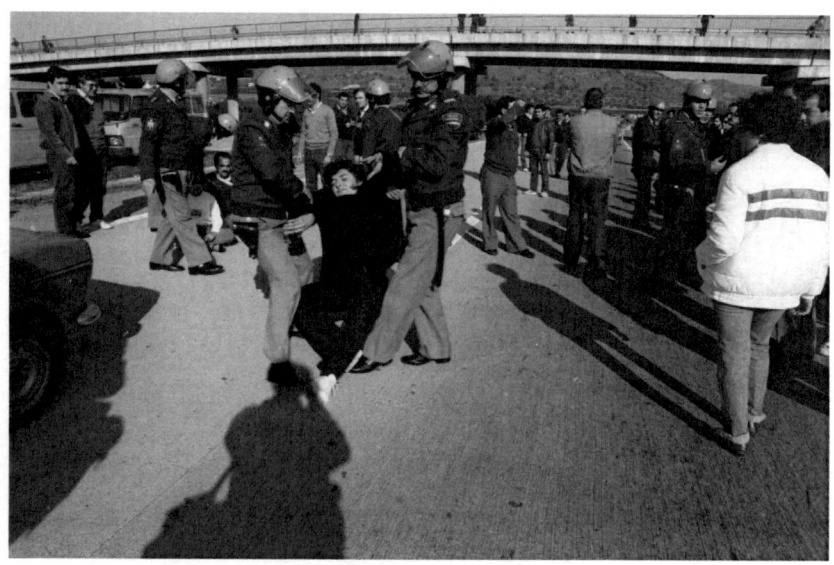

© 1983 Jordi Vicent_NOTICIAS AL DÍA

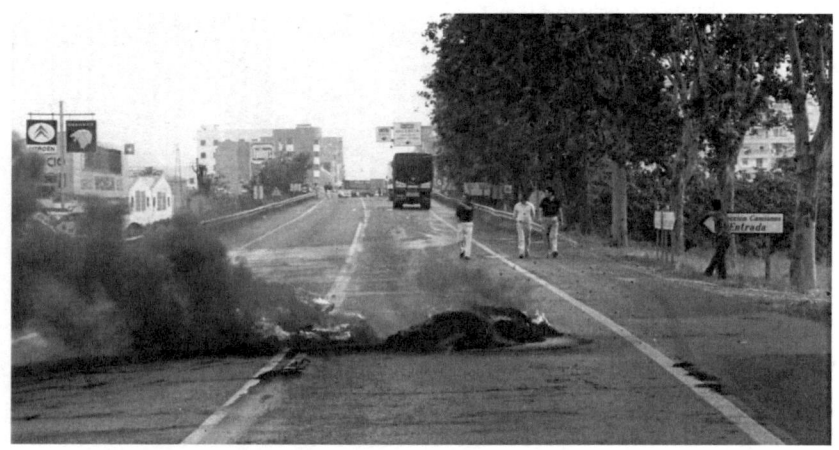

© 1983 José Aleixandre_EL PAÍS

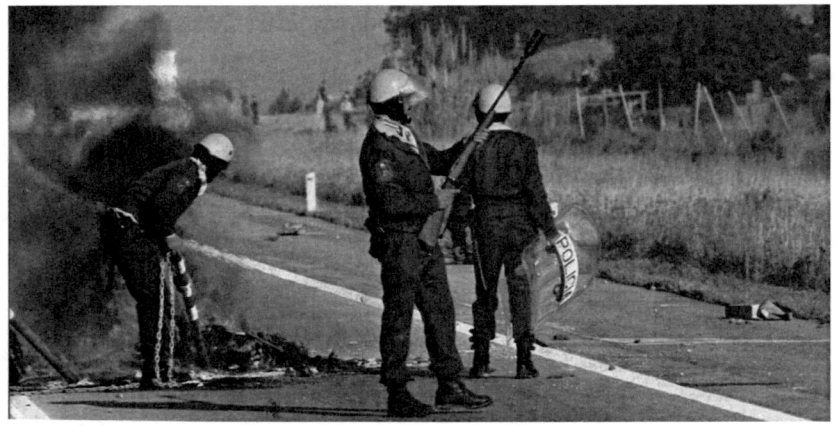

© 1983 José Aleixandre_EL PAÍS

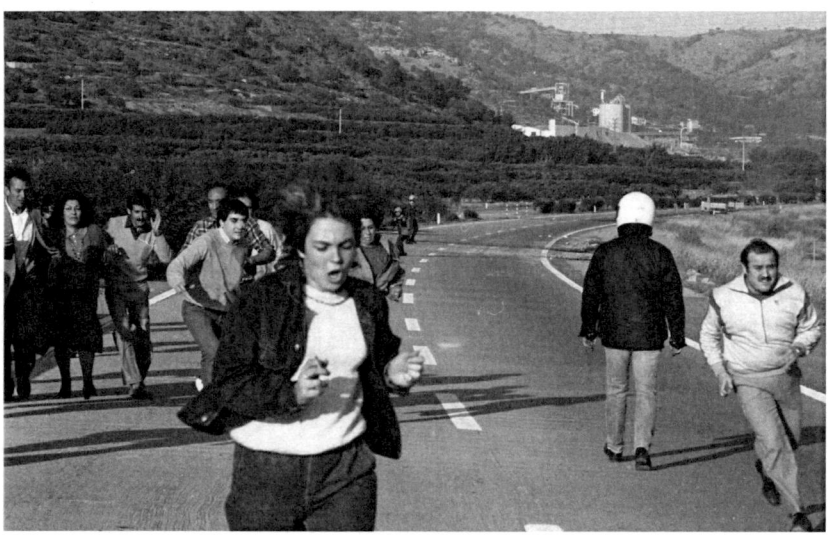

© 1983 Jesús Císcar_EL PAÍS

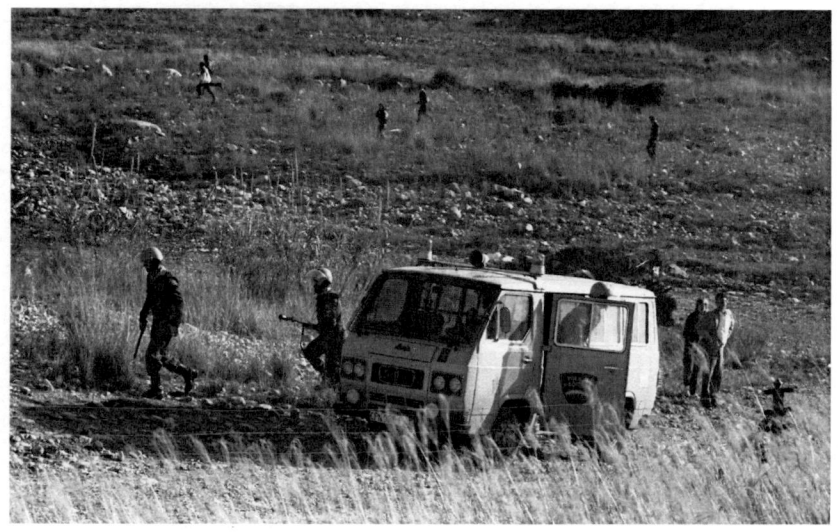

© 1983 Jesús Císcar_EL PAÍS

En el focus mediàtic / En el foco mediático

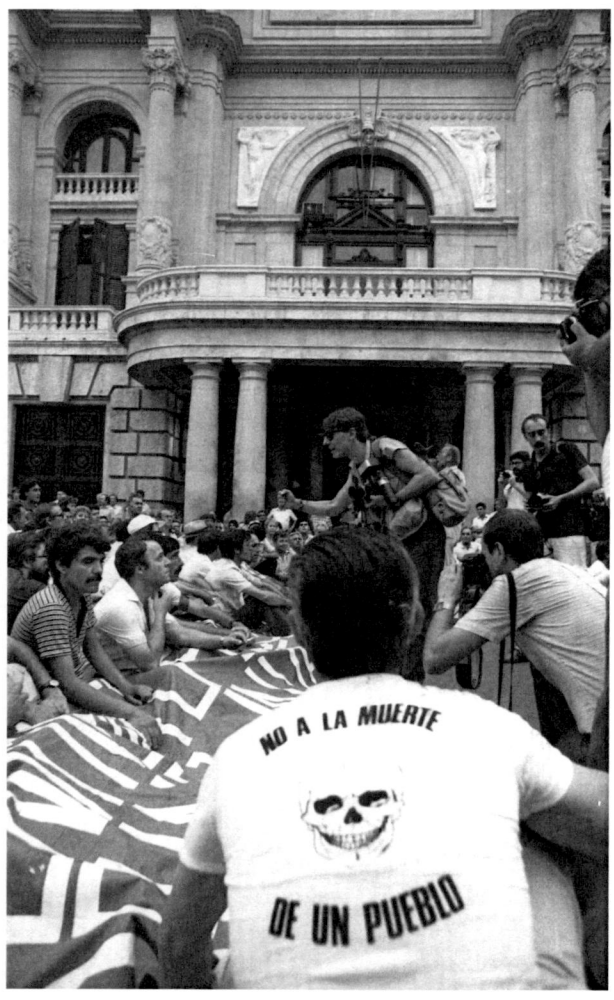

© 1983 Jesús Císcar_EL PAÍS

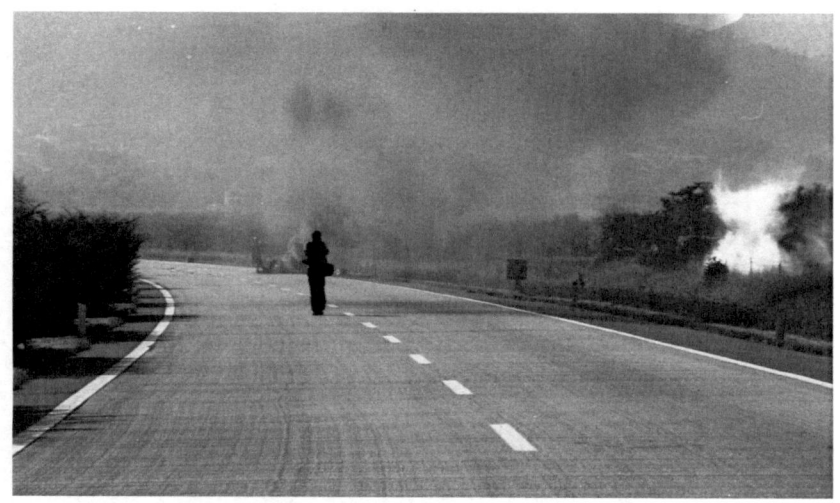

© 1983 Jordi Vicent_NOTICIAS AL DÍA

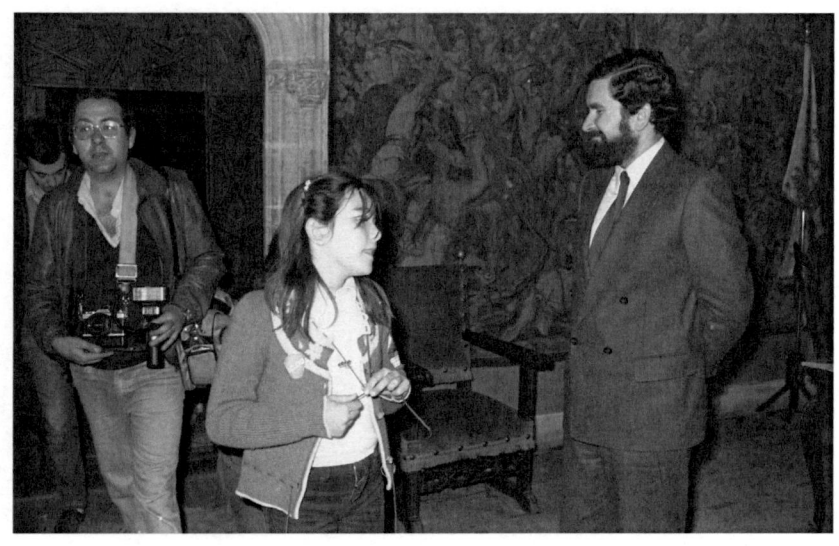

© 1983 Jesús Císcar_EL PAÍS

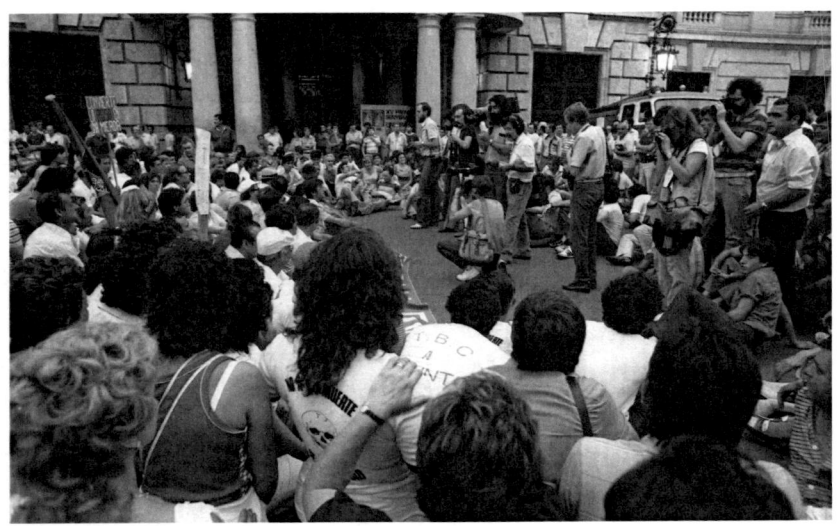

© 1983 Jesús Císcar_EL PAÍS

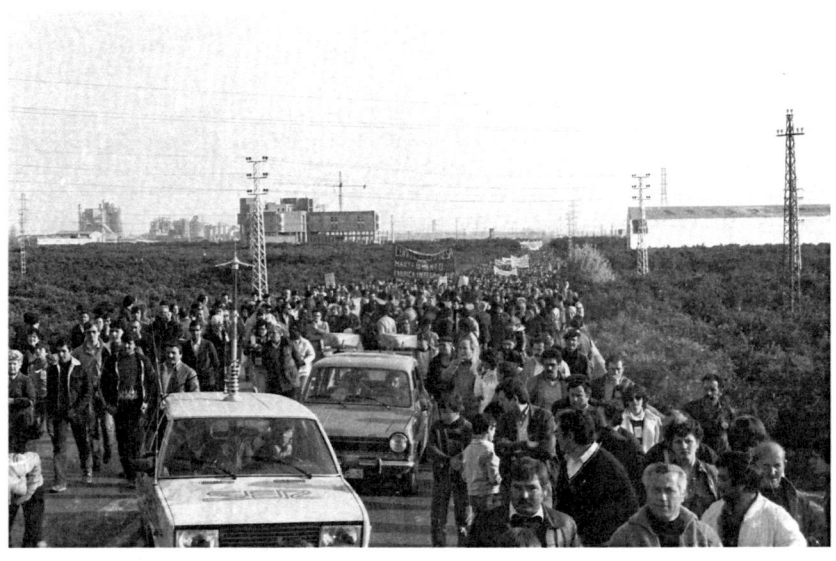

© 1983 José Aleixandre_EL PAÍS

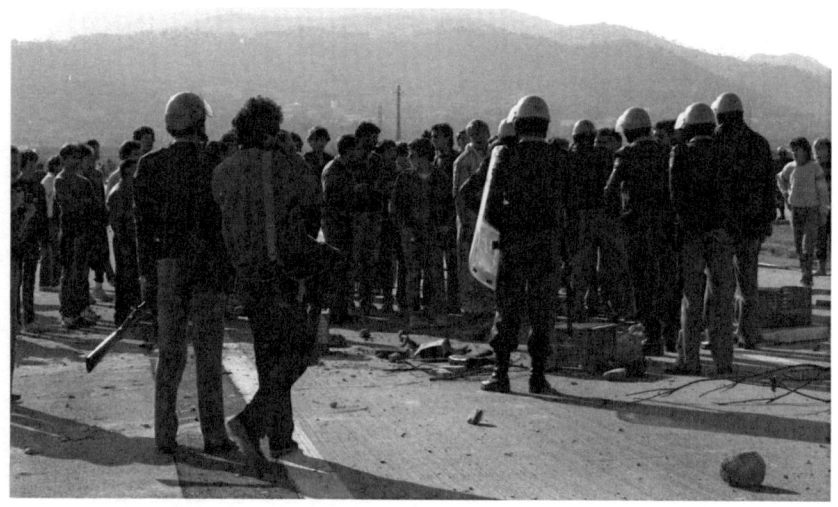

© 1983 Jordi Vicent_NOTICIAS AL DÍA

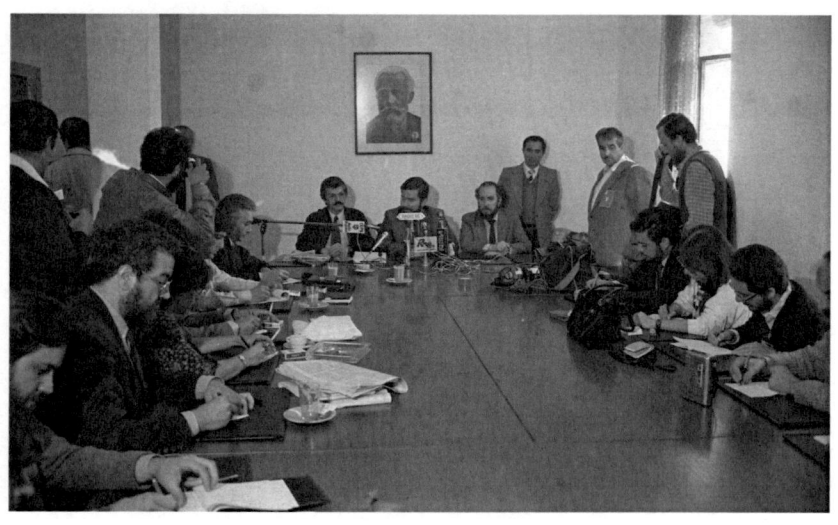

© 1983 Jesús Císcar_EL PAÍS

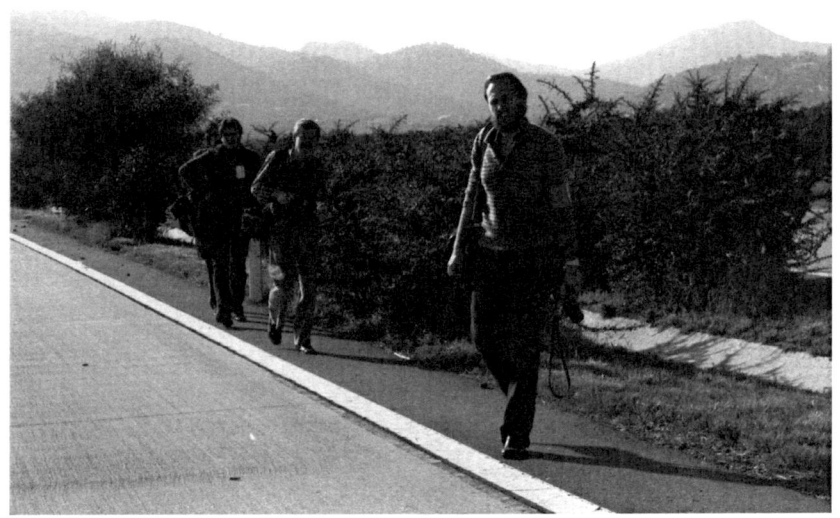

© 1983 Jordi Vicent_NOTICIAS AL DÍA

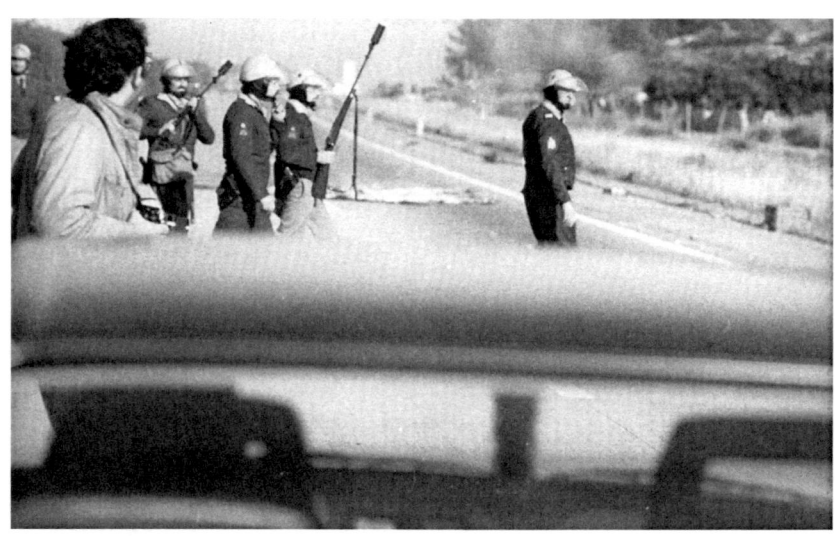

© 1983 Jesús Císcar_EL PAÍS

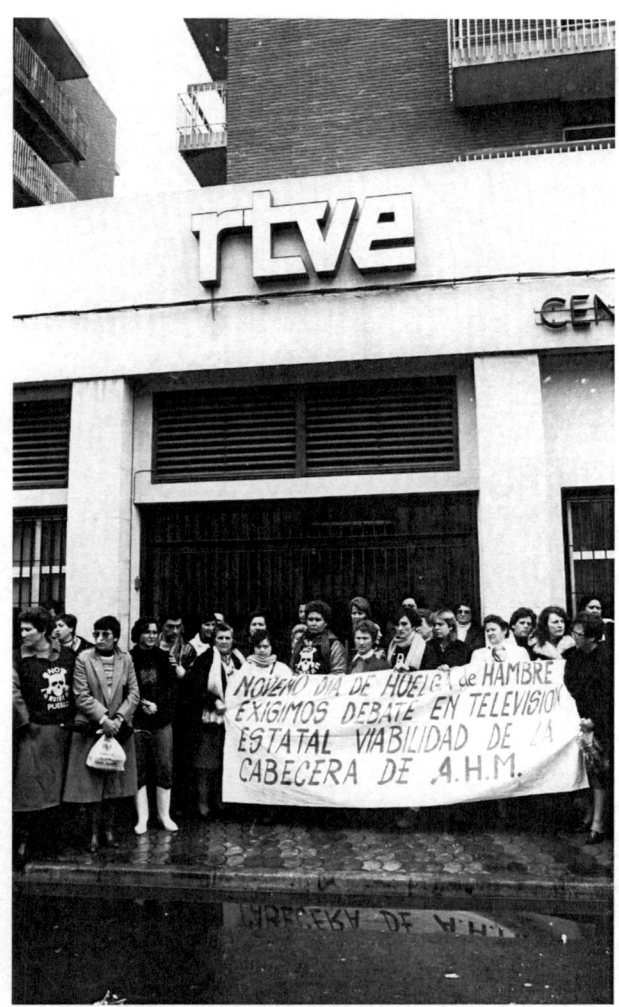

© 1984 Jesús Císcar_EL PAÍS

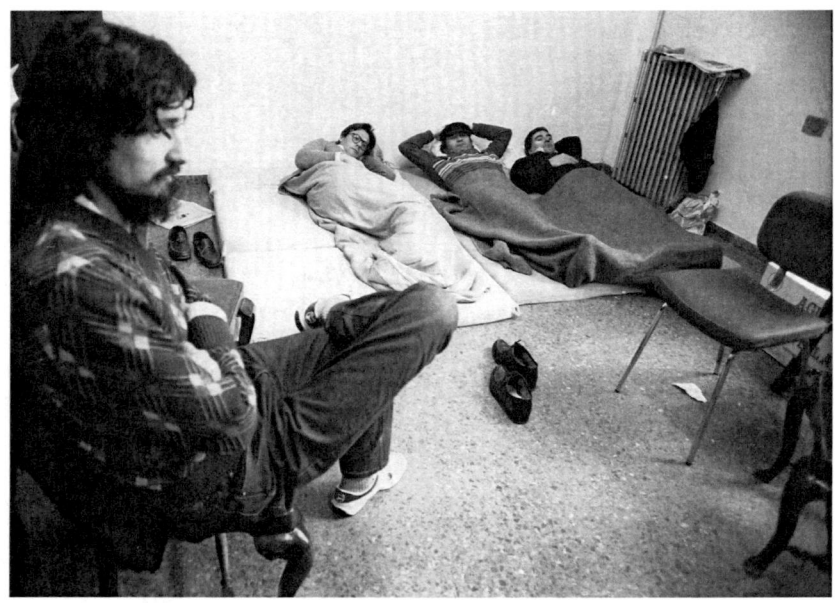

© 1984 Jesús Císcar_EL PAÍS

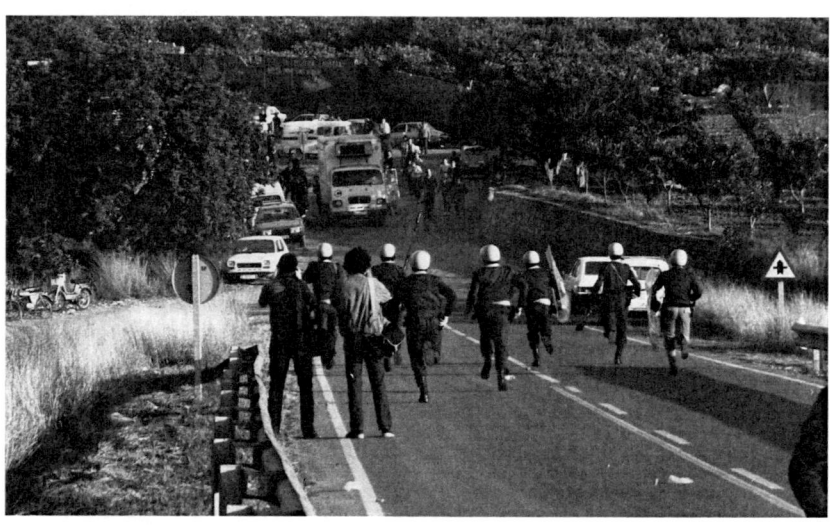

© 1983 Jesús Císcar_EL PAÍS

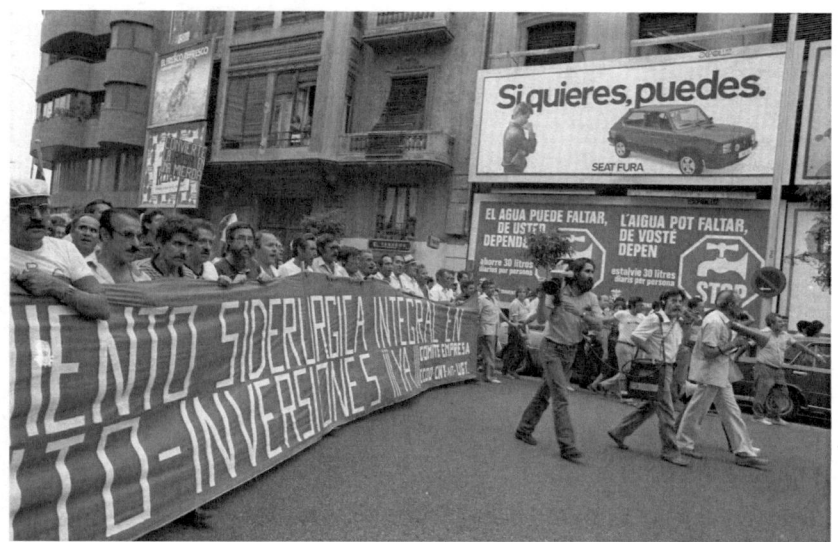

© 1983 Jesús Císcar_EL PAÍS

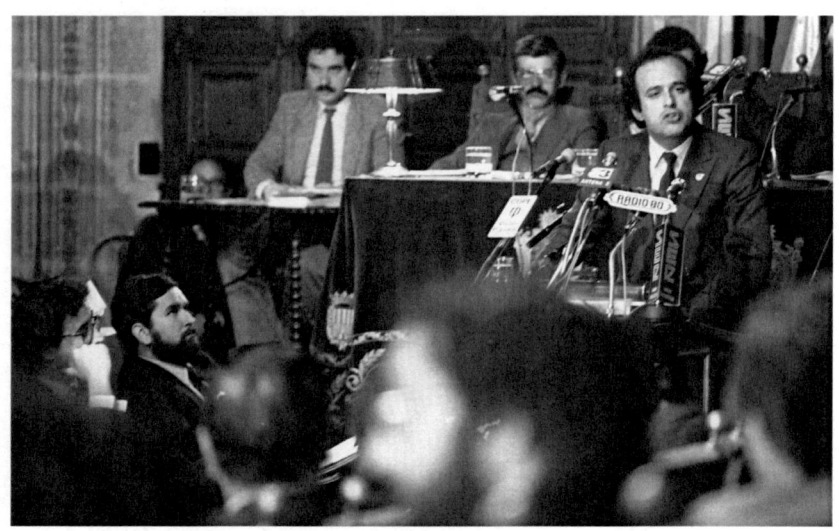

© 1983 Jesús Císcar_EL PAÍS

Epíleg / Epílogo

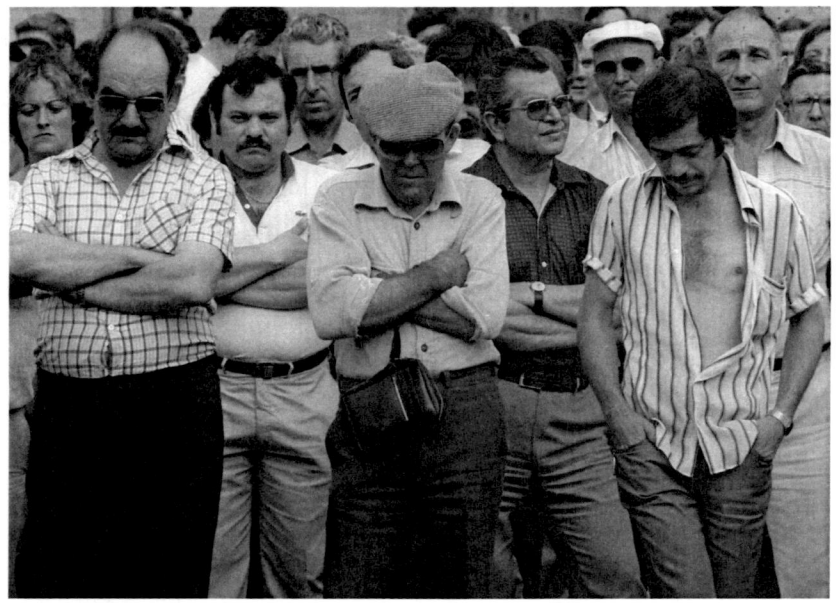

© 1984 Antonio Tiedra_TIEMPO (Grupo Zeta)

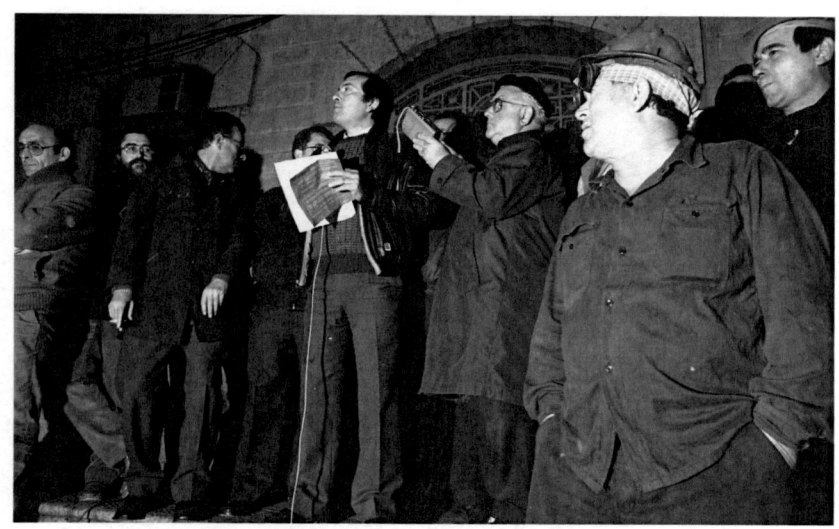

© 1984 Jesús Císcar_EL PAÍS

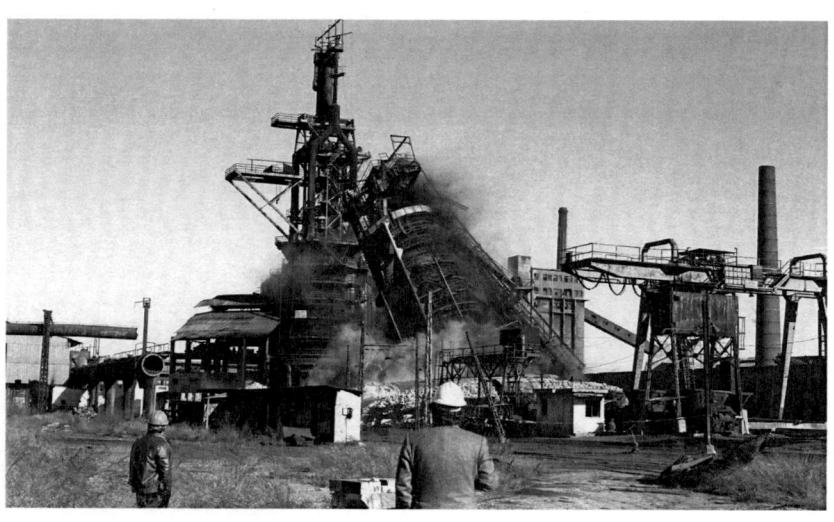

© 1985 Jesús Císcar_EL PAÍS

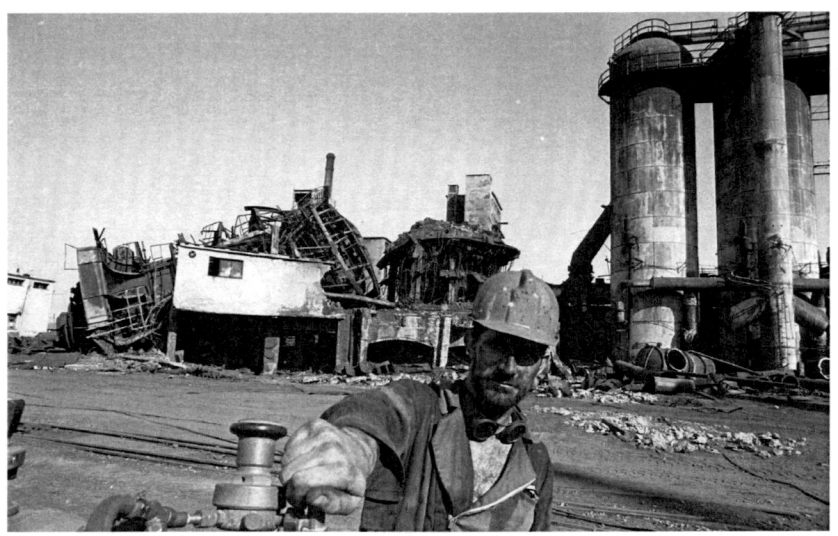

© 1985 Jesús Císcar_EL PAÍS

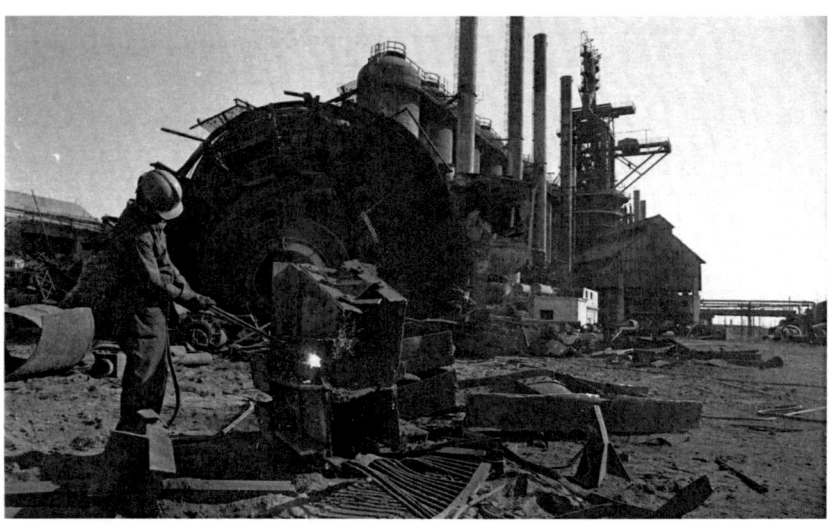

© 1985 Jesús Císcar_EL PAÍS

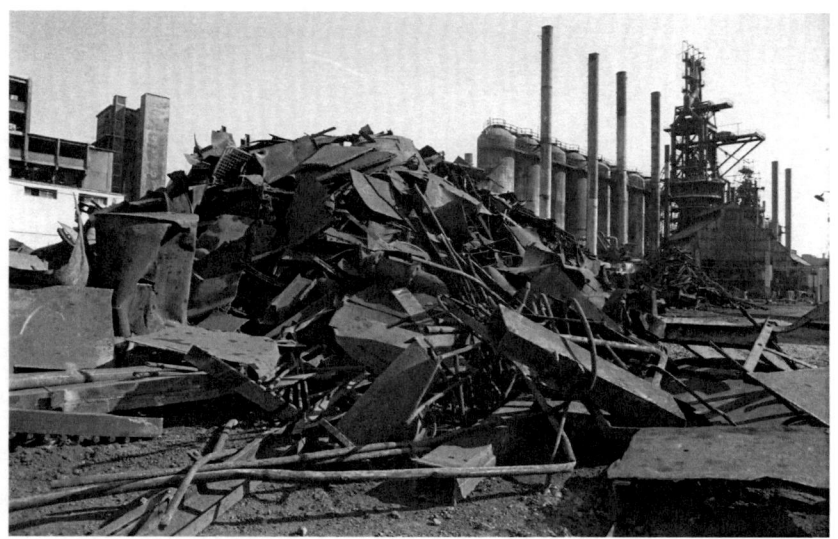

© 1985 Jesús Císcar_EL PAÍS

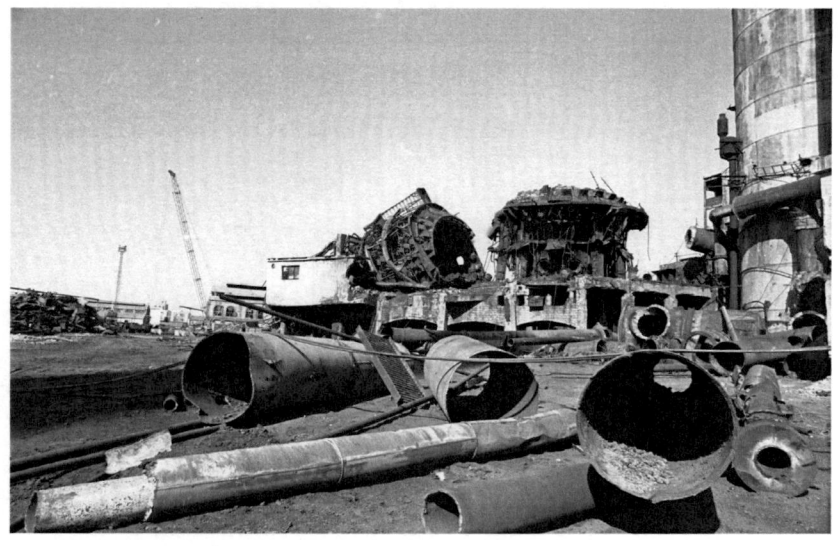

© 1985 Jesús Císcar_EL PAÍS

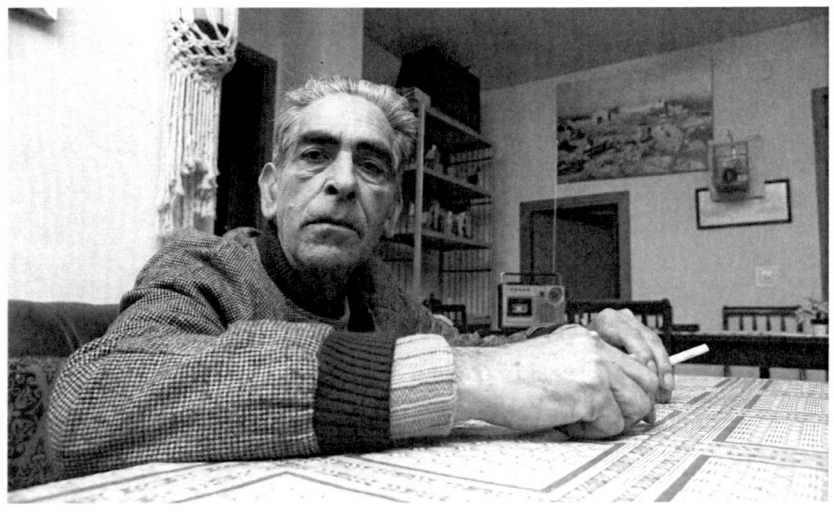

© 1985 Jesús Císcar_EL PAÍS

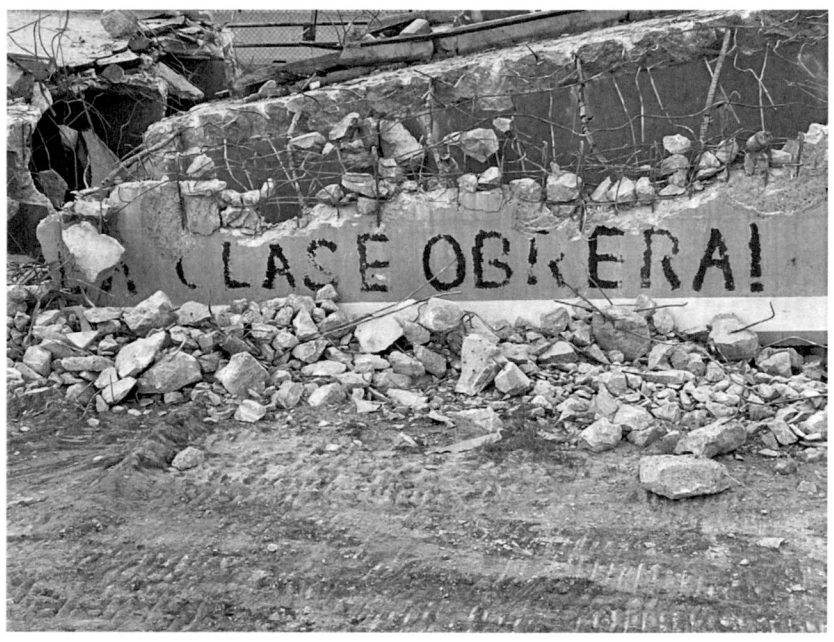

© 2023 Vic Pereiró_ARTISTA VISUAL

Revista de premsa
Revista de prensa

05·02·1983
EL FORN ALT NO S'APAGA
EL HORNO ALTO NO SE APAGA

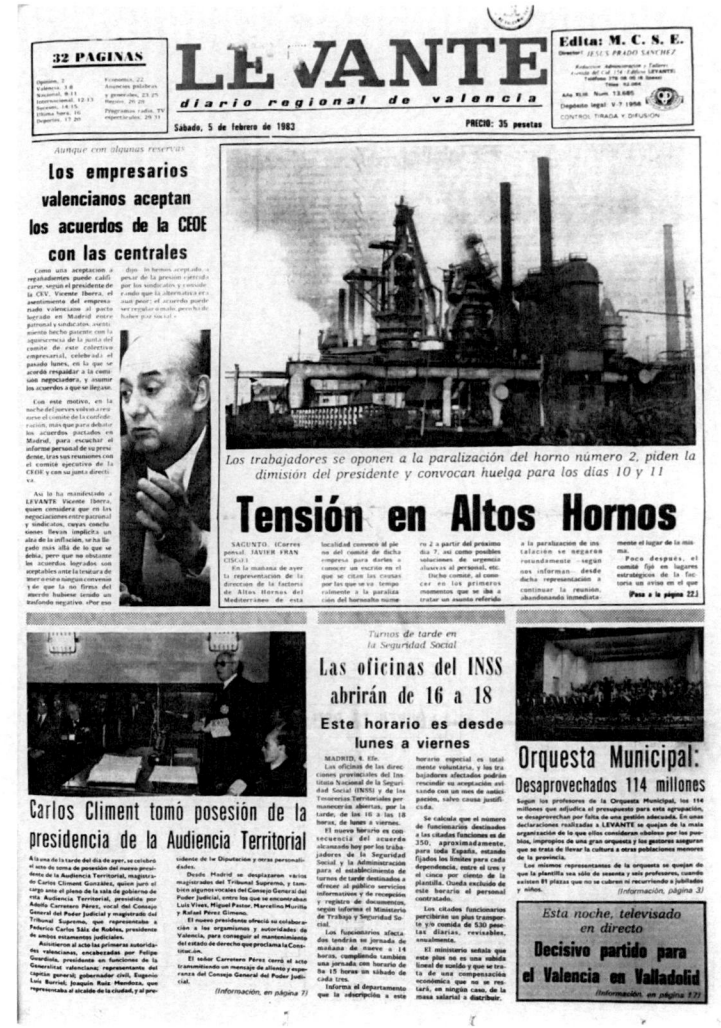

17 · 02 · 1983

LA PRIMERA VAGA GENERAL

LA PRIMERA HUELGA GENERAL

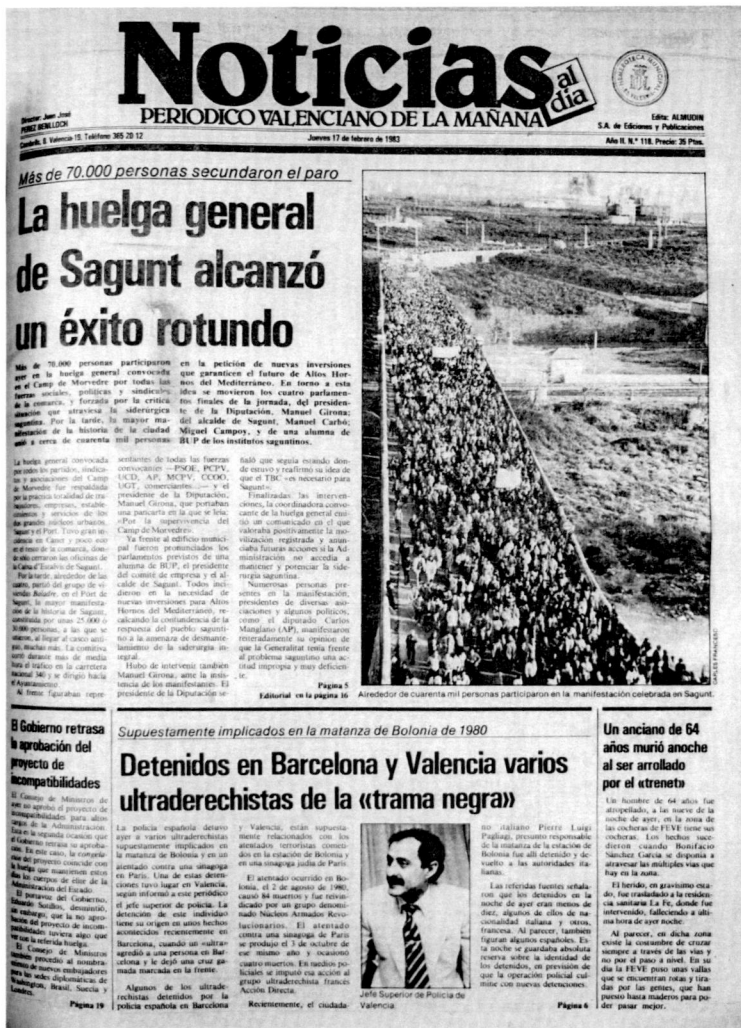

01 · 03 · 1983
SAGUNT PREN VALÈNCIA
SAGUNT TOMA VALÈNCIA

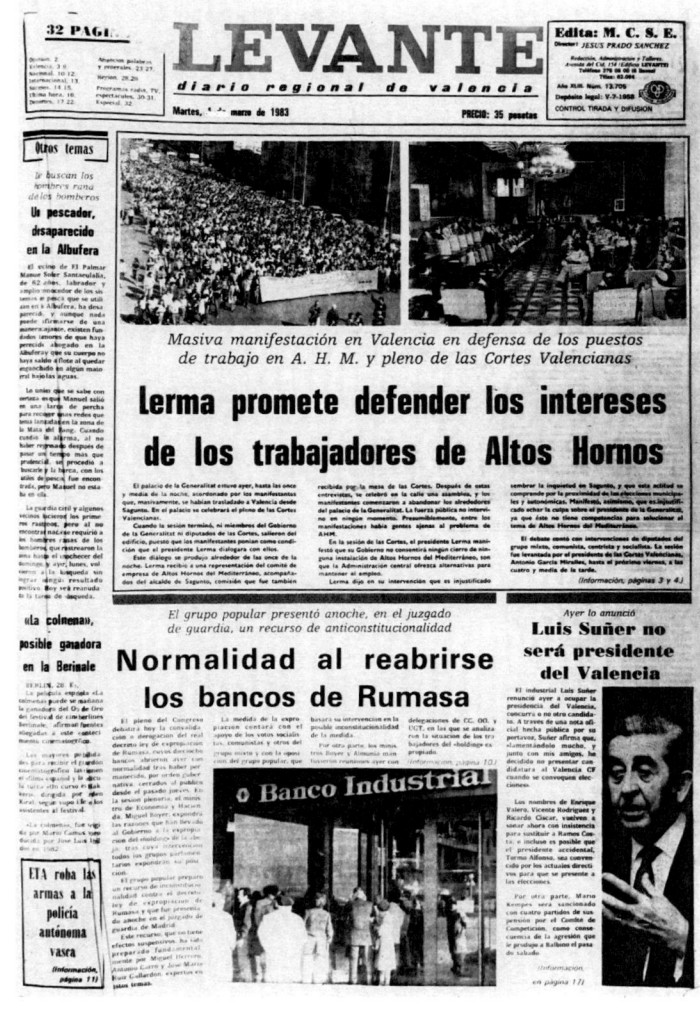

19 · 03 · 1983
LA DIRECCIÓ DE L'EMPRESA, ACORRALADA
LA DIRECCIÓN DE LA EMPRESA, ACORRALADA

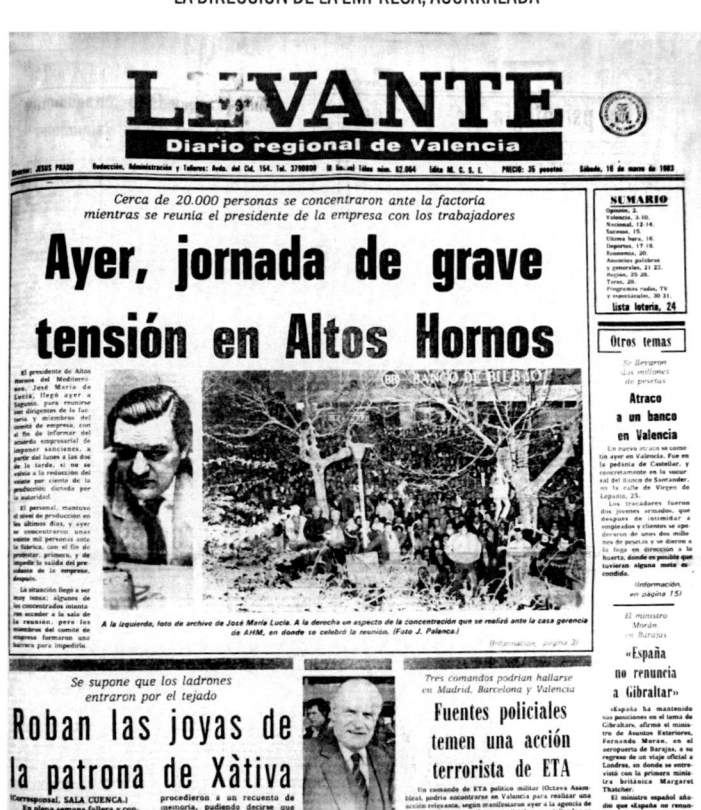

28 · 04 · 1983
EL GOVERN AUTONÒMIC CONTRA LES CORDES
EL GOBIERNO AUTONÓMICO CONTRA LAS CUERDAS

EL PAIS

DIRECTOR: JUAN LUIS CEBRIÁN

DIARIO INDEPENDIENTE DE LA MAÑANA

BARCELONA, JUEVES 28 DE ABRIL DE 1983

Redacción, Administración y Talleres: Zona Franca, Sector B, calle D / Barcelona-4 / ☎ 336 48 00 / Precio: 35 pesetas / Año VIII. Número 2.222

"El Salvador está tan cerca de Texas como Texas de Massachusetts", declaró el presidente ante el Congreso

Reagan afirma que la crisis de Centroamérica afecta a la seguridad nacional de EE UU

RAMÓN VILARÓ, Washington
"El Salvador está tan cerca de Texas, como Texas de Massachusetts". Con esta frase, el presidente de Estados Unidos, Ronald Reagan, intentó esta madrugada explicar al pleno del Congreso —Senado y Cámara de Representantes—, y a los norteamericanos en general que "los problemas de Centroamérica afectan directamente a la seguridad de nuestro pueblo".

Los ejes del discurso de Reagan ante el pleno de las dos Cámaras —hecho excepcional que demuestra la trascendencia que el presi-

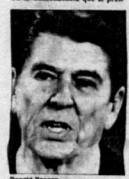

Ronald Reagan.

Pujol quiere tratar el 'caso Feo' con Felipe González para calmar los ánimos

El presidente de la Generalitat, Jordi Pujol, puso de manifiesto ayer en Tarragona, en el transcurso de un viaje electoral, que la Generalitat desearía y necesitaría una relación cordial con el Gobierno central. Este deseo fue expresado al hacer Pujol referencia al caso Feo, de quien dijo que había pronunciado las palabras insultantes que se le atribuyen. Pujol agregó que éste era un asunto para tratar directamente con el presidente del Gobierno, Felipe González, y se mostró partidario de calmar los ánimos y encauzar la campaña electoral hacia temas de estricto interés municipal.

Pujol no quiso adelantar nada sobre sus posibles acuerdos postelectorales. Negó que su partido fuera a pactar con Alianza Popular y afirmó estar pendiente del futuro que la presente socialdemocracia le ofrece. En su opinión, los resultados del día 8 de mayo no tienen por qué afectar al Consell ni a la estabilidad en el Parlament.

Pujol afirmó también que las previsiones de su partido son optimistas. Sus encuestas les predicen el contundente electoral que considera necesario para afrontar la reciente programa de los socialistas" y para enmendar el Consell. "La pretendería l'Estat en interlocutor vàlid del Gobierno central. "La proponencia del PSOE sería una democràcia, però peligrosa", expresó.

Página 21

dente concede al tema centroamericano—, fueron los duros ataques contra el Gobierno de Nicaragua, al que calificó de "dictatorial", la petición de ayuda económica y militar para El Salvador, como única novedad, el nombramiento de un enviado especial para Centroamérica, cargo que podría recaer en el ex senador por Florida Richard Stone.

Reagan pidió apoyo para "un programa destinado a impedir una victoria comunista en Centroamérica". Hasta el momento, los comités del Congreso se han mostrado muy reacios a conceder una ayuda militar suplementaria de 110 millones de dólares para El Salvador. "¿Es justo", se preguntó el presidente, "que debamos aceptar la desestabilización entera de la región, desde Panamá a México, hasta el sur de nuestras fronteras?" Para evitarlo, Reagan pidió apoyo al Congreso por encima de consideraciones partidistas. "Si EE UU", añadió, "no puede hacer frente a una amenaza de sus propias fronteras, como podrían creer los europeos o los asiáticos que estamos de verdad preocupados por las amenazas contra ellos?"

Reagan explicó que la situación en Centroamérica es un problema de expansionismo soviético que pone en peligro la "seguridad nacional" de Estados Unidos. Insistió en que, en El Salvador, es la guerrilla "la que destruye la economía y va contra el proceso de elecciones democráticas". Citó la importancia del canal de Panamá, "por donde circulan dos tercios de nuestro comercio y petróleo", y aludió a la seguridad de México parafraseando el desaparecido líder de la guerrilla de El Salvador Cayetano Carpio: "la guerrilla quiere la liberación total de Centroamérica".

Pasa a la página 3

Miles de personas le impidieron dar un mitin

Agredido en Sagunto Joan Lerma, presidente de la Generalitat valenciana

MANUEL MUÑOZ,
Puerto de Sagunto
Una multitud que la policía estimó entre 6.000 y 7.000 personas, concentradas en torno al cine Oma del Puerto de Sagunto, impidió ayer al presidente de la Generalitat valenciana, Joan Lerma, del PSOE, pronunciar un mitin que estaba previsto para las ocho de la tarde. El edificio del cine fue rodeado por miles de personas mientras en su interior se protegían Lerma y otros dirigentes socialistas, que consiguieron entrar con dificultad. A las diez de la noche, la policía, en una operación en la que tuvo que cargar contra la multitud y en la que

intervinieron 30 vehículos, logró sacar a Lerma del cine. Tanto el propio Lerma como las personas que le acompañaban llegaron a ser agredidas.

La ciudad de Sagunto atraviesa un momento de crisis, debido a los proyectos del Gobierno socialista sobre la situación de los Altos Hornos del Mediterráneo, ubicados en la localidad valenciana, que podría desembocar en el cierre de uno de los hornos, lo que acarrearía la pérdida de numerosos puestos de trabajo, en una ciudad que depende casi exclusivamente de la siderurgia.

Las agresiones a Lerma y sus acompañantes se produjeron cuando la comitiva intentó entrar, sobre las 19.30 horas, en el cine. Primero se dirigieron a la puerta principal del mismo, donde, en medio de un gran abucheo, algunos grupos se abalanzaron sobre Lerma y sus escoltas, con intenciones de agredirle. Algunas personas arrojaron manzanas, naranjas y piedras al presidente.

El grupo retrocedió, perseguido por unas cincuenta personas, y consiguió entrar por una puerta lateral. Algunas escoltas fueron repetidamente agredidas a puñetazos. En el momento de entrar uno de los policías de Lerma llegó a sacar la pistola y se oyeron dos estampidos, que algunos testigos atribuyeron a disparos al aire y otros a petardos.

Pasa a la página 15

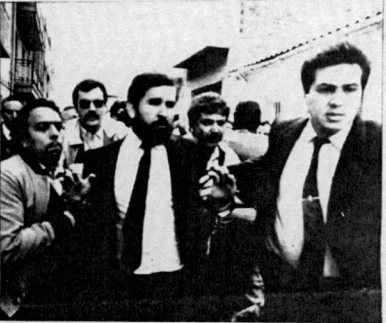

El presidente de la Generalitat valenciana, el socialista Joan Lerma, en el centro de la fotografía con el rostro desencajado, es protegido por dos inspectores de policía de las agresiones de que fue objeto ayer tarde en Sagunto. Miles de personas impidieron un mitin que Lerma pronunciaba en la ciudad.

HOY, EN EL PAIS

El Consejo aprobó 60.000 millones de créditos para las pequeñas empresas
Las pequeñas y medianas empresas podrán contar con una línea de crédito de 60.000 millones, según un proyecto aprobado ayer por el Consejo de Ministros, que pretende crear más de 10.000 empleos. · Página 12

Mañana comienza una huelga de siete días en la banca privada

El Parlament pide que se aplique la 'ley del catalán' en las comisarías
Página 28

En libertad el independentista detenido
Página 22

Hoy se sabrá la sentencia definitiva sobre el 23-F
Página 13

España venció a Eire (2-0)
Página 43

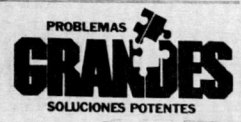
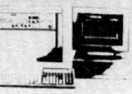

09 · 06 · 1983
RECONVERSIÓ: LLIBRE BLANC I FUTUR NEGRE
RECONVERSIÓN: LIBRO BLANCO Y FUTURO NEGRO

EL PAIS

DIRECTOR: JUAN LUIS CEBRIAN — DIARIO INDEPENDIENTE DE LA MAÑANA — MADRID, JUEVES 9 DE JUNIO DE 1983

Redacción, Administración y Talleres: Miguel Yuste, 40 / Madrid-17 / ☎ 754 38 00 / Precio: 40 pesetas / Año VIII. Número 2.264

Las superpotencias buscan el equilibrio nuclear en la nueva ronda de las START

Con una declaración conciliatoria del presidente Ronald Reagan, que expresa los deseos de llegar a un acuerdo basado en el equilibrio, Estados Unidos y la Unión Soviética reanudan hoy en Ginebra las conversaciones sobre reducción de armas estratégicas (START), en tanto que los ministros de Asuntos Exteriores de la OTAN, entre ellos el español Fernando Morán, se dan cita en París en la reunión de primavera del Consejo Atlántico.

El Consejo de Ministros estudió ayer el 'Libro Blanco de la reindustrialización'

La reconversión industrial exigirá fuertes reducciones de plantillas

La reconversión industrial exigirá fuertes reducciones de plantillas en los sectores en reconversión, que en estos momentos son, esencialmente, los de siderurgia integral, aceros especiales, construcción naval, textil y calzado, sectores intensivos en mano de obra. Ésta es una de las principales conclusiones que se desprenden del *Libro Blanco de la reindustrialización*, que ha elaborado un equipo de expertos del Ministerio de Industria y Energía y que ayer analizó el Consejo de Ministros.

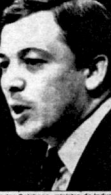

Carlos Solchaga, ministro de Industria y Energía.

Rodríguez Aguilera, nuevo presidente de la Audiencia Territorial de Barcelona

El magistrado juez Cesáreo Rodríguez Aguilera ha sido elegido nuevo presidente de la Audiencia Territorial de Barcelona en sustitución de Antonio Gómez Reino, que fue destituido ayer por la mañana por acuerdo del Pleno del Consejo General del Poder Judicial.

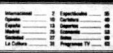

Desalojados los jornaleros que habían ocupado 'El Indiano'. Fuerzas de la Guardia Civil desalojaron a primera hora de ayer al centenar de jornaleros del Sindicato de Obreros del Campo (SOC) que habían ocupado la finca *El Indiano*, expropiada a Rumasa. En la fotografía, un grupo de trabajadores, encabezados por el líder del SOC, Francisco Casero (segundo a la izquierda), abandonan las tierras. **Página 53**

518 millones de pesetas, indemnización a la empresa que editaba el 'Madrid'

La Administración habrá de abonar 518.271.506 pesetas a la empresa editora del diario *Madrid* en concepto de indemnización por daños y perjuicios causados por el cierre ilegal y la cancelación en el registro del periódico, decretada por el Consejo de Ministros el 7 de enero de 1972 y declarada nula por la Sala Tercera del Tribunal Supremo —de lo Contencioso Administrativo—.

HOY, EN EL PAIS

Comenzó la 'cumbre' africana sin la RASD
La retirada "voluntaria y temporal" de la República Árabe Saharaui Democrática (RASD) de la *cumbre* de la OUA permitió el inicio ayer, en Adis Abeba, de la 19ª conferencia de la organización africana. / Página 8.

Los conservadores pueden 'barrer' en las elecciones de hoy en el Reino Unido
Página 6

Diego Prado puede ser hospitalizado
Página 13

Detenido un árabe en Barcelona relacionado con el atentado contra dos miembros de la OLP
Página 14

La banca deberá ampliar su inversión en 360.000 millones de pesetas
Página 56

10 médicos de Madrid, expedientados por el Insalud
Página 28

26 · 06 · 1983
LA PROTESTA COL·LAPSA LES CARRETERES
LA PROTESTA COLAPSA LAS CARRETERAS

EL PAIS

DIRECTOR: JUAN LUIS CEBRIÁN · DIARIO INDEPENDIENTE DE LA MAÑANA · MADRID, JUEVES 23 DE JUNIO DE 1983

Redacción, Administración y Talleres: Miguel Yuste, 40 / Madrid-17 / ☎ 754 38 00 / Precio: 40 pesetas / Año VIII. Número 2.278

La falta de las pruebas materiales sigue planeando en el juicio por asesinato de los marqueses de Urquijo

Falsos policías intentaron hace cuatro meses hacerse con las balas desaparecidas

ISMAEL FUENTE, Madrid

Siete personas que dijeron ser policías se presentaron hace cuatro meses en el Juzgado de Instrucción número 14 de Madrid y solicitaron del secretario la entrega de los casquillos y balas que constituyen la prueba principal contra el presunto asesino de los marqueses de Urquijo, Rafael Escobedo, en el proceso que se sigue contra él y cuya vista oral siguió ayer, por segunda día consecutiva, ante la Sección Tercera de la Audiencia Provincial de Madrid. Esta revelación la hizo el inspector de policía José Romero, considerado el artífice de la resolución policial del caso, que prestó declaración como testigo del fiscal.

Según Romero —destinado en la actualidad, a petición propia, en la Brigada de Extranjería—, el secretario del juzgado citado les dijo que temían que dirigirse al número

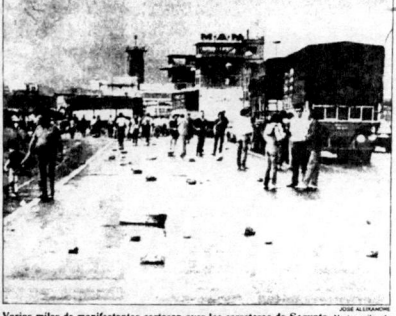

Varios miles de manifestantes cortaron ayer las carreteras de Sagunto. Varios miles de personas cortaron ayer las carreteras de acceso a Sagunto para protestar contra el cierre de la cabecera de Altos Hornos del Mediterráneo. Durante la jornada los trabajadores de esta factoría protagonizaron un paro de 24 horas, al que también se sumaron los comerciantes de la localidad. Por su parte, Joan Lerma expresó, en el acto de investidura como presidente de la Generalitat valenciana celebrado ayer, su voluntad de asegurar el mantenimiento de los actuales puestos de trabajo. Página 51

Es probable el desplazamiento de alguna de las bases norteamericanas en nuestro país

Reagan 'comprende' la decisión del Gobierno español de hacer un referéndum sobre la OTAN

DANIEL GAVELA, Nueva York
ENVIADO ESPECIAL

El presidente del Gobierno, Felipe González, llegó ayer a Nueva York para cubrir la última parte de su visita oficial, de cuatro días de duración, a EE UU. A falta de los contactos que hoy tendrá con representantes muy cualificados de la economía norteamericana, se puede afirmar que Felipe González ha logrado su principal objetivo: ganar la confianza de la Administración Reagan en la España democrática, gobernada por los socialistas desde hace siete meses. Una prueba de ello es el visto bueno dado por Reagan a la celebración del referéndum sobre la OTAN.

Pasa a la página 26

HOY EN EL PAIS

Dos millones de personas aclaman en Cracovia a Juan Pablo II

Juan Pablo II ha aclamado ayer por dos millones de personas en Cracovia, donde encomendó "el difícil futuro" de Polonia a Cristo. Hoy, último jornada de la gira papal, el Pontífice se entrevistará con Lech Walesa. / Página 2.

Hoy, huelga general en Chile
Página 3

El Gobierno aprueba la ley de Iniciativa Popular
Página 17

Asesinado un guardia civil en Pasajes
Página 15

Otorgado el Premio Príncipe de Asturias de Investigación Científica y Técnica

Luis Antonio Santaló, especialista en geometría integral, obtuvo su premio dotado con dos millones de pesetas, otorgado por un jurado presidido por Severo Ochoa. / Página 27

Hoy se inaugura en Madrid la exposición de Joan Miró
Páginas 30 y 31

La Administración norteamericana siempre se había mostrado recelosa hacia la consulta que los socialistas se han comprometido a efectuar sobre el grado de integración de España en la OTAN. Una de las claves de este entendimiento hispano-norteamericano en cuanto al referéndum puede estar en las declaraciones que en la madrugada del miércoles efectuó Felipe González a la Prensa española, de las que se desprende que el Gobierno puede considerar útil para las necesidades defensivas nacionales cierto grado de integración en la OTAN, y que así se lo proponga al pueblo español en la consulta.

El presidente del Gobierno afirmó que el estudio que se está efectuando sobre las necesidades ofensivas españolas podrían resultar determinadas consideraciones con las necesidades defensivas de países de la Alianza. "Evidentemente", declaró, "el grado de coincidencia es mucho mayor en paí-

ses como Alemania Occidental, donde puede darse el 95%, de sus necesidades defensivas se corresponden con las de la Alianza, y eso explica su grado de integración. Nosotros nunca llegaremos a esa coincidencia, y por ello nuestro grado de integración puede ser menor".

Pasa a la página 15

Fuerte descenso de la reserva de divisas en el primer cuatrimestre

La pérdida de divisas durante los cuatro primeros meses del año fue de 1.376 millones de dólares, frente a una disminución de 1.348 millones en los mismos meses del pasado ejercicio, según datos del Banco de España. Las previsiones de descenso en el nivel de reservas en lo que va de junio se sitúan en 60 millones de dólares.

La pérdida de reservas contabilizadas por el Banco de España entre enero y abril de este año es consecuencia de un déficit prácticamente similar al de 1982 en el comercio exterior —en torno a 3.338 millones de dólares— y a una disminución en el saldo positivo de la balanza de servicios, por el estancamiento del turismo y el aumento del pago de los intereses de los créditos exteriores. La balanza por cuenta corriente arroja, por ello, un déficit superior en 320 millones de dólares al del mismo período del año pasado.

Página 53

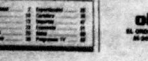

28 · 06 · 1983
LA RESISTÈNCIA ARRIBA A MADRID
LA RESISTENCIA LLEGA A MADRID

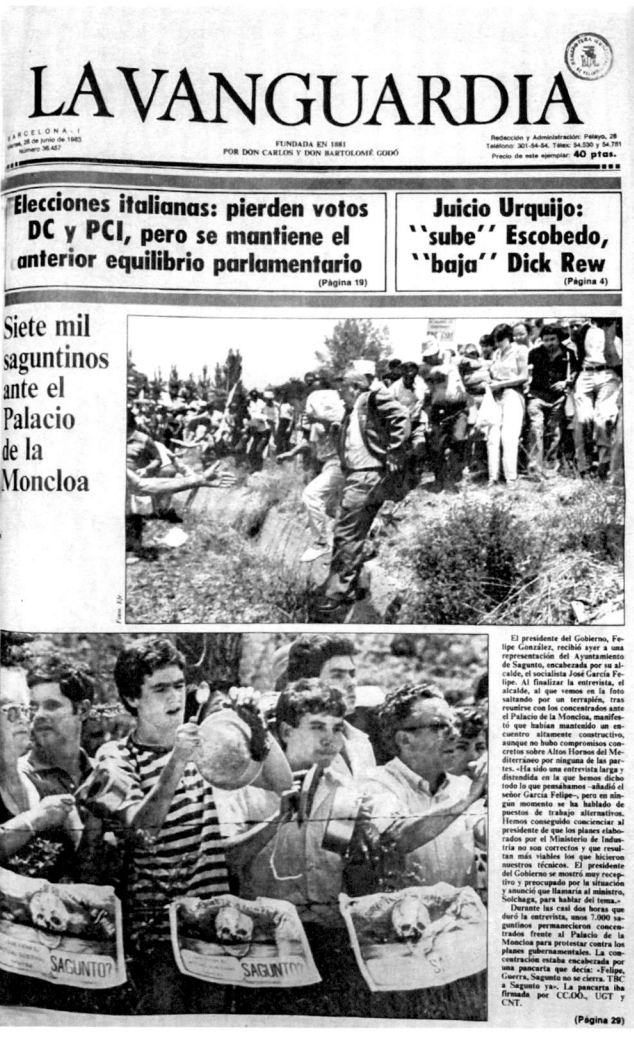

07 · 07 · 1983

LLUM VERDA A LA RECONVERSIÓ
LUZ VERDE A LA RECONVERSIÓN

EL PAIS

DIRECTOR: JUAN LUIS CEBRIÁN · DIARIO INDEPENDIENTE DE LA MAÑANA

Redacción, Administración y Talleres: Miguel Yuste, 40 / Madrid-17 / ☎ 754 38 00 / Precio: 40 pesetas / Año VIII. Número 2.292

MADRID, JUEVES 7 DE JULIO DE 1983

Los trabajadores de Sagunto se manifestaron ayer ante el Congreso de los Diputados

Aprobada por decreto la reconversión siderúrgica

El Consejo de Ministros aprobó ayer una propuesta de real decreto sobre inversiones en la siderurgia integral que no contempla para la planta de Sagunto más que la modernización de sus instalaciones de grabado (tren de laminación en frío). La decisión prevé la construcción de nuevas acerías en Euskadi y Altos Hornos de Vizcaya y la modernización de los trenes de bandas en caliente (TBC) existentes; pero no la construcción de uno nuevo. La reunión ministerial coincidió con la manifestación de 15.000 personas —5.000 de ellas procedentes de Sagunto— realizada en Madrid en contra del desmantelamiento de las instalaciones de cabecera de Altos Hornos del Mediterráneo (AHM).

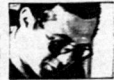

El juez dicta auto de procesamiento contra José María Ruiz-Mateos

Funcionarios de siete juzgados de distrito de Barcelona, implicados en las denuncias de sobornos

Helmut Kohl sólo ha coincidido con los soviéticos en un tema: la CSCE

Fusilados dos golpistas ecuatoguineanos

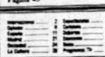

Un ingeniero almeriense ha fabricado cohetes balísticos para Irán

Cinco reclusos amotinados intentaron fugarse de la cárcel de Basauri

OLVÍDESE
DE LOS ORDENADORES PERSONALES
CON POSIBILIDAD DE MENOS DE 11.000.000
DE CARACTERES EN MEMORIA.

olivetti

20 · 09 · 1983
EL TREN 28 NO ES TANCA
EL TREN 28 NO SE CIERRA

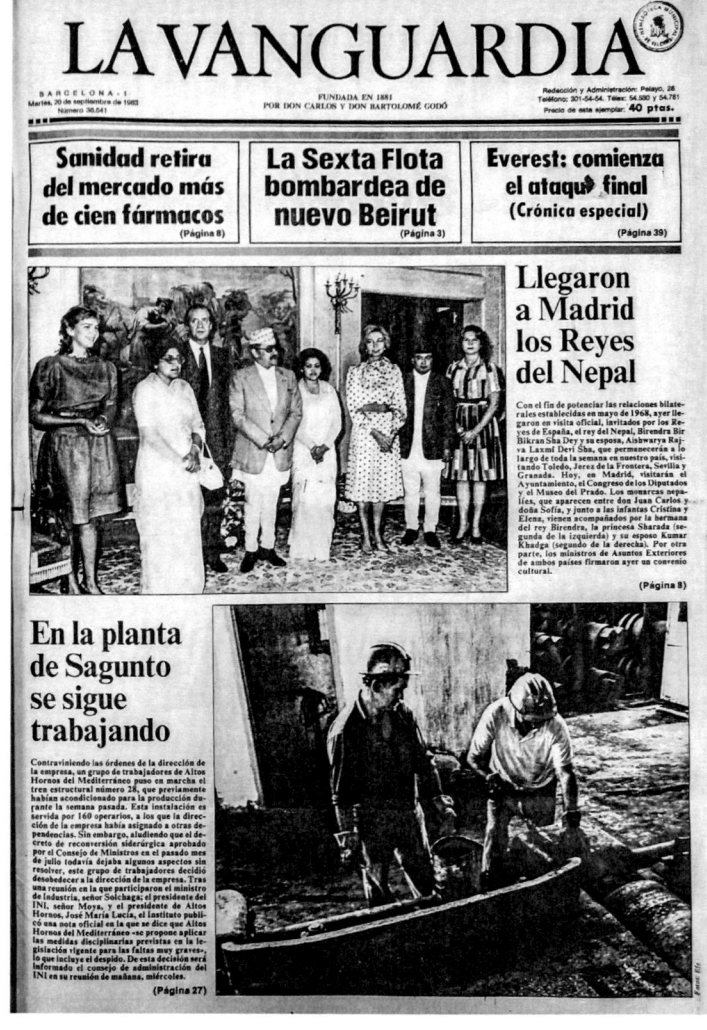

LA VANGUARDIA

BARCELONA-1
Martes, 20 de septiembre de 1983
Número 36.541

FUNDADA EN 1881
POR DON CARLOS Y DON BARTOLOMÉ GODÓ

Redacción y Administración: Pelayo, 28
Teléfono: 301-54-54. Télex: 54.530 y 54.781
Precio de este ejemplar: **40 ptas.**

Sanidad retira del mercado más de cien fármacos
(Página 8)

La Sexta Flota bombardea de nuevo Beirut
(Página 3)

Everest: comienza el ataque final
(Crónica especial)
(Página 39)

Llegaron a Madrid los Reyes del Nepal

Con el fin de potenciar las relaciones bilaterales establecidas en mayo de 1968, ayer llegaron en visita oficial, invitados por los Reyes de España, el rey del Nepal, Birendra Bir Bikram Sha Dev y su esposa, Aishwarya Rajya Laxmi Devi Sha, que permanecerán a lo largo de toda la semana en nuestro país, visitando Toledo, Jerez de la Frontera, Sevilla y Granada. Hoy, en Madrid, visitarán el Ayuntamiento, el Congreso de los Diputados y el Museo del Prado. Los monarcas nepalíes, que aparecen entre don Juan Carlos y doña Sofía, y junto a las infantas Cristina y Elena, venían acompañados por la hermana del rey Birendra, la princesa Sharada (segunda de la izquierda) y su esposo Kumar Khadga (segundo de la derecha). Por otra parte, los ministros de Asuntos Exteriores de ambos países firmaron ayer un convenio cultural.
(Página 8)

En la planta de Sagunto se sigue trabajando

Contraviniendo las órdenes de la dirección de la empresa, un grupo de trabajadores de Altos Hornos del Mediterráneo puso en marcha el tren estructural número 28, que previamente habían acondicionado para la producción durante la semana pasada. Esta instalación es servida por 160 operarios, a los que la dirección de la empresa había asignado a otras dependencias. Sin embargo, aludiendo que el decreto de reconversión siderúrgica aprobado por el Consejo de Ministros en el pasado mes de julio todavía dejaba algunos aspectos sin resolver, este grupo de trabajadores decidió desobedecer a la dirección de la empresa. Tras una reunión en la que participaron el ministro de Industria, señor Solchaga, el presidente del INI, señor Moya, y el presidente de Altos Hornos, José María Lucía, el Instituto publicó una nota oficial en la que se dice que Altos Hornos del Mediterráneo «se propone aplicar las medidas disciplinarias previstas en la legislación vigente para las faltas muy graves», lo que incluye el despido. De esta decisión será informado el consejo de administración del INI en su reunión de mañana, miércoles.
(Página 27)

03 · 11 · 1983
670.000 FIRMES DE SOLIDARITAT
670.000 FIRMAS DE SOLIDARIDAD

economía

PUEBLO **13**

jueves 3 de noviembre de 1983

Diez mil saguntinos se manifiestan hoy en Madrid

Ultimo intento para salvar AHM

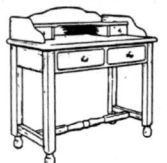

En lo que se interpreta como un último intento por impedir el cierre de Altos Hornos del Mediterráneo (AHM), los trabajadores de la factoría siderúrgica saguntina iniciaron anoche una serie de acciones de presión, entre las que se incluye la llegada hoy a Madrid de unos 10.000 saguntinos con el propósito de concentrarse ante el Ministerio de Industria y Energía y ante el Congreso de los Diputados. Al mismo tiempo, anoche comenzó una huelga general de dos días de duración en AHM, que será secundada parcialmente por el comercio, las fábricas y las oficinas de la comarca valenciana.

Está previsto que los 10.000 saguntinos lleguen a Madrid en unos sesenta autocares y numerosos vehículos particulares. Esta es la tercera marcha sobre Madrid desde que se conocieron, el pasado mes de febrero, las primeras órdenes de cierre de la cabecera del Mediterráneo.

Los manifestantes se concentrarán al mediodía de hoy frente al Congreso de los Diputados, donde una comisión de trabajadores hará entrega al presidente de la Cámara Baja, Gregorio Peces Barba, de las casi 700.000 firmas conseguidas contra el

decreto de reconversión industrial y en apoyo de un estudio alternativo para AHM, elaborado por técnicos de la empresa. A las cinco de la tarde, los saguntinos se concentrarán en el estadio Santiago Bernabéu para iniciar desde allí una marcha hasta el Ministerio de Industria, donde estará reunida a esa hora la comisión de seguimiento de la Siderurgia Integral.

Entre la concentración ante el Congreso y el Ministerio, la federación del metal de CC. OO. tiene prevista la convocatoria de asambleas en diversas empresas madrileñas, como Talbot, Marconi, Standard Eléctrica, SKF y Pegaso, animando a los trabajadores a sumarse a la protesta de los saguntinos. Otro tanto harán las asociaciones de vecinos de numerosos barrios de la capital, que emitirán un comunicado conjunto con las tres centrales de AHM, convocantes de la acción de protesta, CC. OO., UGT y CNT, censurando la política económica del Gobierno.

El comité de empresa de AHM y las tres centrales mencionadas consideran que estas acciones constituyen un intento más por defender la cabecera del Mediterráneo y evitar la muerte de un pueblo, y ha señalado que la siderurgia saguntina sólo podrá ser desmantelada cortando el fluido eléctrico prohibiendo el suministro de materias primas o desalojando por la fuerza a los metalúrgicos. Por otra parte, los representantes laborales consideran que el Ministerio de Industria no se ha pronunciado sobre el programa al-

ternativo de reindustrialización elaborado por técnicos de AHM, que defiende la viabilidad de la cabecera si se producen las inversiones necesarias y se instala el tren de bandas en caliente (TBC).

Aplazado el cierre de AHM

En contra de empresa y de las previsiones iniciales, el segundo alto horno de Sagunto no fue cerrado el pasado 1 de noviembre, sino que esta medida se adoptará después de la reunión que hoy mantiene la Comisión de Seguimiento de la Siderurgia Integral. La decisión de cierre, sin embargo, se mantiene, según se desprende del último documento entregado recientemente por el Ministerio de Industria a los sindicatos.

De acuerdo con los supuestos estudiados en este documento, el acero que produce AHM es más caro que el de Ensidesa, además de que la demanda, hasta 1988, es inferior a la producción de las tres acerías españolas. En consecuencia con ello, el Ministerio de Industria se reafirma en la tesis de que Sagunto tiene que ser desmantelada como única salida para la siderurgia integral.

Los planes de la Administración prevén que antes de finalizar el año sean cerradas otras dos instalaciones industriales de AHM, así como otras tres de Ensidesa, ubicadas en Avilés y La Felguera.

Alternativas sin consistencia

El Gobierno ha prometido la creación de nuevos puestos de trabajo en Sagunto como compensación al cierre de AHM, y con este fin declaró recientemente a esta comarca como zona de preferente localización industrial. Estas intenciones, sin embargo, son observadas con generalizado escepticismo. La última muestra en este sentido la viene representada por la intención gubernamental de instalar una industria textil en Sagunto, planes que suscitan de consistencia a juicio de CC. OO. y que han sembrado la preocupación en el empresariado catalán del sector textil.

Para CC. OO., estos planes no tienen otro objetivo que el de tapar los ojos a los trabajadores de Sagunto con promesas que carecen de consistencia y de posibilidad de futuro. Por su parte, voces autorizadas del empresariado catalán del textil no han

dudado en señalar públicamente que la instalación de industrias de este tipo en Sagunto no sólo se haría con privilegios superiores a los contemplados en el plan de reconversión textil, sino que

incluso rompería la filosofía de dicho plan. Polémica similar ha originado la decisión gubernamental de instalar en Sagunto una factoría de fertilizantes.

Se potenciará el sector agroalimentario

Anticipándose a la concentración de hoy, el Ministerio de Agricultura procedió a publicar ayer en el «BOE» un decreto por el que declara el área de Sagunto como zona de preferente localización industrial agroalimentaria. Recientemente, el Ministerio de Industria publicó otro decreto similar declarando la misma zona como de preferente localización industrial.

Según el decreto de ayer, el municipio de Sagunto y su zona de influencia gozan de una amplia radicación industrial y cuentan con importantes industrias asentadas en su territorio, y disponen de una infraestructura suficiente que puede facilitar la implantación de nuevas industrias. A fin de mantener el nivel de actividad —dice— y el empleo de la zona y la continuación de su expansión industrial, se hace necesario estimular nuevas iniciativas en el sector agroalimentario, que vengan a sustituir aquellas industrias que, por la reconversión industrial, se ven condenadas a desaparecer, reestructurarse o disminuir su capacidad productiva.

RENFE
La OIT admite a trámite la denuncia de CC. OO.

La secretaría general de la Organización Internacional del Trabajo (OIT) ha admitido a trámite la denuncia presentada por Comisiones Obreras respecto a los servicios mínimos establecidos con motivo de la huelga celebrada en Renfe durante el mes de octubre.

La denuncia había sido interpuesta ante un supuesto quebranto de los derechos sindicales, ya que el Gobierno autorizó entonces a la dirección de Renfe a aplicar el nivel máximo de servicios mínimos, contemplado en la legislación española. La queja se ha convertido en el expediente 1.244 de la OIT y será estudiada a partir de ahora por el comité de libertad sindical del citado organismo.

En relación con este asunto, Marcelino Camacho manifestó ayer que la aceptación a trámite de la denuncia es un «hecho muy importante, entre otras cosas, porque coincide con un pronunciamiento del Tribunal Constitucional, que considera que la aplicación del nivel 2 de servicios mínimos, que afecta a un 50 por 100 de la plantilla, es un atentado contra la libertad sindical.

«Esta vez —añadió—, el Gobierno fue más lejos, no se paró en el nivel 2, sino que llegó al nivel 3, que equivale prácticamente a la militarización o semimilitarización de los trabajadores, pues el 80 por 100 de ellos tenían que prestar los servicios mínimos. Eso era liquidar el derecho de huelga.»

Marcelino Camacho subrayó el hecho de que la denuncia se refería a una empresa pública y a la autorización que Renfe recibió del Gobierno para aplicar el nivel 3. «Es la primera vez —agregó— que en el caso de un Gobierno no socialista, con un ministro de Trabajo asesor de UGT, interviene la OIT por violación del derecho de huelga. La gravedad del tema está ahí.»

COMERCIAL INTERNACIONAL DE SEGURIDAD, S. A. (COINSESA)

En cumplimiento de lo prevenido en el artículo 86 de la ley de Sociedades Anónimas, se pone en general conocimiento que esta Sociedad ha acordado en la Junta general universal de accionistas, celebrada el 30 de junio de 1983, trasladar su domicilio social a la calle Clara del Rey, número 8. Asimismo, modificar el objeto social de la Compañía y, consecuentemente, el artículo 4.º de los Estatutos Sociales, por quedar redactado en la siguiente forma:

«El objeto de la sociedad consistirá en el estudio, fabricación, compra y venta, instalación y mantenimiento de todos los sistemas necesarios para la vigilancia y protección de las personas y bienes, la creación a través de recepción de alarmas, así como todos los servicios y actividades correspondientes para realizar el objeto social.

Podrá realizar todo tipo de actividades relacionadas con la vigilancia y protección de toda clase de bienes muebles e inmuebles, certámenes, ferias, convecciones o cualquier otro acto similar, así como protección, conducción, traslado y manipulación de fondos, valores, caudales, joyas y otros bienes u objetos valiosos.

Podrá prestar asesoramiento y planificación e instalaciones de seguridad.

Podrá adquirir, vender y usar todas las patentes, licencias, procedimientos, know-how, marcas de fábrica, dibujos o modelos que se refieran, directa e indirectamente, a su objeto.

Podrá llevar a cabo particularmente —sola o en participación, con sus propios medios o por intermedio de terceros, por cuenta propia o cuenta de terceros— todas las operaciones industriales, comerciales, financieras, mobiliarias o inmobiliarias que se refieran, directa o indirectamente o parcialmente, a su objeto y permitan desarrollarlo, mejorarlo, favorecer o desarrollar.

Podrá adquirir también intereses en Empresas, asociaciones, organizaciones, sindicatos, instituciones o sociedades que ya existan o deban ser constituidas en España o en el extranjero y que tengan un objeto similar al suyo, aportando a ellas, en cualquier forma, por aportaciones en dinero, intervención o participación financiera, suscripciones, cambio o compra de acciones u obligaciones. Podrá prestarles apoyo y recargarse de su administración e imprenta-

28 · 12 · 1983
LA LLUITA TOTAL
LA LUCHA TOTAL

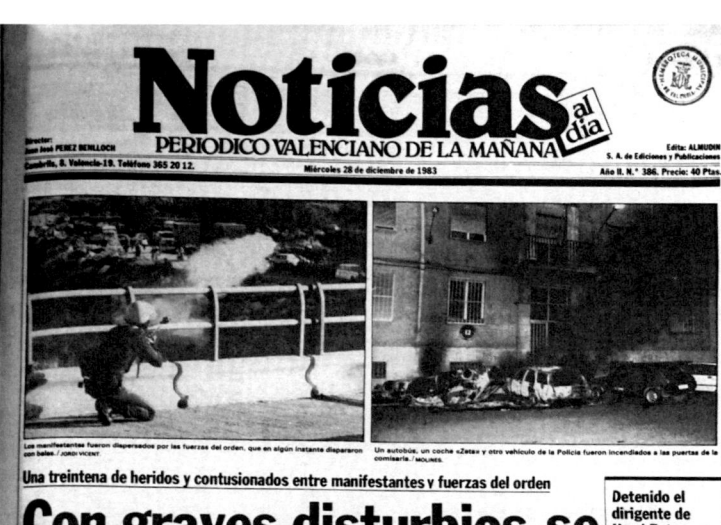

Noticias al día
PERIODICO VALENCIANO DE LA MAÑANA

Director: Juan José PEREZ BENLLOCH
Cambrils, 6. Valencia-19. Teléfono 365 20 12.

Edita: ALMUDIN
S. A. de Ediciones y Publicaciones

Miércoles 28 de diciembre de 1983   Año II. N.° 386. Precio: 40 Ptas.

Los manifestantes fueron dispersados por las fuerzas del orden, que en algún instante dispararon con balas. / JORDI VICENT.

Un autobús, un coche «Zeta» y otro vehículo de la Policía fueron incendiados a las puertas de la comisaría. / MOLINES.

Una treintena de heridos y contusionados entre manifestantes y fuerzas del orden

Con graves disturbios se dio cerrojazo a AHM

Una dura jornada de lucha ha puesto provisionalmente colofón al proceso de cierre de la factoría de Altos Hornos del Mediterráneo en Sagunt. La huelga convocada en AHM sacó a la calle a numerosas personas de todas las edades, y se produjeron cortes de tráfico en diversos puntos que obligaron a intervenir a las fuerzas del orden. El balance de la jornada arroja al menos una treintena de heridos y contusionados, y tres vehículos de la policía incendiados.

Anoche, a la hora de cierre, continuaban los enfrentamientos entre manifestantes y antidisturbios.

Otras Noticias

Ecologistas e Hidroeléctrica comparecen ante les Corts para informar sobre Cofrentes
PAGINA 9

La Unió de Llauradors prepara una «tractorada» para enero
PAGINA 23

Habrá de nuevo fútbol televisado
PAGINA 25

La jornada de huelga convocada ayer en Sagunt por las centrales sindicales y el comité de empresa de Altos Hornos del Mediterráneo se resolvió en una auténtica batalla campal a lo largo de la tarde y durante las primeras horas de la noche.

Una treintena de heridos —uno de ellos por disparo de bala— y contusionados es el balance de los disturbios, conocido al cierre de esta edición. El tiro fue efectuado por un miembro de la Policía Nacional cuando se procedía a la disolución de los manifestantes concentrados en la autopista de Barcelona a su cruce con la carretera que une Valencia y Teruel. Entre las comisionados se hallaban unos veinte miembros de las fuerzas del orden. A las once de la noche la situación seguía siendo muy tensa en las proximidades de la Comisaría de Sagunt, donde los manifestantes incendiaron varios vehículos de las fuerzas del orden. Los enfrentamientos y los disparos de botes de humo continuaban y existía el temor de que la situación se agravara. Los incidentes comenzaron sobre las diez de la mañana.

La factoría permanecía inactiva y los manifestantes se concentraron en distintos puntos de las carreteras próximas a la ciudad de Sagunt, incluida la autopista.

A primeras horas de la tarde las fuerzas del orden comenzaron a actuar para disolver a los piquetes y dejar expedita la autopista. En este momento se produjeron los enfrentamientos más violentos.

Cuando concluía la jornada, un grupo numeroso de manifestantes se dirigió a la Comisaría de Sagunt, que tuvo que ser protegida, dándose a la policía orden de cargar contra los concentrados. Contra el inmueble se lanzaron piedras y bolas de rodamientos. Un autobús de la policía, dos coches «Zeta» y un Talbot de las fuerzas del orden fueron incendiados.

El gobernador civil, que ha seguido de cerca la intervención, ha ordenado una investigación sobre los hechos para determinar de dónde procedieron los disparos que ocasionaron un herido. Se recogieron varios casquillos de calibre nueve corto.

Por otra parte, tras decidir el cierre de la cabecera de Sagunt, al concluir la reunión de seguimiento de la siderurgia integral, el director general de este ramo, Eduardo Santos, ha manifestado que la recolocación de los trabajadores excedentarios estaba asegurada.

Páginas 3, 4 y 5

Detenido el dirigente de Herri Batasuna Ruiz de Pinedo

Poco después de las ocho de la tarde de ayer se procedió a la detención del dirigente de Herri Batasuna Iñaki Ruiz de Pinedo en Vitoria por orden del Juzgado Central de Instrucción número 5 de Madrid.

Este juzgado ha ordenado también la detención de Jon Idígoras, miembro igualmente de la citada coalición abertzale. Las órdenes de detención se han producido a raíz de las declaraciones de ambos realizaron a un grupo de periodistas en las que mantenían que Euskadi está en guerra y que tanto las fuerzas del orden público como el Ejército estacionados en Euskadi son «fuerzas de ocupación».

La Policía bilbaína realizó durante toda la tarde de ayer intensas gestiones con el fin de localizar a Jon Idígoras y proceder a su detención. Concretamente se irrumpió en una reunión de HB en la que había más de cien militantes, aunque no se encontraba Idígoras. A última hora de la noche de ayer se desconocía su paradero.

El fiscal de la Audiencia Nacional presentó ayer una querella contra ambos dirigentes por sus declaraciones, querella que se tradujo en las órdenes de detención.

Fuentes oficiales señalaron que la detención «se enmarca en el propósito del Gobierno de perseguir todos los delitos relacionados con la apología del terrorismo».

Página 19

La última violencia

En buena lógica, la jornada de ayer debe ser la última secuencia violenta de un proceso, quizá inevitable, pero de todo punto censurable por el modo en que ha sido planteado por el Gobierno. Lo que ha sobrado de arrojo ha faltado de tacto, y los vientos que se sembraron trajeron en los excesos lamentables. Lamentable, sobre todo, el recurso a los tiros, que hubieras podido convertir un simple desorden en un drama de imprevisibles consecuencias. Se ha prometido una investigación y ojalá el bien público debe llevarse hasta sus raíces.

Que sea, decimos, la última jornada violenta y comience hoy con todo el rigor y abnegación la prosecución de esos puestos de trabajo que se han prometido. En este capítulo, la Generalitat tiene algo que decir y mucho que reclamar si no quiere hacer el papel de personaje mudo. Altas instancias, al parecer responsables, han declarado que los puestos de trabajo están garantizados. Es dudoso, pero queremos creerlo, dándole un voto más de confianza al Gobierno y a la Generalitat. Tampoco tenemos otra alternativa.

En todo caso, insistimos, es la hora del diálogo. A pedrada limpia y menos aún a tiros nada se resuelve. La tenacidad y la imaginación de los trabajadores de AHM, tantas veces reiteradas, no deben dilapidarse en una vía muerta y cruenta. Hablemos, exijamos.

28 · 01 · 1984

L'AJUNTAMENT DE SAGUNT SALTA PELS AIRES
EL AYUNTAMIENTO DE SAGUNT SALTA POR LOS AIRES

2 / LAS PROVINCIAS — Ultima hora — Sábado, 28-1-84

Dimite el alcalde y 17 concejales

Crisis abierta en el Ayuntamiento de Sagunto, donde quedan siete concejales

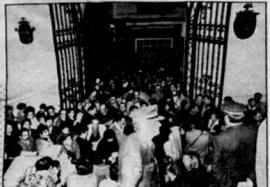

VALENCIA. (De nuestra redacción.) — El alcalde de Sagunto, José García Felipe, y con él 17 miembros de la corporación municipal, presentaron la dimisión anoche. El Ayuntamiento de Sagunto, de 25 miembros en total, queda así reducido, momentáneamente, a siete personas: dos socialistas y cinco comunistas. Se hará cargo de la alcaldía Francisco Crispín Sanchis, primero de la lista del PSOE que no ha cesado.

La dimisión se confirmó a las diez y media de la noche, después de larguísimo debate y numerosas intervenciones. La decisión final es la siguiente, por grupos:

PSOE.—Dimiten el alcalde y ocho concejales. De los once que eran quedan dos, Francisco Crispín y Jorge Salvador Sánchez Sanchis.

PC.—Este grupo se negó a dimitir y queda íntegro. Son Juan Villalba (secretario regional del PCE), Santiago Romero Ríos, Jaime Vidal Falomir, Miguel Zaplana García y José Vicente Criado de Baselgas.

COALICIÓN POPULAR.—Dimiten sus cuatro concejales, como ya habían hecho por escrito. Anuncian que toda la lista presentada a las elecciones renuncia, con lo que no habrá reposición posible.

IZQUIERDA INDEPENDIENTE.—Dimiten sus dos concejales y anuncian que también hace toda la lista, previa renuncia.

ORGANIZACIÓN INDEPENDIENTE VALENCIANA.—Dimiten sus dos concejales.

UNITAT DEL POBLE VALENCIÀ.—Dimite su único concejal y se anuncia que toda la lista renuncia a la sustitución.

La corporación saguntina, así, queda momentáneamente reducida a siete ediles, de los cuales será Francisco Crispín quien se hará cargo de la alcaldía.

La sesión del pleno dio comienzo puntualmente, a las seis de la tarde, y tanto en la calle como en los pasillos y escaleras del Ayuntamiento, donde se habían instalado altavoces, se congregó gran número de trabajadores de AHM. El salón de sesiones estaba a rebosar y la expectación crecía mientras se iban aprobando, poco a poco, los puntos del orden del día.

El punto 25 ya entraba en poco en materia, ya que se refería a la creación de la coordinadora de municipios en crisis, tal y como se había aprobado el pasado sábado en la conferencia de municipios. La creación de la coordinadora tenía como fin el facilitar la lucha de aquellos municipios que se enfrentasen a problemas similares a los de Sagunto, y se entabló a un pre-debate que comenzó a marcar las diferencias entre los seis grupos de la corporación.

García Felipe, alcalde, dijo que de aprobarse se estaría desvirtuando el punto siguiente que trataba de la dimisión en pleno de la corporación. La moción fue rechazada por mayoría.

Antes de entrar en el debate y la exposición de cada uno de los grupos de sus posturas ante la dimisión, el alcalde leyó un escrito en el que preentaba su dimisión irrevocable, que razonó diciendo que no se había logrado paralizar el expediente de regulación de empleo de AHM, que no se había conseguido tampoco que Felipe González recibiese a la corporación en pleno, y añadió que consideraba que el presidente de la Generalidad no había cumplido sus promesas y que lo único que había hecho había sido paralizar el cierro de la corporación. Añadió: «A todos les hemos dado razones válidas y no nos han tomado en cuenta.»

Uno a uno, los diferentes grupos expresaron su postura. UPV dijo que aceptaría la decisión mayoritaria de la corporación, pero que le hacían un mal favor al pueblo en caso de dimitir, ya que el tema estaba previsto política y administrativamente, y era allanarle el terreno a la política del Gobierno. Organización Independiente Valenciana expuso su intención de dejar el Ayuntamiento por la falta de espíritu de lucha y las pocas ganas de defender los puestos de trabajo. Izquierda Independiente de Sagunto se manifestó en el mismo sentido, añadiendo que los concejales serían ciegos si no entendiesen que la lucha de la calle y la dimisión eran las únicas salidas que les quedaban. El grupo popular dijo que ya habían dimitido por escrito hace días y que el motivo de su dimisión era, entre otras cosas, la actitud del presidente de la Generalitat. Fue el grupo comunista el único que se manifestó en favor de permanecer en el Ayuntamiento, diciendo que era la única manera de continuar la lucha, y no practicar la política que quedan desde el poder —se producen abucheos y gritos de dimisión en la calle— ya que la corporación era incómoda para los intereses de Lerma y Solchaga. Por su parte, el portavoz del PSOE, Francisco Crispín Sanchis, tras varios razonamientos dijo que el PSOE estimaba que de producirse la dimisión ésta debería ser a título individual.

Tras nuevas intervenciones, participación del público, abucheos unas veces y aplausos otras, sobre todo —paradójicamente— para AP, el secretario preguntó su postura, uno a uno, a los concejales, de los que dimitieron 18. Entonces se produjeron grandes gritos en la calle farmando «esquirroles» al grupo comunista y a los dos concejales socialistas que no lo hicieron.

José García Felipe fue felicitado, a su salida, por los congregados ante la puerta del Ayuntamiento.

(Foto. Lloret)

Crispín de Vicente, abogado de Ruiz Mateos

«Nos abstendremos de defenderle en esta nueva querella»

MADRID, 27. — El abogado de José María Ruiz Mateos, Crispín de Vicente, manifestó a última hora de esta tarde a Europa Press que se abstendrá de defender al expresidente de Rumasa en la nueva querella, por injurias al jefe del Estado, anunciada hoy por el fiscal general del Estado, por haber hecho estas declaraciones contra el consejo y criterio de su equipo de abogados.

«Desde un principio —dijo Crispín de Vicente—, al hacernos cargo de la defensa, le aconsejamos con mucha insistencia y firmeza, que se abstuviera de hacer cualquier tipo de declaraciones, y que lleváramos la defensa de la materia de la expropiación de él y de todos los demás afectados, pero hacemos uso exclusivamente de los argumentos jurídicos y de los medios estrictamente procesales.»

«Como ha hecho ahora unas declaraciones contra nuestro consejo —añadió—, por coherencia con nuestra propia forma de pensar, y las consecuencias procesales que puedan tener estas declaraciones, nos abstendremos de la defensa, que vamos a limitar única y exclusivamente a la materia derivada de la expropiación.»

«PROFUNDA TRISTEZA Y LÁSTIMA»

Crispín de Vicente dijo que «una tristeza y una lástima que se produzcan este tipo de declaraciones que no responden, en absoluto, a la mentalidad, a la forma de ser, a los hábitos y a las costumbres de José María Ruiz Mateos al que yo conozco desde el 74».

Para el abogado, «hay alguna persona o personas que están manipulando al ex-presidente de Rumasa, en contra de sus propios intereses y de los del propio Estado español.»

«Hay alguien —señaló— empeñado en confundir y mezclar los problemas. No sólo no achacó sus declaraciones a su exclusiva responsabilidad, sino que no comprendo cómo las hace, porque es algo totalmente diferente a su manera de ser. José María siempre ha sido muy respetuoso con el poder constituido, y creo que hay alguien que lo está manipulando.»

Manifestaciones en Bilbao y Ferrol contra la reconversión

BILBAO, 27. — Cerca de diez mil trabajadores se han manifestado hoy en Bilbao, atendiendo a la convocatoria efectuada por los sindicatos mayoritarios en el País Vasco, ELA-STV, UGT y CC. OO., en protesta por las rescisiones de contratos de Aceriales y contra la política gubernamental en cuanto a reconversión industrial se refiere.

Cerca de 6.000 personas, entre ellas mujeres y niños, han cortado el tráfico desde las 18 a las 18'30 en las carreteras de acceso a Ferrol, en el marco de movilizaciones de la comarca contra la crisis y los efectos de la reconversión naval.

Aunque el proyecto inicial era de la expropiación de él y de todos los demás afectados, pero hacemos uso exclusivamente de los argumentos jurídicos y de los medios estrictamente procesales.

Miles de empresarios autónomos envían telegramas a González

BARCELONA, 27. — Un total de 2.600 telegramas han sido remitidos hoy por empresarios autónomos a Felipe González, pidiendo se deroguen los decretos que les obligan a pertenecer a la Seguridad Social, con una cotización superior a la del resto de los colectivos.

Esta iniciativa ha partido del Consejo de Gremios y de la Federación de Gremios y mercados de Barcelona, que aglutina a 50.000 empresarios autónomos.

El Consejo de Gremios ha enviado hoy otro telegrama al presidente del Gobierno, en protesta por las nuevas cotizaciones, que consideran «instauradas tan sólo con fines recaudatorios y significan un ataque a las "pimes"».

El Consejo de Gremios estudia la posibilidad de presentar un recurso de inconstitucionalidad.

Alzaga no descarta el entendimiento de la coalición popular con los reformistas

ZARAGOZA, 27. — El presidente del PDP, Óscar Alzaga, no ha descartado la eventualidad de un entendimiento coalición popular-operación reformista, de cara a las elecciones de 1986.

En este sentido, Alzaga precisó que el PDP no hará nada por erosionar la figura de Fraga, indicó que hay que dar soluciones imaginativas a los problemas actuales y puntualizó que una parte de la clase política parece que está cansada, como seca, y hacen falta políticos con nuevas ideas.

Hallados documentos de Azaña en la Escuela de Policía

MADRID, 27. — Una importante documentación perteneciente al archivo privado del presidente de la República, Manuel Azaña, y de su cuñado, el que fuera cónsul de la República en Ginebra, Cipriano Rivas Cherif, ha sido localizado de forma fortuita en la Escuela de Policía de Madrid. Se trata de un inédito hallazgo —incluye un manuscrito de «La velada de Benicarló» — investigado por diversos historiadores, entre ellos el biógrafo de Azaña, Juan Marichalar.

10 · 02 · 1984
REPRESSIÓ A LA CASTELLANA
REPRESIÓN EN LA CASTELLANA

Noticias al día
PERIODICO VALENCIANO DE LA MAÑANA

Viernes 10 de febrero de 1984 — Año III. N.º 423. Precio: 40 Ptas.

Policías y obreros, heridos en las calles de Madrid

La lucha de los saguntinos se convirtió ayer en batalla campal

Ocho manifestantes y cinco policías heridos, algunos de ellos de gravedad, numerosos contusionados y varios detenidos, puestos en libertad posteriormente, fue el balance de los fuertes enfrentamientos registrados ayer en Madrid entre trabajadores de AHM y fuerzas de la Policía. Los saguntinos se desplazaron a la capital de España para presionar contra la aplicación del expediente de regulación de empleo, que, pese a todo, seguirá adelante.

La reconversión industrial se convirtió en Madrid en un problema de orden público, además del ya consabido de negociación entre las partes afectadas. Los 2.000 trabajadores de Altos Hornos del Mediterráneo (AHM) de Sagunt, que por la mañana habían estado a las puertas del Ministerio de Trabajo pidiendo que la Dirección General de Empleo no diera esta libre el expediente de redacción de plantilla de AHM (55 despedidos), decidieron por la tarde marchar hacia el Instituto Nacional de Industria (INI) a sumarse a la manifestación de trabajadores de Iberia y Astano.

Tras entrar al final mismo en la Castellana, fueron cargados por la Policía que demostraron tener una potencia producto de las anteriores...

Otras Noticias

OLP: «Si España reconoce a Israel, la economía valenciana se resentirá»
PÁGINA 6

El viento rebasó en Valencia los 100 kilómetros por hora
PÁGINA 7

Aumenta la inseguridad de los refugiados en Euskadi norte
PÁGINA 17

Los musulmanes incrementan su control sobre Beirut
PÁGINA 23

Roberto Gil entrenó ayer al Valencia por primera vez
PÁGINA 25

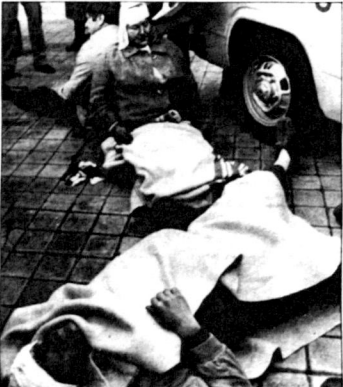

Un hombre y una mujer saguntinos son atendidos por la Cruz Roja de Madrid.

En Castelló ya han ardido tres mil hectáreas de bosques

Más de setenta hectáreas de pinar han sido afectadas por un grave incendio en el término de Villahermosa. En los trabajos aún se sumó la brigada de BUPOA y una compañía del Regimiento Tetuán 14 del Ejército de Tierra, así como fuerzas de la Guardia Civil y numerosos vecinos de la localidad del Alto Mijares.

La extensión se hace difícil toda lodas las condiciones geográficas del lugar y el fuerte viento, con una velocidad superior a los 40 nudos, que impedía el despegue de helicópteros de Manises, según comunicó la propia base.

Por otro lado, más de 2.000 hectáreas han resultado afectadas por otros cinco incendios en diferentes comarcas castellonenses durante el transcurso de las últimas horas.

Los daños económicos, en una evaluación rápida, rebasan los treinta millones de pesetas.

Estos incendios afectaron a los términos municipales de Almudíar, Vistabella, Lucena, a los de Ciudad y Benafer. En estas dos últimas poblaciones ardieron unas 1.200 hectáreas, de las que 800 eran de pinos repoblados, con pérdidas que se estiman en unos 20 millones de pesetas.

El fuego de Vistabella se ha calculado en pocas horas haberse producido por el paraje natural de Penyagolosa, en el motivo de quemarse 20 pinos maduros bien y 9.000 pequeños.

Sigue en página 16

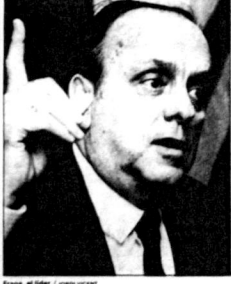

Fraga, el líder. / JOSÉ VICENT

Fraga, en Valencia: «Muy pronto seremos gobierno»

Somos el principal partido de la oposición y «muy pronto seremos el partido en el Gobierno», dijo ayer Manuel Fraga en su visita a Valencia. El presidente nacional de AP que durante su viaje a Valencia inauguró varias sedes sociales del partido y mantuvo reuniones, entre otras, con los asociados de AP de Sagunt, señaló que es consciente de la importancia del hecho regional y la necesidad de potenciarlo dentro de un partido de ámbito nacional.

Fraga restó importancia a los rumores sobre un posible Gobierno de coalición con el PSOE «Creo que no tienen consistencia»...

Pasa a la página 3

Suspendida la comisión de gobierno municipal

Por un auto de la sala de lo contencioso de la Audiencia Territorial de fecha de ayer, ha quedado en suspenso la creación de la comisión de gobierno del Ayuntamiento de Valencia, cuya constitución fue acordada en el pleno corporativo del 10 de diciembre pasado.

De esta comisión, como se recordará, quedaban excluidos totalmente los concejales del grupo popular, con lo cual se les negaba la parcela de poder que les correspondía en atención a su respaldo popular.

Para salvar este derecho, el concejal popular Miguel Mira Ribera interpuso un recurso...

En su escrito de interposición, razonaba el letrado y concejal de este Ayuntamiento en que el acuerdo municipal podía estar incurso en el supuesto de electoral penal que contempla el artículo 194 del Código Penal. Se refería asimismo a la nulidad administrativa del acuerdo impugnado, por cuanto se crearía un órgano de gobierno distinto de los que contempla la legislación vigente sobre el régimen local.

Sigue en página 4

29 · 02 · 1984
L'EMPRESA CONTRAATACA AMB ACOMIADAMENTS
LA EMPRESA CONTRAATACA CON DESPIDOS

Levante

6

VALENCIA

Miércoles, 29 de febrero de 1984

El comité de empresa propone una nueva alternativa

155 obreros de AHM tienen ya las cartas de despido

El comité de empresa de Altos Hornos del Mediterráneo y los sindicatos del Camp de Morvedre presentaron ayer a una asamblea de trabajadores, que comenzó a media tarde, una propuesta de contrato-programa que elevarán a la empresa como solución alternativa al conflicto y a la crisis. 155 trabajadores afectados por el expediente de regulación de empleo recibieron ayer las cartas de despido, mientras la dirección de la empresa reiteró el lunes su orden de cerrar el horno alto número 2. Ayer continuó en la planta el descenso del ritmo de producción.

Los 155 trabajadores de AHM afectados por el expediente de regulación de empleo, recibieron ayer la carta de despido, mientras los dos hornos altos continúan produciendo, en contra de la orden dada por la dirección.

Las cartas de despido han sido repartidas a los empleados a través de los jefes de departamentos, por lo que a partir del 1 de marzo, a los 155 obreros afectados por el cierre del alto horno número 2 causarán baja en la empresa por concepto de jubilación anticipada.

Según informaron fuentes empresariales, se desconoce por el momento el porcentaje de percepciones que recibirán los trabajadores, al no haberse negociado con la Administración, como ocurrió en acerías. Los afectados pasarán al desempleo y, al cumplir los 60 años, serán jubilados anticipadamente, de acuerdo con la normativa vigente.

El comité de empresa y la Coordinadora Sindical del Camp de Morvedre se reunirán la noche del lunes para decidir la postura a tomar ante la decisión del cierre del alto horno número 2 y la reducción de turnos.

En caso de no ser cumplidas estas órdenes, la empresa podría declarar el cierre patronal. La dirección de Altos Hornos del Mediterráneo comunicó el pasado día 20 la orden de cierre inmediato del alto horno número 2 de la factoría de Sagunto.

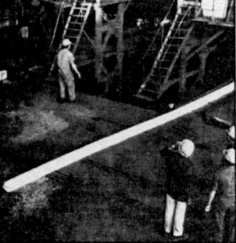

Las cartas de despido llegaron ayer a la factoría

Sigue el ritmo lento

La «marcha» o descenso del ritmo de la producción en la factoría de Altos Hornos del Mediterráneo continuará, según acordaron ayer el comité de empresa y la coordinadora sindical del Camp de Morvedre.

Durante esta reunión las representaciones sindicales y laborales de AHM y el Camp de Morvedre estudiarán un contrato-programa que presentarán a la empresa, en el que se contempla una posible solución alternativa a la crisis de la siderurgia española.

Este documento ya aprobado o modificado en las dos asambleas de trabajadores de AHM que convocadas por los sindicatos y el comité, se celebraron ayer, a las seis y media de la tarde, y hoy, a las 10.30 horas.

Ángel Olmos, portavoz de la coordinadora sindical, declaró ayer a Efe que Sagunto se cierra «por la fuerza y no por la razón, y que los dos altos hornos de AHM podrán funcionar al 60 y 70 por 100, respectivamente, durante 15 ó 20 días, si no hay más abastecimiento de carbón.

«Los trabajadores —dijo Olmos— tomaremos en cada momento nuestras posiciones para contrarrestar la agresión brutal que está sufriendo Sagunto, toda la comarca y el país.»

Sagunto y el Puerto cuentan en la actualidad con unos 60.000 habitantes, y según datos oficiales del Instituto Nacional de Empleo, hay en la zona alrededor de 8.000 desempleados.

El portavoz de la coordinadora sindical del Camp de Morvedre mostró su desconfianza ante la creación de puestos de trabajo alternativos, «dependen de la supervivencia de las empresas —afirmó—, y éstas no tienen futuro de mercado».

Finalmente Olmos declaró que «el presupuesto necesario para recuperar Sagunto es menos del 3 por 100 de la globalidad que quieren gastarse en todo el sector».

Con ese presupuesto —añadió— «en dos o tres años quedaríamos a cero de gastos, en 1988 podríamos empezar de cero, sin números rojos».

TRASMEDITERRANEA

INFORMA

Ante la convocatoria de huelga por parte del comité de flota de la Compañía Trasmediterránea para el día 29 de febrero, desde las 7 horas hasta las 20 horas, la compañía informa que los servicios que se mantienen para dicho día son los siguientes:

Trayectos	Horas salidas
Palma-Barcelona	23,45 h.
Barcelona-Palma	23,45 h.
Barcelona-Mahón	23,00 h.

Los servicios cancelados son, en consecuencia, los siguientes:

Trayectos	Horas de salida
Barcelona-Palma	12,30 h.
Palma-Barcelona	12,30 h.
Palma-Valencia	12,00 h.
Valencia-Palma	23,30 h.

Las reservas y venta de billetes permanecerán abiertas durante las horas habituales y se atenderán, asimismo, todas las solicitudes de cambio de billete. Trasmediterránea ruega a sus usuarios disculpen las molestias y agradece de antemano la comprensión prestada.

Huelga para hoy y mañana de enseñanza estatal

La convocatoria de unas elecciones sindicales y el reconocimiento de la negociación colectiva en la enseñanza pública son las principales reivindicaciones de la huelga que han convocado para hoy y mañana las organizaciones sindicales Comisiones Obreras, STE-PV, FESPE y ANPE. Comisiones Obreras negó ayer en un comunicado cualquier relación entre esta movilización y la campaña contra la LODE. «El verdadero objetivo de la huelga —señala la Comisiones Obreras— es la negociación colectiva y afirmamos que no se reivindica ni una sola peseta más para 1984, pero sí se exige negociar las retribuciones para 1985».

El STE-PV hace hincapié en la celebración de elecciones sindicales en la enseñanza estatal, «a pesar de que en 1977 ya se comprometió el entonces ministro de Educación de UCD, Íñigo Cavero. Según el STE «la falta de elecciones sindicales tiene como primera consecuencia que la Administración de la representatividad que quiere a quien quiere y que se niega a negociar precisamente por la falta de representatividad de los sindicatos, de la que ella es responsable».

Por el contrario, la FETE-UGT no apoya la huelga prevista para hoy y mañana y acusa a los convocantes de que «resulta menos sospechoso que organizaciones políticamente tan distantes, como las hermanadas en la convocatoria coincidan en puntos reivindicativos de contenido marcadamente político, como los derechos sindicales y la reforma de la Seguridad Social de los funcionarios, lo que hace poco menos que inútil una huelga sectorial y desde luego, para FETE-UGT es da momento innecesaria». Añade UGT que «las reivindicaciones de tipo económico son más magníficas y que la homologación está lograda».

Se mantiene la huelga de chapas y tableros

Un 70 por 100 de los trabajadores afectados por el convenio de chapas y tableros secundaron ayer el paro propuesto por Comisiones Obreras, según informaron ayer fuentes de esta central sindical. La UGT no se unió a la huelga, que fue convocada por Comisiones Obreras al entender que las negociaciones con la patronal habían quedado rotas. La convocatoria de huelga se mantiene para hoy y el jueves, se reunirán de nuevo empresarios y trabajadores para buscar un acuerdo que pueda conducir a la firma del convenio.

Según UGT, apenas un 10 ó un 15 por 100 de los trabajadores se habían sumado a la huelga.

Los empresarios ofrecen una subida salarial del 5,5 por 100 frente al incremento entre el 8 y el 10 por 100 que reclaman las organizaciones sindicales. Al margen de este desacuerdo los sindicatos piden que el convenio entre en vigor con efectos del 1 de enero, que haya revisión y una jornada laboral de 40 horas. Por su parte, la patronal plantea la entrada en vigor del convenio a partir de su publicación en el «Boletín Oficial de la provincia y se opone asimismo a la revisión».

Convocados paros de 4 horas en Sintel

El comité de empresa de Sintel, S. A., filial de CTNE en Levante, que actualmente se encuentra negociando el convenio para 1984, ha comunicado a la opinión pública que, ante la negativa de la dirección de la empresa a negociar el próximo convenio, se han convocado para los días 29 de febrero y 1 de marzo, cuatro horas de paro, desde las ocho a las doce horas.

La parte social pide mantener el poder adquisitivo y creación de 300 puestos de trabajo a nivel estatal como consecuencia de los beneficios que han obtenido en el año 1983.

La empresa por su parte ofrece un aumento salarial del 6,5 por 100 y ninguna mejora social que beneficie a los trabajadores, según el comité de empresa.

Los 3.000 trabajadores de la empresa en los distintos centros de trabajo, han votado en asambleas mayoritariamente a favor de la acción reivindicativa y su plataforma para la negociación del presente año.

18 · 03 · 1984
FELIPE GONZÁLEZ ADVERTEIX QUE NO HI HA MARXA ENRERE
FELIPE GONZÁLEZ ADVIERTE QUE NO HAY MARCHA ATRÁS

EL PAIS

DIRECTOR: JUAN LUIS CEBRIÁN

DIARIO INDEPENDIENTE DE LA MAÑANA

MADRID, LUNES 12 DE MARZO DE 1984

Redacción, Administración y Talleres: Miguel Yuste, 40 / Madrid-17 / ☎ 754 38 00 / Precio: 40 pesetas / Año IX, Número 2.539

El presidente del Gobierno anuncia que no se variará la política económica

Felipe González pide en televisión apoyo para la reconversión industrial

El presidente del Gobierno, Felipe González, en el primer mensaje dirigido a la nación por Televisión Española, asumió de forma rotunda la política económica que está practicando el Gabinete y pidió el apoyo de la sociedad para llevarla a cabo. "Vamos a mantener nuestra política económica con rigor. (...) Este Gobierno tiene una enorme responsabilidad, pero todos tenemos que

ser conscientes de que sólo el Gobierno no puede salvar la situación de la nación", dijo González. El presidente, que anunció posteriores comparecencias ante la opinión pública, eligió en esta ocasión un rincón familiar del palacio de la Moncloa para explicar, junto al calor de la chimenea y con un retrato del Rey como única referencia oficial, la política de reconversión industrial.

El mensaje del presidente —que duró 12 minutos y 50 segundos— supuso un apoyo a las posturas que dentro del Gobierno están manteniendo públicamente sobre la reconversión los ministros de Economía y Hacienda y de Industria y Energía, Miguel Boyer y Carlos Solchaga, respectivamente, y una declaración de que no existen divisiones internas dentro del Ejecutivo respecto a este problema.

González se explayó en la voluntad de diálogo, pero siempre dentro de los objetivos marcados de saneamiento de la estructura productiva. "Este Gobierno quiere dialogar. Lo ha hecho durante el año 1983. Hace de nuevo un llamamiento al diálogo, pero quiere hacer una advertencia: si el diálogo consiste —o la negociación consiste— en que variemos la política económica que creemos que es buena para España y yo no puedo olvidar ni con-dición de presidente de Gobierno con una ideología socialista y, por consiguiente, mi compromiso con los más desfavorecidos), si alguien pretende que cambiemos nuestra política para no alcanzar esa modernización de la sociedad española, para no ganar el desafío de la crisis, se encontrará con que el Gobierno no podrá aceptar este tipo de diálogo. Diálogo y negociación sí, mientras sean para ganar esta batalla, no para perderla".

El presidente explicó por qué se hace la reconversión industrial y dijo no entender a quienes "afirman que con ella se pierden puestos de trabajo". "Lo que hace es salvar el máximo de los puestos de trabajo posibles". El presidente aportó el dato de que en los últimos seis o siete años se han perdido en España alrededor de 900.000 puestos de trabajo industriales "y yo creo que los ha

perdido porque no ha hecho la reconversión industrial".

En otro momento cifró el coste que la reconversión ha supuesto en otros países del área occidental: "En Alemania se han reducido las plantillas en un 46%; en Luxemburgo, en un 48,5%; en Francia, en un 42,5%; en la siderurgia integral; en Gran Bretaña, más de un 60%". Sin embargo, no dio a conocer el coste que va a suponer para España. Sólo hizo una aproximación muy genérica. "Nosotros tenemos unas metas más cortas, queremos salvar más actividad y más puestos de trabajo, pero no tenemos más remedio que decir las cosas como son: no

podemos permanecer en ese tremendo retraso en el que nos coloca el no ser capaces de afrontar los problemas".

Las primeras reacciones dentro del mundo económico, sindical y político a las palabras del presidente incidieron en la vaguedad de su intervención, pese a que indicaron que el discurso su-puso levantar la cierta incógnita que existía en cuanto a las divisiones dentro del Gabinete. La reacción más dura fue la de CC OO, que valoró la presencia de González en TVE como "una tomadura de pelo".

*Páginas 13 y 14
Editorial en la página 8*

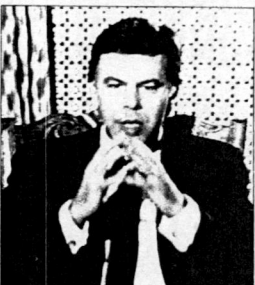
Felipe González, en un momento de su intervención televisada.

Un oficial francés declara que recibió orden tajante de hundir al pesquero 'Valle de Atxondo'

Un oficial de la fragata de la Armada francesa *Lieutenant de Vaisseau Lavallée*, que disparó el pasado jueves contra los pesqueros vascos por orden del primer ministro francés, Pierre Mauroy, declaró ayer al programa de Onda Pesquera que, aunque ni él ni la tripulación deseaban utilizar el cañón de proa contra los pesqueros españoles, la orden recibida de su base fue tajante, y les conminaba a utilizar granadas de carga hueca para hundir al pesquero *Valle de Atxondo* si éste no se detenía tras advertirle con ráfagas de ametralladora. El mismo oficial insistió en que volverán a actuar de la misma manera si los buques vascos siguen adentrándose ilegalmente en aguas francesas.

Explicó también que se les ordenó no disparar contra el otro pesquero que se encontraba en el lugar, el *Burgoamendi*, y que, en su opinión, la operación trataba de dar un escarmiento definitivo a los pesqueros españoles que no respetan los acuerdos internacionales.

Una comisión de España viajará con su entrevista hoy en Madrid con el secretario general de Pesca Marítima, Miguel Oliver, para pedirle que el Gobierno asuma la defensa de los pescadores detenidos en Francia y los gastos por los daños producidos a los buques.

En medio de este grave incidente aparece la próxima negociación del acuerdo pesquero con la Comunidad Económica Europea, que cerrará filas para rebajar las pretensiones españolas en este capítulo, pretensiones que se verán dificultadas por el incidente con la fragata francesa, ya que, según declara oficiosamente el viernes un representante del Gobierno galo, "si los españoles quieren entrar en el Mercado Común quieren entrar de una vez para siempre que en Europa se habla en un lenguaje europeo, que hay que conocer y practicar".

La Comisión Europea está elaborando una propuesta de declaración comunitaria en este capítulo, que deberá ser presentada a España en Luxemburgo el próximo 9 de abril. El pesquero se confi-

gura como el más difícil de los capítulos de la negociación española con la CEE, dado que la capacidad de pesca de nuestra flota representa el 60%, de la de los 10 países del Mercado Común. La CEE pretende, por otro lado, acelerar la reestructuración de la flota pesquera española, y Francia ha pedido a la comisión una ayuda, antes de la adhesión, para paliar en algunas zonas del norte de España los efectos sociales y económicos de esta reconversión. *Página 15*

DEPORTES

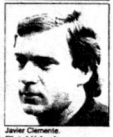

Javier Clemente.
El Athlétic alcanza al Real Madrid en la Liga de fútbol

Dos máximos acertantes de las quinielas de fútbol pueden repartirse 391 millones de pesetas

Dos acertantes de los catorce resultados en la quiniela futbolística, al 90%, del escrutinio, pueden repartirse 391 millones de pesetas. Uno, cuyo boleto de 256 apuestas (3.840 pesetas) fue formalizado en Barcelona, percibirá del orden de los 203 porque también tiene varias columnas de 13 y 12, mientras que otro, que hizo sólo 16 apuestas (240 pesetas) en Elche, recibirá por la misma razón unos 188 millones.

El récord del premio más cuantioso lo ostenta, desde el 20 de

marzo de 1983, Ignacio Manteola Cabeza, un comisario de Policía jubilado, que percibió 308 millones con una columna de 14 aciertos y dos de 13. Antes, el 26 de octubre de 1980, Ángel Legaspi, que, por entonces, se hallaba en paro, cobró 208,5 millones.

La recaudación de esta semana ascendió a 1.908.990.750 pesetas, lo que permite especular con la probabilidad de que se alcancen los 2.000 millones en el curso de esta temporada.

Suplemento de Deportes

24 · 03 · 1984
LA RESISTÈNCIA ES DEBILITA DESPRÉS DE 230 ACOMIADAMENTS
LA RESISTENCIA SE DEBILITA TRAS 230 DESPIDOS

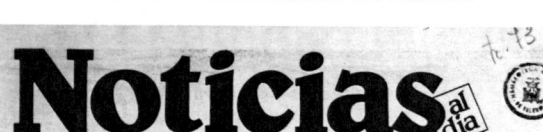

Noticias al día
PERIODICO VALENCIANO DE LA MAÑANA

Edita: ALMUDIN
S. A. de Ediciones y Publicaciones

Sábado 24 de marzo de 1984   Año III, N.º 460. Precio: 40 Ptas.

El Estado cederá 4.798 millones a Valencia

El ministro de Administración Territorial, Tomás de la Quadra Salcedo, informó ayer de la fijación de los porcentaje de participación de las comunidades autónomas en los tribunales del Estado no cedibles a las autonomías, cuyo proceso terminó con la reunión de la comisión mixta de transferencias Valencia-Administración Central.

En total, las comunidades autónomas recibirán del Estado 172.610 millones de pesetas de los tributos que recaude durante 1984. Esta cifra sale de la valoración de todos los servicios transferidos a las comunidades hasta el 1 de enero de 1984, que suponen 309.719 millones de pesetas, a los que se restan las tasas y los tributos cedidos, y cuya cifra se divide entre los millones que el Estado piensa recaudar, este año en concepto de tributos no cedibles.

Valencia recibirá 4.798 millones y las transferencias realizadas hasta el momento se valoran en 40.707 millones de pesetas.

A excepción del País Vasco, cuyo sistema de financiación es diferente al resto de las comunidades, la autonomía que recibirá una partida mayor es Catalunya, con 72.000 millones, seguida de Andalucía, 66.000; Rioja, Baleares, Madrid y Murcia son las menos favorecidas en el reparto, con algo más de 1.000 millones de cada una.

Página 16

Los trabajadores apagarán el horno número dos

AYER SE RINDIO AHM

La asamblea de trabajadores de Altos Hornos del Mediterráneo decidió en la tarde de ayer proceder a la carga del horno alto número dos para que quede en situación de *banking* (apagado momentáneo). Hoy, sobre las diez de la ma-

ñana, en Madrid, se inician conversaciones entre el comité de empresa y directivos del INI para tratar de llegar a un acuerdo que permita retirar las cartas de despido que afectan a 230 trabajadores.

En un ambiente de tensión, los trabajadores de Altos Hornos del Mediterráneo (AHM) celebraron ayer tarde una asamblea en la que decidieron, mayoritariamente aceptar la propuesta presentada por el comité de empresa que incluía el dejar en una situación de *banking* (apagado momentáneo) el horno alto número dos y el inicio de negociaciones para determinar el futuro de Sagunt.

Vicente Maurí, militante de Comisiones Obreras y miembro del comité de empresa, defendió la alternativa que resultó derrotada en la asamblea, que implicaba la ocupación de la fábrica a partir de las dos de la madrugada de hoy y la declaración de huelga en todas las instalaciones de AHM, incluyendo el tren de laminado en frío.

Hay que tener en cuenta que el horno alto número dos, por su antigüedad, tendrá grandes dificultades para poder volver a funcionar. En medios próximos a AHM se asegura que el *banking* en este horno significa en la práctica el cierre del mismo.

En la mañana de hoy se inician negociaciones entre representantes de los trabajadores y directivos del INI para

intentar negociar la retirada de los despidos que afectan a 230 trabajadores y llegar a un acuerdo sobre el futuro some-

duro de los problemas que afectan a Sagunt.

Página 3

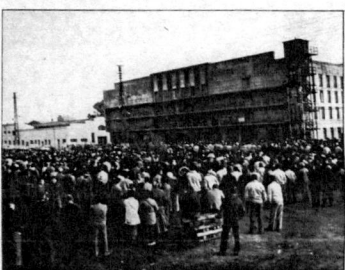

La asamblea de trabajadores de AHM decidió apagar provisionalmente el horno alto número dos. M. MOLINES

Esta noche hay que adelantar los relojes sesenta minutos

En la madrugada del sábado al domingo, concretamente a las 2.00 horas del domingo, día 25, se producirá el cambio oficial de la hora en España.

De esta forma, y aunque solo sea "teóricamente", el domingo será el día más corto del año a efectos horarios, ya que al ser adelantados los relojes una hora tendrá sólo 23 horas en lugar de 24. El adelanto horario será compensado el 30 de septiembre próximo, en que será restaurada la hora oficial en nuestro país, con lo que ese día será, por tanto, el más largo, con 25 horas teóricas.

El cambio de hora oficial se realiza en España hace varios años para acomodar el horario a la luz solar y aprovechar mejor la luz diurna, con el consiguiente ahorro de energía eléctrica. Se calcula que el ahorro es, aproximadamente, del 2% de la energía que se gasta en iluminación, con el acomodo de la hora oficial a la hora solar.

Otras Noticias

Diputación reconoce la existencia de numerosas deudas
PAGINA 5

Los objetores preparan desobediencia civil cuando se aplique la ley
PAGINA 7

El alcalde de Torrent podría ser condenado
PAGINA 15

La Generalitat relanzará la industria juguetera
PAGINA 21

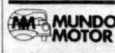
MUNDO MOTOR
PAGINAS 26 A 30

El GAL asesina a otro refugiado vasco en Biarritz

La Policía inflige un duro golpe a los Comandos Autónomos

Desde hace un mes la Policía tenía conocimiento de la llegada a España de un comando de las CC.AA. procedentes de Francia a través de Pasajes. Según una nota del Gobierno Civil de Guipúzcoa, los GEO vigilaban el puerto cuando vieron llegar la lancha que portaba a los terroristas, dándoles el alto cuando tres de ellos se habían desembarcado.

Como se sabe, cuatro miembros del comando murieron en el enfrentamiento con los GEO, mientras que el quinto es detenido ileso. Numerosos atentados terroristas —tanto asesinatos como secuestros— han sido perpetrados por los ahora fallecidos y también se les implica en el atentado que costó la vida al senador socialista Enrique Casas.

A raíz de la operación policial se han descubierto varios pisos francos, numeroso armamento y documentos falsos, así como dos millones de pesetas. También se han localizado lanchas y automóviles a disposición de los terroristas.

Por otro lado, ayer moría en atentado perpetrado por el GAL un refugiado vasco en Biarritz, Javier Pérez de Arenaza. El fallecido era cuñado del dirigente etarra Iurbe Abasolo, Txomin.

Carlos Garaikoetxea manifestó ayer que consideraba desproporcionadas las resultado de la operación policial, que preveía la muerte de cuatro terroristas. El lehendakari ha exigido una aclaración «inmediata y total» de lo sucedido.

Página 17

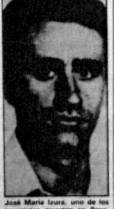

José María Izura, uno de los terroristas muertos en Pasajes. jos./efe

---

Desde que se aprobó la ley en 1981

Más de 4.000 valencianos han recurrido al divorcio

Desde que en 1981 se aprobó la nueva Ley de Divorcio, en pisos francos, numeroso Valencia han sido más de 2.200 las parejas que han optado por divorciarse y además de otras 1.600 las que prefirieron el término de la separación. Mientras que el número de divorcios durante 1981 fue de 540, al año siguiente la cifra se duplicó, siendo 1.038 las sentencias que se pronunciaron en este sentido. En 1983 la cifra descendió a 475 y en la que va de año se sitúa en torno a los doscientos.

Respecto a las separaciones, durante 1981 se produjeron 282, otras 694 durante 1982. Fueron 528 las parejas que decidieron separarse el año pasado y más de doscientas las que se han realizado en el año.

La soltería vuelve a ser el

efecto de las decisiones de los dos juzgados de familia existentes en Valencia. Según declaración del magistrado Eugenio Sánchez Alcalá, durante el año pasado ha habido un aumento de separaciones y una disminución de divorcios.

Las personas que se divorcian lo hacen —según señala el juez— con la finalidad de volverse a casar. El 90% de las separaciones se producen por malos tratos y abandono económico, recalca el magistrado, quien añade: «Cuando no hay motivos consideradas anteriores hay que acreditar los hechos que el demandante alega, pero hay que adoptar una postura de flexibilidad porque no se puede obligar a nadie a que convivia con otra persona».

Página 8

28 · 03 · 1984
NEGOCIAR UNA RENDICIÓ DIGNA
NEGOCIAR UNA RENDICIÓN DIGNA

Miércoles, 28 de marzo de 1984   Levante   3

VALENCIA

Ayer se abrieron las negociaciones en un ambiente conciliador

La dirección de AHM anula las 230 cartas de despido

La dirección de Altos Hornos del Mediterráneo retiró ayer las órdenes de despido cursadas la semana pasada a 230 trabajadores de la factoría de Sagunto, al negarse éstos a cumplir las instrucciones de la empresa para proceder al cierre del horno alto número 2. La decisión fue tomada en el curso de la primera ronda de negociaciones iniciada ayer entre el comité de empresa y directivos de AHM, en la que José María Lucía intentó quitar importancia a los enfrentamientos del reciente pasado.

A la reunión, que se inició minutos después de las once y media de la mañana, asistieron, además de directivos de la empresa, los representantes de los comités de trabajadores de Sagunto y de Madrid junto a miembros de las secciones sindicales de Comisiones Obreras y Unión General de Trabajadores.

El presidente de Altos Hornos del Mediterráneo, José María Lucía, dirigió unas palabras a los asistentes a la reunión que, en fuentes cercanas a la dirección de la empresa calificaron de conciliadoras, para comenzar las negociaciones en un ambiente distendido. A las tres y cuarto se produjo un descanso en la sesión negociadora, que fue cuando los miembros del comité de empresa anunciaron la decisión de la empresa de dejar sin efecto las órdenes de despido cursadas días atrás.

Representantes de la dirección procedieron entonces a la redacción de un télex, que se remitió acto seguido a la factoría de Sagunto, anunciando las medidas adoptadas por la dirección.

Quedaba desbloqueada así la situación de enfrentamiento que durante más de un año mantuvieron la dirección y el comité de empresa de AHM. José María Lucía, en su intervención al comienzo de la reunión procuró echar tierra sobre la actitud de desobediencia mantenida por los trabajadores. Indicó que se habían hecho esfuerzos para normalizar la situación a dejar sin todas luces anormal y afirmó que se podrían superar las dificultades en un futuro próximo.

«Estoy convencido de que en el primer trimestre del año, entre todos estaremos construyendo una nueva empresa —dijo Lucía— y nos olvidaremos de los problemas pasados.

El presidente de la factoría saguntina manifestó que se todos nos interesa poner cuanto antes en marcha las soluciones que salgan de estas reuniones, ya que la situación actual es un problema de empresa y a todos nos interesa poner en marcha las soluciones que se acuerden.

Al referirse a los despidos añadió que «si los dirigentes de la empresa que la reunión ha sido positiva, ya se han revocado los despidos.

Añadió que las conversaciones continuarán hoy a las 10 y que se estudiará el calendario de las sucesivas reuniones. Indicó Campoy que se tratará toda la situación de Sagunto, «aunque —dijo— el problema es muy amplio y, por lo tanto, no tenemos temario concreto.

Afirmó que las conclusiones de estas reuniones tendrán que ser consensuadas en asambleas de trabajadores. Aseguró que no se había dicho nada sobre el cie-

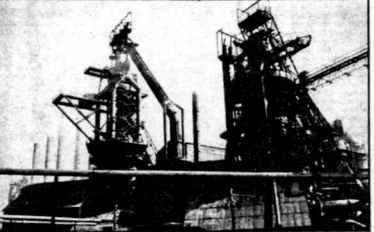

El horno alto número tres (derecha), se cerrará este año

empresa que se muestran rigurosos con los planes industriales, no sucede así cuando entra en los mismos el aspecto humano. Es este punto, hay que buscar soluciones y un acercamiento entre las partes, para tratar de solucionar los problemas y convertirnos en mini-mote.

Reunión positivo para Campoy

El presidente del comité de empresa de Altos Hornos del Mediterráneo, Miguel Campoy, ha declarado, tras la primera ronda de conversaciones con la

rre del tercer alto horno en se ha prefijado el asunto se ha reunió-nes.

Respecto a la situación en que se encuentra el segundo alto horno, Campoy manifestó que se encuentra en situación de ban-quinge, es decir, encendido, pero sin producción y que, por el momento, seguirá así.

El comité de empresa de AHM envió un telegrama al presidente de la empresa, José María Lucía, en el que le citaba a la reunión de ayer y solicitaba la readmisión de todos los despedidos dejando sin efecto su carta de despido. En el telegrama de como fecha orientativa el 15 de abril para que estas medidas se lleven a cabo.

También indica el telegrama que las centrales sindicales estarán presentes «cuando lo consideren conveniente. El telegrama fue contestado por José María Lucía, aceptando todos sus puntos.

Lucía abrió la reunión, aunque no participó directamente en las negociaciones.

Nueva industria para Sagunto

Un proyecto para trabajos de desguace que se realizarán en el Puerto de Sagunto ha sido aprobado como alternativa de crea-ción de puestos de trabajo en esta localidad.

No obstante, en la aprobación se señala que mientras el proyec-to se ofrece al puerto, la utilización de la zona costera debería ser autorizada por la empresa AHM, por tanto, sería necesario, para poner en marcha esta industria, esperar a la revisión de dicha concesión.

La proyectada industria tendría un presupuesto de sesenta millo-nes de pesetas, y supondría la creación, el primer año, de 70 puestos de trabajo, que llegarían a los 100 en el segundo año.

Solchaga, ante la Comisión de Industria del Congreso

"Solo es negociable el excedente de plantilla"

El ministro de Industria y Energía, Carlos Solchaga, afirmó ayer, en relación a la petición de negociaciones del comité de empresa de AHM que el cierre de la cabecera es ya un hecho y que sólo podrá ser objeto de negociación los excedentes de plantilla

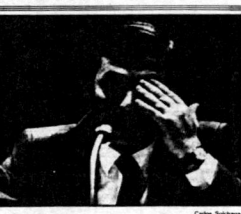

Carlos Solchaga

ello se trata en modo alguno de negociar el futuro de la cabecera de Sagunto que ya lo tiene deci-dido, dijo Solchaga ante la Co-misión de Industria del Congreso ante la que compareció para res-ponder a las preguntas de los diversos grupos parlamentarios sobre la política industrial del Gobierno.

El futuro de Sagunto ya está decidido, precisó Solchaga, por el decreto del 16 de junio sobre reconversión y por el decreto ley de recon-versión y reindustrialización del pasado día 28 de diciembre. Se refirió el ministro al proceso que culminó con el cumplimiento de las órdenes de la dirección de cerrar el horno alto número dos y detener el tren de desvastes que motivó 2300 despidos.

«Negociar en condiciones pre-vias, como pidió el comité, es negociar con disciplina restau-radas, dijo Solchaga ante la situación de «blankings (ralentí) del horno alto número dos abre la posibilidad de esa negociación.

Optimismo ante la recolocación

Manifestó su esperanza de que el comité de empresa de AHM res-palde el cierre del segundo horno para antes de fin de año y afirmó que Sagunto contará en abril con proyectos aprobados de reindus-trialización que sumarán 1.00 nuevos empleos, lo que garantiza, dijo, la recolocación de todos los trabajadores excedentes por el cierre de la cabecera de Sagunto.

Solchaga completó su inter-vención del pasado día 15 ante la comisión y pasó revista a la situa-ción de los sectores del papel, máquina-herramienta, moto deportiva, ferroaleaciones comu-nes, automoción, industria far-macéutica, electrónica y compo-nentes electrónicos, y las políti-cas denominadas «horizontales, de pequeña y mediana empresa y de innovación tecnológica.

Contestando a una pregunta del diputado Echeverría, de la minoría vasca, el ministro afirmó que no encuentra razones suf-icientes, tecnológicas, financieras o comerciales para el rechazo del «Aviocars de CASA por parte de las fuerzas aéreas norteamerica-nas.

CASA, dijo el ministro, cuenta con tecnología puíntá y experien-cia internacional y un encuentro otras razones para el rechazo que no sean de política bilateral o de intercambios en la industria de armamento entre Estados Unidos y Gran Bretaña.

Señaló el ministro que el rechazo norteamericano al «Avio-car» no afectará a la carga de tra-bajo de la empresa española, pero sí a su cuenta de ganancias.

Fernández Iguanzo, del PCE, interrogó al ministro sobre Huno-sa, cuyos trabajadores, según dijo, son los peor pagados de la minería asturiana, y sobre las fases negociadoras de la recon-versión naval.

Contestó el ministro señalando que los costes de personal de Hunosa se aproximan al 70 por 100 y que las fases de negocia-ción naval pretenden situar en las mismas condiciones a los astille-ros públicos y privados.

Mardones, del grupo centrista, insistió sobre el asunto de CASA y solicitó información sobre la suspensión de pagos de Westing-house. El ministro afirmó que la situación de Westinghouse no se debe a la reconsideración del plan nuclear, sino que esta com-pañía arrastraba pérdidas desde hace años.

La sesión se levantó hasta la tarde, al término de la interven-ción del diputado Gasolita, de la minoría catalana, que interrogó al ministro sobre las negociaciones hispano-argelinas del gas. Sol-chaga respondió en los mismos términos que expuso en su inter-vención del pasado día 15.

11 · 04 · 1984
UN REFERÈNDUM TRAUMÀTIC
UN REFERENDUM TRAUMÁTICO

miércoles 11 de abril de 1984 economía **PUEBLO** laboral 11

Tarifas eléctricas: El 8,75 por 100

La Junta Superior de Precios ha rebajado el aumento de tarifas eléctricas desde el 11,95 por 100 solicitado inicialmente por las compañías del sector al 8,75 por 100.

El dictamen de la Junta es preceptivo, aunque no vinculante, y será estudiado probablemente en el próximo Consejo de Ministros.

La subida de las tarifas fue precisamente una de las cuestiones que trataron ayer los presidentes de las compañías eléctricas en la entrevista que celebraron con el ministro de Industria y Energía, Carlos Solchaga, con el que conversaron también sobre el denominado «periodo nuclear» y sobre la cláusula de revisión del PEN, de acuerdo con la demanda eléctrica.

La subida aprobada por la Junta Superior de Precios se ajusta a las previsiones sobre incremento de precios contenidas en el Plan Energético Nacional, donde se indica que con aumentos similares a la inflación se garantizará el equilibrio entre los ingresos de las compañías y los gastos de amortización.

PEN: Solchaga se explica

El ministro de Industria y Energía, Carlos Solchaga, explicó ayer a los diputados socialistas el contenido del Plan Energético Nacional (PEN), que próximamente se debatirá en las Cortes.

En la reunión, a puerta cerrada, estuvo también presente la directora general de la Energía, Carmen Mestre.

Solchaga habló del coste social y económico que supondrá la puesta en marcha del Plan respecto a la fijación, a requerimiento de varios diputados, en el perón nuclear y sus repercusiones en el empleo.

El ministro afirmó que el Gobierno es sensible a la posible pérdida de puestos de trabajo, por lo cual actuará las medidas necesarias que reduzcan los costes sociales.

Presupuestos-85: Reunión, el lunes

Los ministros se reunirán con carácter extraordinario en la Moncloa para iniciar el estudio conjunto de los Presupuestos del Estado para 1985 el martes y el martes de la próxima semana, según fuentes gubernamentales.

Estas reuniones no tienen oficialmente carácter de Consejo de Ministros y permiten, por tanto, la convocatoria para el miércoles de Consejo ordinario.

En la reunión se analizará también el desarrollo de las previsiones del Presupuesto de 1984 y su grado de cumplimiento.

La reunión de ministros económicos tiene como fin establecer los criterios que regirán el Presupuesto y cuya elaboración corresponde al Ministerio de Economía y Hacienda. Los remedios de este año se celebran con bastante adelanto respecto a los del año anterior.

Los Presupuestos para 1985 deberán entrar en las Cortes para su discusión y aprobación antes del 1 de octubre de 1984.

Los trabajadores de AHM aprobaron el preacuerdo

Sí al cierre de la cabecera de Sagunto

Con 2.157 votos a su favor, 1.033 en contra y 92 en blanco, la plantilla de trabajadores de la factoría de Sagunto de Altos Hornos del Mediterráneo, aprobó ayer el preacuerdo suscrito entre el Instituto Nacional de Industria y el comité de empresa, en la negociación del pasado día 4 de este mes.

Cabe recordar que el referéndum de trabajadores hubo de suspenderse este pasado viernes, a consecuencia de los incidentes que protagonizaron trabajadores eventuales, excluidos del censo electoral y que hoy tampoco pudieron votar.

La jornada de votación, que se desarrolló desde las 11 de la mañana hasta las 23 horas, no registró incidentes de consideración. A lo largo del día, en Puerto de Sagunto aparecieron carteles en los que se acusa de traición a los dirigentes sindicales. Por su parte, los trabajadores eventuales trataron de promover asambleas en las distintas secciones de la factoría, para reivindicar su participación en el referéndum, sin éxito.

El preacuerdo aprobado prevé el cierre de la cabecera de Sagunto en el próximo 1 de octubre y el tratamiento de los excedentes de plantilla basado en las jubilaciones anticipadas, bajas voluntarias incentivadas y creación de empleo: que se cifra en unos 1.400 puestos de trabajo para 1985; 350, en 1986, y otros tantos en 1987.

Solchaga, satisfecho

El ministro de Industria, Carlos Solchaga, manifestó esta medianoche a Europa Press, después de conocer los resultados de la votación del referéndum de Sagunto, que la parecía muy positivo el resultado de la consulta y añadió que el problema de Altos Hornos del Mediterráneo se ha resuelto por fin por la vía del pacto y no del empecinamiento.

Solchaga añadió que el Gobierno no deja de discutir el problema con los representantes de Sagunto, e indicó que se han adoptado las decisiones que el Gobierno consideró necesarias. Estimó que se han negociado en beneficio de todos, y dijo que el cierre y posterior creación de puestos de trabajo se realizará con normalidad. Estimó que la insistencia en un idesafío político enturbió en cierto modo el desenlace del problema de Sagunto.

El ministro de Industria manifestó estar convencido de que en tres años los excedentes laborales de Altos Hornos del Mediterráneo de Sagunto encontrarán empleo, con una resolución satisfactoria del conflicto para todos.

Debido al enfrentamiento UGT-CC. OO.

Los convenios de Renfe e Iberia, en un callejón sin salida

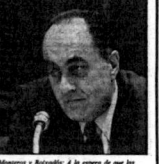

Espinosa de los Monteros y Boixadós: A la espera de que las centrales resuelvan su conmoción

Tras los referéndum celebrados días pasados en Renfe e Iberia, basándose en unas propuestas, apoyadas principalmente por UGT, las negociaciones para el convenio en ambas empresas han quedado-bloqueadas. En Iberia, donde las diferencias entre la petición de CC. OO. y la propuesta de UGT son mínimas, la dirección no se ha dirigido todavía a los trabajadores para reabrir las conversaciones.

En Renfe, la empresa dio ayer por concluidas las negociaciones, al no haber aceptado los empleados la última propuesta.

Por lo que respecta a Iberia, donde los resultados del referéndum estuvieron muy igualados, aunque vencieron los planteamientos de CC. OO., esta central estime que el INI debería recapitalizar la compañía,independientemente de los salarios que reciban los trabajadores. Las diferencias económicas entre las peticiones de UGT y las de CC.OO. suponen solamente una diferencia de 300 millones de pesetas, cantidad que para Comisiones Obreras no es significativa a la hora de hablar de un plan de recapitalización. CC. OO. mantiene sus convocatorias de huelga para los días 13 y 18 de abril y considera como una coacción la carta remitida por la dirección a los trabajadores, anunciando de posibles medidas laborales ante la no aceptación de los acuerdos suscritos con UGT y SITA. Para Comisiones, no es grave que la dirección no quiera negociar tras conocer los resultados del referéndum.

Por su parte, los responsables del transporte de UGT se reunirán ayer para estudiar la situación planteada en la empresa, acor-

dando no secundar las huelgas convocadas por CC. OO., aunque tampoco las enforpecerán.

Para UGT, esta convocatoria era su nuestra huelga, y las mismas fuentes afirmaron que la movilizaciones convocadas para el día 13 y el 18 supondrían unas pérdidas de 2.600 millones de pesetas para la compañía, que serían irrecuperables.

A la huelga del 13, convocada por CC. OO., Obreras, se ha adherido el comité de empresa de Iberia, por no tener tiempo para convocarla. La del día 18, planeada por CC. OO., será convocada también por el comité de empresa, según acordó en su última reunión.

La UGT hizo hincapié en la situación de «esdhisión no son salidas» a la que ha llevado CC. OO. al no aprobar el preacuerdo, ya que hay que volver a negociar desde cero.

Renfe: Rotas las negociaciones

Por lo que se refiere a Renfe, la empresa señalaba ayer que, por su parte, se concluidas las negociaciones.

Considera la dirección que va ha puesto sobre la mesa lo que es la última oferta; que los trabajadores la han rechazado y que, en consecuencia, no hay nuevos planteamientos. Para la empresa la reunión convocada por ayer para firmar el convenio o poner fin a las negociaciones, al margen de los resultados del referéndum.

Su última oferta supone una subida salarial del 6 por 100, revisión en aquellos meses lo que es la última oferta; en función a aquella fecha el IPC supera el 6,5 por 100; cinco días de trabajo y dos de descanso; participación de los trabajadores en la gestión de la empresa; reducción del tiempo de bocadillo; reducción del absentismo; nueva normativa sobre ascensos y traslados, y la consideración de los doce meses del año como vacacionales.

En el referéndum se manifestaron contra el acuerdo 37.000 trabajadores, mientras 17 votaban a favor. Fuentes de UGT, central que apoyaba la oferta, han señalado que la responsabilidad de lo que suceda en las huelgas convocadas para los días 13 y 18 la tiene CC. OO. y les traslada ayer rechazaron el referéndum.

Durante la mañana de ayer se reunió el comité interceritros, sometiendo a votación dos posiciones.

triunfando la defendida por UGT, por 39 votos a favor y 32 en contra. CC. OO. proponía un aumento del 6,5 por 100, 40 horas semanales, cinco días de trabajo y dos de descanso, debiéndose quedar la lista de ingresos y respetar los derechos laborales adquiridos en los convenios anteriores.

UGT contempla volver a las reivindicaciones del principio de la negociación, con un aumento entre el 8 y el 10 por 100, y los famosos 30 puntos que fueron aprobados al inicio de las negociaciones por el comité intercentros. Para CC. OO., esta postura última de UGT es «irresponsable» y está dispuesta a desconvocar la huelga convocada para el día 13 si la empresa se decide a negociar su plataforma mínima.

Hoy está prevista una nueva reunión del comité intercentros para decidir su postura sobre las huelgas convocadas en los próximos días.

Telefónica: Próxima revisión del convenio

La revisión salarial del convenio colectivo de Telefónica, que afecta a unos 65.000 trabajadores, comenzará a aplicarse a partir del próximo día 17, según ha sabido Efe en fuentes de la empresa.

El comité de empresa de Telefónica ha presentado conflicto colectivo contra esta revisión salarial, por considerar que incumple la cláusula IV del XII convenio, que señalaba que la subida salarial para este año sería del IPC previsto.

La empresa ha firmado un acuerdo con la UGT por el que se aplicará una subida salarial del 6,5 por 100 y una paga en septiembre de 19.000 pesetas, que vendrá a formar parte del sueldo base a partir de diciembre.

La dirección de la empresa se comunicó a los trabajadores que aquel que no quisiera adherirse a la revisión deberá comunicarlo a la empresa.

Hasta ahora se han recibido 340 cartas en las que la mayoría se dice que se acepta la subida salarial como «a cuentas a la espera de la resolución de la autoridad laboral.

Firestone: Subida del 8 por 100

Representantes de los sindicatos CC. OO., UGT, ELA-STV, USO y Sindicato Independiente de Burgos han firmado en Bilbao el convenio colectivo para 1984 su última Firestone.

Las organizaciones sindicales LAB, CUDI y Sindicato Unitario de Torrelavega no han refrendado el acuerdo.

La oferta de la empresa aceptada por la mayoría de los trabajadores es un incremento salarial del 8 por 100, revisión a finales de septiembre y consolidación de la paga de beneficios.

24 · 12 · 1985
DESMANTELLAR LA IDENTITAT D'UN POBLE OBRER
DESMANTELAR LA IDENTIDAD DE UN PUEBLO OBRERO

ECONOMÍA **EL PAIS** TRABAJO

El último horno alto de Sagunto fue derribado ayer mediante una explosión controlada

La parte de AHM que permanece en funcionamiento se transformará en Siderúrgica del Mediterráneo

MANUEL MUÑOZ, Valencia
La parte de la empresa Altos Hornos del Mediterráneo (AHM) que no ha sido afectada por la reconversión del sector se transformará en breve en Siderúrgica del Mediterráneo

Mientras continúan a buen ritmo los laboriosos trabajos de desmantelamiento, desguace y venta de aparejos utilizables o chatarra, en lo que respecta a la siderúrgica saguntina; la recolocación de los trabajadores excedentes sigue su curso. El presidente de AHM, José Manuel Mateu de Ros, que asistió ayer al derribo del horno alto número 3, manifestó que al día de ayer los trabajadores recolocados son 322 y quedan por emplear unos 700 más.

"Una parte de ellos", señaló el presidente de AHM, "retornará a AHM cundo vaya alcanzando, antes del 31 de diciembre de 1987, la edad de 55 años para poder acceder a la jubilación anticipada". Del resto, la mayor parte es a la factoría de la Empresa Nacional de Fertilizantes, SA (Enfersa), que se construirá en Sagunto, y a la que también se beneficiará la Societá Italiana del Vetro (SIV). Está previsto que la primera absorba unos 200 antiguos trabajadores de AHM y la segunda entre 300 y 350.

Constitución de Sidmed

Pero el segundo tiempo de la reconversión en AHM no se limita a este capítulo. El próximo día 30 de diciembre en Sagunto se cumplimentarán los trámites jurídicos necesarios para la constitución de la sociedad Siderúrgica del Mediterráneo (Sidmed), que comprenderá la parte actualmente productiva de AHM. Se trata del tren de laminación en frío (TLF) que, con la línea de electrocincado o electrodeposición que se está construyendo contará con las instalaciones más avanzadas de España y de entre las mejores de Europa.

Esa nueva línea fabricará plancha de acero con un tratamiento

y posteriormente será adquirida como filial por la Empresa Nacional Siderúrgica, SA (Ensidesa). Mientras se realizan los trámites para ella, continúa adelante la demolición de las instalaciones de cabecera de AHM en

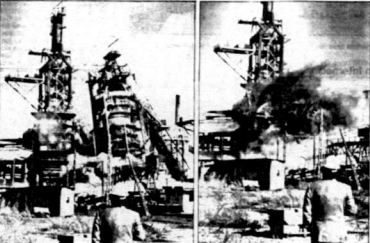

José Manuel Mateu de Ros, presidente de AHM, contempla el derribo del horno alto número 3.

especial anticorrosivo. Su coste total supone 5.900 millones de pesetas.

La constitución de Sidmed no supone la desaparición de AHM, que permanecerá como sociedad liquidadora y administrador de las propiedades de la firma y de sus efectivos humanos. Mateu de Ros mantendrá la presidencia de AHM y será también presidente de Sidmed y consejero de Ensidesa. La nueva empresa se constituirá con un capital social de 17.824 millones de pesetas.

Entre Altos Hornos del Mediterráneo y la futura Sidmed hay un total de 1.961 trabajadores, la mayoría de los cuales pasará a depender de la segunda, pues ya se dedica o lo hará en el futuro a tareas relacionadas con el tren de laminación en frío.

Puerto de Sagunto. Ayer fue derribado, mediante una explosión controlada, poco después de las 14.30, el horno alto número 3 para proceder a su desguace. Es el último que se derribará.

Tres años después

M. M. Valencia
La explosión controlada que derribó ayer el horno alto número 3 en la factoría de AHM en Puerto de Sagunto se produjo casi tres años después de que el 4 de febrero de 1983 se diese la orden de paralizar el número 2, lo que provocó una fuerte oposición de los trabajadores. El cierre de una historia del duro conflicto que duró más de un año.

La voladura fue efectuada con siete kilos de goma-2 por la empresa Cercosa, encargada del desguace de la parte de hornos altos, estufas y máquinas coladas de la factoría. El horno número 2 fue el símbolo de la resistencia de los empleados de AHM

al desmantelamiento de la cabecera y el último en dejar de funcionar. Por ello, una vez que han caído tras dos hermanos, será restaurado para que permanezca como recuerdo.

Pero el derribo del horno número 3, el último, no deja por ello de suponer la triste coincidencia del fin de una época iniciada a principios de siglo, la de la siderúrgica integral de Sagunto.

Francisco Forés, director adjunto a la presidencia de AHM y durante 10 años director de operaciones de la factoría, presenció ayer la explosión controlada y no pudo evitar comentar que ser caer el horno "me ha puesto la carne de gallina".

Las compañías eléctricas solicitan al Ministerio de Industria que fije los precios del contrato de ENDESA para 1986 y 1987

ALBERTO VALVERDE, Madrid
Los presidentes de las empresas eléctricas decidieron ayer enviar una carta al ministro de Industria y Energía, Joan Majó, solicitando que fije los precios del contrato de suministro de energía por parte de Endesa al sector privado para los ejercicios 1986 y 1987. Al mismo tiempo, los presidentes decidieron seguir negociando las diferencias que todavía persisten para modificar el contrato hasta el año 1990.

La carta fue el principal resultado de las intensas negociaciones mantenidas en los últimos días para solventar el último obstáculo en el acuerdo ya alcanzado sobre el intercambio de activos. La ausencia de un compromiso sobre el

precio que regula el contrato de suministro de energía parece necesario poner a la imposibilidad de fijar un criterio único en torno a los parámetros que regulan el contrato.

Endesa había solicitado la revisión al alza de este (8,7% de incremento) para los próximos años) por entender que la situación originada por el intercambio de activos pesará en exceso sobre su cuenta de resultados. Por su lado, el sector privado argumentaba que era imposible modificar al alza el precio de la energía que adquiere a Endesa mientras no se sepa con claridad cómo oscilará en ese período su principal fuente de ingresos, es decir, las tarifas eléctricas. Según fuentes informa-

das, la posición de las empresas eléctricas privadas es que, y a que la Administración fija las tarifas, sea ella también la que determine cómo debe evolucionar el precio de la energía al por mayor que Endesa les vende. En la reunión de ayer, los presidentes acordaron solicitar que el ministerio vincule estas dos variables durante los dos próximos años.

Dada la imposibilidad de llegar a un acuerdo definitivo para el tiempo global de la duración del contrato, el compromiso alcanzado ayer permite abrir una vía intermedia de entendimiento. Esta solución pasaría por resolver por dos años el problema del precio y dejar los otros tres restantes para

negociaciones futuras. Con ello se pretende levantar el último obstáculo que existe para poder firmar antes de final de año el acuerdo sobre intercambio de activos. El problema es que el reloj corre inexorablemente hacia el fin del año, cuando expiran las ventajas fiscales que estaban concedidas para esta operación.

En algunos medios se argumenta que, si bien las ventajas fiscales pueden ser prorrogadas, aún el interrogante de la entrada en vigor del IVA. Si este nuevo impuesto, que será efectivo dentro de una semana, afectara a los intercambios, el encarecimiento de la operación representaría un nuevo obstáculo.

Aprobada la reducción de precios de los productos farmacéuticos

Madrid
La Comisión Delegada del Gobierno para Asuntos Económicos aprobó ayer la reducción de precios de los productos farmacéuticos y las nuevas tarifas de transporte por carretera, que podrán incrementarse hasta un 6%. Los precios de venta al público de los productos farmacéuticos bajarán el 1,8%, mientras que los precios a los laboratorios se harán en el 3%. El margen comercial de las farmacias permanecerá inalterable. La Comisión Delegada estudió, aunque no aprobó definitivamente, la reducción de las tarifas telefónicas que regirán a partir del próximo año.

La reducción de los precios de los productos farmacéuticos decidida ayer se hace con independencia de la revisión anual de precios que se realizará de acuerdo a criterios de ausencia de subida de carácter general, 1%, para especialidades infravaloradas, 1,25%, para investigación y desarrollo y 0,50%, para ayuda a proyectos de inversión.

La Comisión Delegada decidió, además, que si en los próximos seis meses se produjera una revaluación de la peseta, los precios de los productos farmacéuticos se revisarían a la baja en función de las especialidades, empresas y origen de las importaciones.

Transportes por carretera

Los servicios públicos regulares de transportes por carretera podrán incrementar sus precios en un 6%, incluyendo la repercusión del IVA, sin necesidad de justificación mientras que para subidas mayores, hasta el límite del 8%, será necesaria la autorización de la dirección general de transportes.

La empresa Marconi, del grupo ITT, podrá segregarse en diversas sociedades, dentro del plan de reconversión del plan de empresas, siempre y cuando cumplan los requisitos de ser empresas constituidas en España, pertenecer a AHM y asumir los compromisos del plan de reconversión vigente y acogerse obligatoriamente al mismo.

La Comisión Delegada aprobó también el plan de promoción del sector de máquinas-herramientas con el que se persigue un incremento de la demanda, el desarrollo tecnológico y la formación profesional ante las nuevas tecnologías.

Dentro de las medidas aprobadas por la Comisión Delegada se encuentra la implantación de un sistema de distribución de gasóleo en las áreas rurales por el que las entidades asociativas agrarias podrán solicitar el suministro directo del gasóleo que necesiten para el consumo no sólo de la maquinaria común sino también para los asociados individuales.

Los proyectos de revalorización de pensiones para 1986, cotizaciones a la Seguridad Social, desempleo, fondo de garantía salarial y formación profesional, así como el del nuevo salario mínimo interprofesional, serán estudiados ayer por los ministros económicos aunque se remitieron al Consejo de Ministros que se celebrará el próximo viernes para su posterior aprobación.

Referències bibliogràfiques
Referencias bibliográficas

ANISI, D. (1998): *Creadores de escasez: del bienestar al miedo.* Madrid. Alianza Editorial, Madrid.

ANSÓN, A. (2023): *Ojos que no ven. Sobre las palabras y las imágenes*, Cátedra, Madrid.

BAEZA, P. (2001): *Por una función crítica de la fotografía de prensa*, Gustavo Gili, Barcelona.

BENJAMIN, W. (1989): "Pequeña historia de la fotografía", en *Discursos interrumpidos I*, Taurus. Madrid.

BERGER, J. (2017): *Para entender la fotografía*, Gustavo Gili, Barcelona.

BODÍ, J. (2018): *De ferralla a patrimoni El procés de patrimonialització industrial de les antigues instal·lacions siderometal·lúrgiques de Port de Sagunt (1984-2014).* Institució Alfons el Magnànim. València.

COSTA, J., et al. (1995): *Guia-Itinerari Arqueològico-industrial de Port de Sagunt, Materials Didàctics, 12.* Fundació Municipal de Cultura. Sagunt

DERRIDA, J. (1998): *Espectros de Marx. El Estado de la deuda, el trabajo del duelo y la nueva Internacional*, Editorial Trotta, Madrid.

FISHER, M. (2013): *Los fantasmas de mi vida. Escritos sobre depresión, hauntología y futuros perdidos*, Caja Negra, Buenos Aires.

FONTCUBERTA, J. (2024): *Desbordar el espejo. La fotografía, de la alquimia al algoritmo*, Galaxia Gutemberg, Barcelona

FREUND, G. (2011): *La fotografía como documento social*, Gustavo Gili, Barcelona.

HEBENSTREIT M. (2014): *La oposición al franquismo en Puerto de Sagunto (1958-1977).* PUV, València.

LEZCANO, A. (2021): *Madrid 1983. Cuando todo se acelera.* Libros del K.O. Madrid.

MARTÍN CRIADO, E. (1998): *Producir la juventud.* Istmo. Madrid.

MARTÍN LÓPEZ, M. A. (2001): "Movimiento sociales y patrimonio industrial en Sagunto", en Revert, X., i Montiel, G., *Reconversión y revolución. Industrialización y patrimonio en el Puerto de Sagunto.* Universitat de València. València.

MARTÍNEZ, G. (2012): *CT o la cultura de la transición. Crítica a 35 años de cultura española.* Debolsillo. Madrid.

MOLINER, E. (2010): *Testimonios de aprendiz.* Asociación de Amigos de la Escuela de Aprendices de la minero-siderurgia de Sagunt. Sagunt.

MOLINO, S. del (2022): *Un tal González.* Alfaguara. Madrid.

MONTIEL, G. (2004): "Identidad, fotografía y territorio: el patrimonio audiovisual", en *Braçal*, núm. 28-29. Centre d'Estudis del Camp de Morvedre. Sagunt.

MUSEU DE BELLES ARTS DE VALÈNCIA (2006): *Mirades industrials: empremtes humanes.* Consorci de Museus de la Comunitat Valenciana. València.

NEGRI, T. (1980): *Del obrero-masa al obrero social. Entrevista sobre el obrerismo a cargo de Paolo Pozzi y Roberta Tommasini,* Anagrama, Barcelona.

ORDAZ, B. (2006): *Aprendices.* Vía Directa. València.

ORTÍN, V. (2000): *Pasión por el Sporting. El nacimiento del fútbol en el Puerto de Sagunto (1919-1947),* Vicente Ortín Lorente (Imprenta Segura). Sagunt.

ORTIZ, A. (1992): "Los desequilibrios espaciales del Camp de Morvedre", en Braçal, núm. 5. Centre d'Estudis del Camp de Morvedre. Sagunt.

PUTNAM, R. (2002): *Solo en la bolera: colapso y resurgimiento de la comunidad norteamericana.* Galaxia Gutenberg. Barcelona.

RIBALTA, J. (2011): *El movimiento de la fotografía obrera (1926-1939). Ensayos y documentos,* Museo Nacional Centro de Arte Reina Sofía, Madrid.

REIG, R. (2001): "Recuérdalo y cuéntaselo a otros. Las relaciones laborales en Altos Hornos", en Revert, X., i Montiel, G., *Reconversión y revolución. Industrialización y patrimonio en el Puerto de Sagunto.* Universitat de València. València.

REVERT, X. (2001): "La mirada industrial: Manuel Rodríguez Velo y los Altos Hornos de Sagunto (1946-1976)", en Revert, X., i Montiel, G., *Reconversión y revolución. Industrialización y patrimonio en el Puerto de Sagunto.* Universitat de València. València.

RENDUELLES, C. (2024): *Comuntopía. Comunes, postcapitalismo y transición ecológica.* Akal. Madrid.

RODRÍGUEZ, E. (2001): "Los Hijos de Prometeo. Historia de un negro suelo amado", en Revert, X., i Montiel, G., *Reconversión y revolución. Industrialización y patrimonio en el Puerto de Sagunto.* Universitat de València. València.

SÁEZ. M. A., i DÍAZ, P. (2009): *El puerto del acero Historia de la siderurgia de Sagunt (1900-1984).* Marcial Pons. Madrid.

SONTAG, S. (2022): *Sobre la fotografía.* Debolsillo, Barcelona.

SOUSA, J. P. (2003): *Historia crítica del fotoperiodismo occidental,* Comunicación Social Ediciones y Publicaciones, Sevilla.

TRAVERSO, E. (2019): *Melancolía de izquierdas. Después de las utopías,* Galaxia Gutemberg, Barcelona.

Aquest llibre es va acabar d'imprimir el 9 de juny de 2024 als tallers de IMAG Impressions del poble de Benifaió (València). Aquest mateix dia de 1984, Enrico Berlinguer, secretari general del Partit Comunista Italià, el més fort d'Europa, havia entrat en coma irreversible després de patir una hemorràgia cerebral durant un míting. Un any abans, Margaret Thatcher havia obtingut la victòria electoral més àmplia dels conservadors des del triomf laborista de 1945. Nou mesos després la primera ministra anunciava el tancament de 20 pous i l'acomiadament de 20.000 miners. Començava la vaga més llarga al Regne Unit.

—————————

Este libro se terminó de imprimir el 9 de junio de 2024 en los talleres de IMAG Impressions del pueblo de Benifaió (València). Ese mismo día de 1984, Enrico Berlinguer, secretario general del Partido Comunista Italiano, el más fuerte de Europa, había entrado en coma irreversible tras sufrir una hemorragia cerebral durante un mitin. Un año antes, Margaret Thatcher había obtenido la victoria electoral más amplia de los conservadores desde el triunfo laborista de 1945. Nueve meses después la primera ministra anunciaba el cierre de 20 pozos y el despido de 20.000 mineros. Comenzaba la huelga más larga en Reino Unido.